AN INTRODUCTION TO CORPORATE STRATEGIES

河南大学经济学学术文库

企业经营战略概论
——理论与实践

张军峰 著

社会科学文献出版社
SOCIAL SCIENCES ACADEMIC PRESS (CHINA)

总序

　　河南大学经济学科自 1927 年诞生以来，至今已有将近 90 年的历史了。一代一代的经济学人在此耕耘、收获。中国共产党早期领导人罗章龙、著名经济学家关梦觉等都在此留下了他们的足迹。

　　新中国成立前夕，曾留学日本的著名老一辈《资本论》研究专家周守正教授从香港辗转来到河南大学，成为新中国河南大学经济学科发展的奠基人。1978 年我国恢复研究生培养制度以后，周先生率先在政治经济学专业招收培养硕士研究生，河南大学于 1981 年首批获得该专业的硕士学位授予权。1979 年，我校成立了全国第一个专门的《资本论》研究室。1985 年以后，又组建了我校历史上的第一个经济研究所，恢复和组建了财经系、经济系、贸易系和改革与发展研究院，并在此基础上成立了经济学院。目前，该学院已发展成为拥有经济、贸易、财政、金融、保险、统计 6 个本科专业，理论、应用、统计 3 个一级学科博士点及博士后流动站，20 多个二级学科硕士、博士点，3300 余名本、硕、博各类全日制在校生以及 130 余名教职员工的教学研究机构。30 多年来，培养了大批本科生和硕士、博士研究生及博士后出站人员，并且为政府、企业和社会培训了大批专门人才。他们分布在全国各地，服务于大学、企业、政府等各种机构，为国家的经济发展、社会进步、学术繁荣做出了或正在做出自己的贡献，其中也不乏造诣颇深的经济学家。

　　在培养和输出大量人才的同时，河南大学经济学科自身也造就了一支日益成熟的学术队伍。近年来，一批 50 岁左右的学者凭借其扎实的学术功底和丰厚的知识积累已进入著述的高峰期；一批 40 岁左右的学者以其良好的现代经济学素养开始脱颖而出，显现出领导学术潮流的志向和实力；更有一大批30岁左右受过系统经济学教育的年轻人正蓄势待发，不少已崭露头角，初步展现了河南大学经济学科的巨大潜力和光辉未来。

河南大学经济学科组织出版相关学术著作始自世纪交替之际，2000年前后，时任经济学院院长的许兴亚教授曾主持编辑出版了数十本学术专著，在国内学术界产生了一定的影响，也对我校经济学科的发展起到了促进作用。

为了进一步展示我校经济学科各层次、各领域学者的研究成果，更为了使这些成果与更多的读者见面，以便有机会得到读者尤其是同行专家的批评，促进河南大学经济学学术研究水平的不断提升，为繁荣和发展中国的经济学理论、推动中国的经济发展和社会进步做出更多的贡献，我们决定出版"河南大学经济学学术文库"。根据初步拟定的计划，该丛书将分年度连续出版，每年选择若干河南大学经济学院在编教师的精品著述资助出版。根据需要，也可在丛书中选入少量客座教授或短期研究人员的相关论著。

感谢社会科学文献出版社历任领导及负责该丛书编辑出版工作的相关部门负责人和各位编辑，是他们对经济学学术事业的满腔热情和高效率的工作，使本套丛书的出版计划得以尽快达成并付诸实施。最后，还要感谢前后具体负责组织本丛书著作遴选和出版联络工作的刘东勋、高保中博士，他们以严谨的科学精神和不辞劳苦的工作回报了同志们对他们的信任。

分年度出版经济学学术文库系列丛书，对我们来说是第一次，如何公平和科学地选择著述品种，从而保证著述的质量，还需要在实践中进行探索。此外，由于选编机制的不完善和作者水平的限制，选入丛书的著述难免会存在这样那样的问题，恳请广大读者及同行专家批评指正。

耿明斋

2013年6月

序

中国企业最近几十年经营发展的历史，大概经历了三个阶段的发展变化。第一阶段是 20 世纪 80 年代靠找资源、拉关系的"寻租"时期，那时的企业可以利用各种关系因一桩"好买卖"而制胜；第二阶段是 20 世纪 90 年代的"一招鲜"时期，企业只要能运用各种手段去拼广告、比销售，就能在激烈的竞争中占据上风；第三阶段是进入 21 世纪以来的"全面竞争"时期，企业只有靠强有力的组织和管理能力，通过战略、品牌和创新意识才能在竞争中立于不败之地。所以，当今中国企业已经进入了战略制胜阶段。由于企业之间的激烈竞争和优势企业之间在竞争中的相互学习，已使竞争性企业之间的差别不大，而企业之间真正不容易学习或模仿的差别是企业竞争战略和发展战略。正如美国哈佛大学商学院教授、著名战略专家迈克尔·波特所讲的："真正能够形成国际竞争优势的是企业的发展战略，因为在经营管理层次，企业可以通过战略的调整来适应环境的变化，以获得竞争优势。"

本书的大部分内容是作者多年来给本科生和研究生讲授管理学、企业管理和企业经营战略课程的心得积累，在写作过程中始终把握几个要点：首先，以企业内部条件和外部环境分析为基础，以企业总体战略、企业经营战略和企业职能战略为主线，以企业经营战略的组织、实施与控制等内容为主要理论框架进行分析，使学生对企业经营战略能有一个全面的认识。其次，把国外先进的企业经营战略理论和中国企业经营战略的实践相结合，使理论与实践有机地结合起来，避免了内容过于抽象化而显得枯燥。最后，本书的内容既可供我国实际部门企业管理人员、

企业经营战略概论

咨询人员参考，也可作为高校管理类本科生和研究生教材使用。

　　本书在编写过程中得到了河南大学经济学院领导及众多老师的悉心指导和大力帮助，特致谢意。另外还要感谢我的研究生李硕和贾雪，他们在书稿的校对方面帮我做了很多工作。本书能够在较短的时间内成稿也与家人对我的大力支持密不可分，他们为我腾出了宝贵时间供我安心写作，在此一并向他们致谢。

张军峰

2012 年 8 月 16 日于开封寓所

摘 要

  本书作者在长期从事企业经营战略研究、教学的基础上，结合企业经营战略咨询实务的丰富经验，以企业内部条件和外部环境分析为基础，以企业总体战略、企业经营战略和企业职能战略为主线，以企业经营战略的组织、实施与控制等内容为主要理论框架进行分析，精心构建了一个内容清晰、实用而又具有开放性的逻辑体系。

  本书共分为十二章，主要包括绪论，企业经营战略环境分析，企业发展战略，企业竞争战略，企业产品战略，价格战略，产品质量战略，财务战略，企业科技战略与人才战略，企业文化战略，企业国际化经营战略，企业经营战略的组织、实施与控制等内容为主要理论框架进行论述，力求使读者对企业经营战略能有一个清晰的全貌性认识。

  本书在介绍国外主要的企业经营战略理论的同时，努力论述中国企业经营战略管理的实际经验，力求适合我国企业经营战略管理的实践及方便学生学习企业经营战略课程时使用。

Abstract

Based on his long-time studies of corporate strategies and rich consulting experience, the author sets forth the main content of the overall strategy, business strategy and functional strategy of the enterprises by analyzing the external environment and internal conditions of enterprises, and puts forward a clear, practical and open logical system by taking the organization, implementation and control of the enterprise operation strategy as the main theoretical framework.

The book is divided into twelve chapters, including the introduction, the external environment and internal conditions of enterprises, enterprise development strategy, enterprise competitive strategy, enterprise product strategy, enterprise pricing strategy, product quality strategy, corporate financial strategy, corporate science and technology strategy and human resources strategy, corporate culture strategy, multinational management strategy, as well as the organization, implementation and control of the enterprise operation strategy.

Approaching corporate strategies studies not only on foreign theories but on the practices of management of enterprise operation in China, this book aims to guide the enterprise operation practices of Chinese enterprises as well as facilitate its learners.

目 录

第一章 绪论 … 1
- 第一节 企业经营战略概述 … 1
- 第二节 企业经营战略管理 … 9
- 第三节 企业家与经营战略管理 … 18

第二章 企业经营战略环境分析 … 26
- 第一节 企业经营战略环境及其意义 … 26
- 第二节 企业宏观环境分析 … 36
- 第三节 企业微观环境分析 … 42
- 第四节 企业内部条件 … 48
- 第五节 战略的选择与环境 … 51

第三章 企业发展战略 … 55
- 第一节 发展战略概述 … 55
- 第二节 企业发展战略的基本类型 … 58
- 第三节 企业发展战略实施的途径 … 68

第四章 企业竞争战略 … 75
- 第一节 一般竞争战略 … 75
- 第二节 竞争地位和竞争战略分析 … 82

第三节　处于行业不同发展阶段的企业竞争战略选择 …………… 88

第五章　企业产品战略 …………………………………… 96
　　第一节　产品组合策略 ………………………………… 96
　　第二节　产品品牌策略 ………………………………… 99
　　第三节　产品开发策略 ………………………………… 105
　　第四节　产品寿命周期策略 …………………………… 110

第六章　价格战略 ………………………………………… 117
　　第一节　价格战略的目标和类型 ……………………… 117
　　第二节　价格战略的选择 ……………………………… 122
　　第三节　产品定价策略 ………………………………… 123
　　第四节　产品价格调整策略 …………………………… 132

第七章　产品质量战略 …………………………………… 134
　　第一节　产品质量的战略模式 ………………………… 134
　　第二节　产品质量的战略管理 ………………………… 144

第八章　财务战略 ………………………………………… 149
　　第一节　筹资战略 ……………………………………… 150
　　第二节　投资战略 ……………………………………… 160
　　第三节　利润分配战略 ………………………………… 168
　　第四节　财务结构战略 ………………………………… 174

第九章　企业科技战略与人才战略 ……………………… 179
　　第一节　企业科技战略 ………………………………… 179
　　第二节　企业人才战略 ………………………………… 186

第十章　企业文化战略 …………………………………… 198
　　第一节　企业文化战略概述 …………………………… 198
　　第二节　企业文化战略的选择与实施 ………………… 211

第十一章 企业国际化经营战略 ··············· 218
  第一节 跨国经营及其动机 ··············· 218
  第二节 跨国经营的环境适应战略与策略 ··············· 222
  第三节 国际市场打入与扩张战略模式选择 ··············· 231

第十二章 企业经营战略的组织、实施与控制 ··············· 239
  第一节 战略的组织 ··············· 239
  第二节 战略的实施 ··············· 248
  第三节 战略的控制 ··············· 252

参考文献 ··············· 258

CONTENTS

Chapter One   Introduction / 1
    Section One   Corporate Strategies Overview / 1
    Section Two   Corporate Strategies Management / 9
    Section Three   Entrepreneurs and Corporate Strategies Management / 18

Chapter Two   Environmental analysis of Corporate Strategies / 26
    Section One   Corporate Strategies Environment and its Significance / 26
    Section Two   Corporate Macro − environmental analysis / 36
    Section Three   Corporate Micro − environmental analysis / 42
    Section Four   Corporate Internal conditions / 48
    Section Five   Choices of Strategies and Environment / 51

Chapter Three   Corporate Development Strategies / 55
    Section One   Development Strategies Overview / 55
    Section Two   Primitive Types of Corporate Development Strategies / 58
    Section Three   Approaches to the Implementation of Corporate Strategies / 68

Chapter Four   Corporate Competitive Strategies / 75
    Section One   General Competitive Strategies / 75
    Section Two   Competitive Position and Competitive Strategies Analysis / 82
    Section Three   Selection of Corporate Competitive Strategies in
                    Different Stages of the Industry / 88

CONTENTS

Chapter Five   Corporate Product Strategies / 96
   Section One   Product Portfolio Strategies / 96
   Section Two   Product Branding Strategies / 99
   Section Three   Product Development Strategies / 105
   Section Four   Product Life Cycle Strategies / 110

Chapter Six   Pricing Strategies / 117
   Section One   Goals and Types of Price Strategies / 117
   Section Two   Selection of Pricing Strategies / 122
   Section Three   Product Pricing Strategies / 123
   Section Four   Pricing Adjustment Strategies / 132

Chapter Seven   Product Quality Strategies / 134
   Section One   Significance of Product Quality / 134
   Section Two   Strategic Model of Product Quality / 144

Chapter Eight   Financial Strategies / 149
   Section One   Financing Strategies / 150
   Section Two   Investment Strategies / 160
   Section Three   Profit Distribution Strategies / 168
   Section Four   Financial Structure Strategies / 174

Chapter Nine   Corporate Science and Technologies Strategies and Human Resources Strategies / 179
   Section One   Corporate Technology Strategies / 179
   Section Two   Corporate Human Resources Strategies / 186

Chapter Ten   Corporate Culture Strategies / 198
   Section One   Overview / 198
   Section Two   Selection and Implementation of Corporate Culture Strategies / 211

Chapter Eleven Internationalization Strategies of Enterprises / 218
    Section One   Multinational Operation and its Motivation / 218
    Section Two   Environmental Adaptation and Multinational Operation
                   Strategies / 222
    Section Three International Market Entry and Selection of Expansion
                   Strategies / 231

Chapter Twelve Organization, Implementation and Control of the
                Corporate Strategies / 239
    Section One   Strategic Organization / 239
    Section Two   Strategic Implementation / 248
    Section Three Strategic Control / 252

References / 258

第一章 绪论

近些年来,随着我国对外开放程度的不断加深及市场经济体制的日趋完善,企业经营环境发生了巨大变化。当今世界是一个迅速发展、急剧变化的世界,企业经营犹如在波涛汹涌的大海中航行,面临着一个极不稳定的市场环境。在市场经济条件下,越来越多的企业逐步认识到,要在激烈的市场竞争中取得成功,除了提高企业生产效率、降低产品成本之外,还需要有正确的企业经营战略作保证。否则,一旦经营战略决策出现方向性失误,则企业的生产效率越高,失败所带来的后果越严重。企业经营战略的本质就是要争取企业经营全局的主动性,使企业能经受住各种艰难险阻的考验,在激烈的竞争中战胜对手,实现企业与外部环境变化的动态平衡,永远保持企业旺盛的生命力,这是制定企业经营战略的根本目的。

第一节 企业经营战略概述

一 战略的起源与发展

"战略"一词的出现已经有很长时间了,企业高层管理人员现在都能熟练地使用,战略开始被看作管理活动的至高水平。所以各商学院都把战略管理作为最终的、最重要的一门课程开设。

然而,亨利·明茨伯格在其著作《战略历程:纵观战略管理学派》中指出:"我们对战略的认识就如同盲人摸象,因为从没有人能够具备完整的审视大象的眼光。每个人都紧紧地抓住战略形成的某一部分,同时对认识其余部分则一无所知。"战略是什么?企业经营战略是什么?战略管理该如何开展？一直以来，理论界对这些基础且核心的问题就众说纷纭。

"战略"在我国是一个古老的词，意为战争的策略。早在春秋末年，我国第一部编年体通史——《左传》中已出现了"战略"一词。《左传》中的战争思想包括：战争的本质观、战争与国家治乱的关系、民心向背与战争胜负的关系、战略思想等各个方面。到了战国时期，"战略"已广泛应用于军事领域，著名军事家孙武的《孙子兵法》更被公认为是有关战略的第一本著作，其战略思想流传百世。《孙子兵法》强调必须在对敌情、作战地理条件等情况有充分了解的前提下，选择适宜的作战形式，出奇制胜，其中囊括了从战略分析、战略设计到战略选择的过程。

在西方，战略这个词是从希腊词"strategos"中衍生出来的，由"军队"和"领导"两个词合成，意指指挥军队的艺术和科学。公元579年，东罗马皇帝毛莱斯写了一本名为"strategicon"的书，这本书被认为是西方第一部战略著作。而法国人基尔特（Guild）1772年写的《战略通论》中则首次提出了战略的概念，书中区分了"大战术"与"小战术"的概念，"大战术"相当于今天所说的战略。克劳塞维茨（Cllausewi）的《战争论》被认为是继《孙子兵法》后的又一部军事战略巨著。他在其著作中提出，战略是为了达到战争的目的而对战斗的运用。

1965年美国战略管理的一代宗师伊戈尔·安索夫（H. I. Ansoff）出版了《企业战略论》一书，企业经营中才开始运用"企业战略"一词。如今，"战略"一词被广泛运用于社会、经济、文化、教育和科技等领域，泛指重大的、带全局性或决定全局的谋划。

二　战略思想在不同领域中的应用

"战略"一词源于军事领域，首先在战争中得到了很好的体现，在战争中的成功运用初步展示了战略的重要价值和意义。以第二次世界大战为例，1944年6月6日，盟军在法国诺曼底登陆，开辟了盟军在西欧的第二个战场，也直接加速了德国法西斯的失败。在西欧开辟第二战场，其直接战略考虑就是：对德军形成夹攻之势，迫使德国军队两面作战，以尽早赢得战争胜利。为此，盟军做了长达两年的准备，以选择在何处登陆，如何登陆，并要制造各种假象以瞒过德军情报的刺探。虽然在这场战役中盟军投入了有史以来最大规模的兵力并遭受了惨烈的牺牲，但它却是盟军在第二次世界大战中一项最重要的战略行动,并因此彻底扭转了战略形势。

在企业经营领域,战略特指对未来5年或10年内企业发展方向、经营方针、经营策略等的谋划。以联想收购 IBM 个人 PC 业务为例,IBM 与联想结成独特的营销与服务联盟,联想的 PC 通过 IBM 遍布世界的分销网络进行销售。新联想成为 IBM 首选的个人电脑供应商,而 IBM 也将继续为中小型企业客户提供各种"端到端"的集成 IT 解决方案。IBM 亦成为新联想的首选维修与质保服务以及融资服务供应商。对于世界 PC 行业来说,联想的这一举措改变了行业格局,形成了新的行业竞争态势。对联想电脑公司来说,其战略意义远不止于此,它不仅意味着联想电脑在市场战略扩张上迈出了一大步,而且对公司未来发展也会产生深远的影响。

实际上,企业经营战略和军事战略有着许多相同的概念和原则,其中最基本的就是战略(strategy)和战术(tactics)的区分。战略是为了实现长期目标而进行的资源配置整体计划,而战术则是针对一次具体的行动所拟定的计划;战术是为了赢得战斗胜利而进行的资源调配与策略选择,而战略则与赢得整个战争有关,强调行动的全局性。

将战略思想运用于企业经营管理之中,就产生了企业经营战略这一概念。企业经营战略是生产社会化和市场经济发展的必然产物,它萌芽于20世纪30年代,形成于50年代的美国,后来又传到德国、日本,现在已被很多国家的企业广泛地采用。随着战后科学技术和世界经济的高速发展,企业经营的内部条件和外部环境都有了巨大的变化,包括经济、政治、科学技术、社会文化等在内的外部环境因素变得越来越不稳定,市场竞争也越来越激烈。这迫使企业在经营管理中将眼光由短期目标转向长期目标,由日常生产经营的专业化职能管理转向综合的全局性决策和管理。

三 企业经营战略的概念及其特征

关于企业经营战略的定义,国内外学术界至今尚无统一的认识。美国学者安索夫认为,战略是决策的基准。他在《企业战略论》一书中,把经营战略定义为由于做了什么才会发展或者是由于做些什么才能保全活力。他认为经营战略是由以下四个要素构成的:①产品市场范围,即寻求新领域的范围;②竞争优势,即明确在该范围内所具有的有利竞争地位和特性;③成长向量,即在该范围内的行动方向;④协力效果,即判断进入新领域后是否有获取利益的能力的衡量标准。不过，安索夫的经营战略定义限于在"产品—市场战略"的意义上使用，有一定的局限性。法国学者H. 塔威尔在《企业的生存战略》一书中认为，战略是一种谋求生存的方法，它为公司的未来确定了道路，并紧紧与风险相连。

我国学者陈文雅在《论企业战略》一书中认为，从企业管理来说，企业经营战略就是有关企业大政方针方面的决策，它要确定企业的目标以及实现目标的基本措施。

我国学者张彦宁在《现代企业经营战略》一书中则认为，经营战略是企业在商品经济条件下，在分析外部环境和内部环境的基础上，为求得生存和发展而做出的总体的、长远的谋划。

我国著名战略专家刘冀生认为，企业经营战略是企业在社会主义市场经济条件下，根据企业内外环境及可取得资源的情况，为求得企业生存和长期稳定的发展，对企业发展目标、达成目标的途径和手段的总体谋划，它是企业经营思想的集中体现，是一系列战略决策的结果，同时又是制定企业规划和计划的基础。

我们认为，企业经营战略是企业为了谋求长期生存和发展，在外部环境和内部条件分析的基础上，以正确的指导思想，对企业主要目标，经营方向，重大经营方针、策略和实施步骤做出长远的、系统的和全局性的谋划。

一个完整的企业经营战略应包括以下几个部分。

第一，外部环境和内部条件分析。企业的生产经营离不开一定的外部环境，企业需要了解外部环境中哪些方面会对企业构成威胁，哪些方面会给企业带来机遇，同时，企业对自身的内部条件也要有充分的认识，以结合自身实际情况应付环境的挑战，抓住机会，避开威胁。

第二，战略目标。战略目标是经营战略的核心内容，是企业今后要达到的目标。这是企业管理部门借以判断企业业绩的标准。一个好的战略目标通常应包括四个方面的特征：有时间限制的、确定的、综合的和现实的。有时间的限制是指有完成战略目标的最后期限；确定的目标当然最好是能计量的，但战略目标主要还是定性的，目标在被理解、执行、检查时应能达成一致的认识；综合的目标是指目标能够覆盖企业业务及组织的各个层面,它可以分解成若干子目标,通过它们的分别完成来实现总体目标;现实的目标是指通过努力可以达到的目标。

第三,经营方向。它规定了企业目前可以提供的产品与服务领域以及在未来一定时期内拟将进入或退出,拟将支持或限制的某些业务领域,它为企业活动确定了界限。

第四,实施步骤。实施步骤是为实现战略目标而划分的发展阶段及其各阶段的主要要求。

企业经营战略与其他战略相比,具有五个方面的特征。

(1) 全局性

企业经营战略是对企业的未来经营方向和目标具有纲领性的规划和设计,是带全局性的策略,不管是总体战略或分战略都要从整个企业的生存和发展来考虑,是一项对企业生产经营活动的一切方面都具有普遍的、全面的、权威的指导意义的管理决策。

(2) 长远性

企业经营战略的目的,是企业的长远发展,不能只考虑企业的眼前利益,而要立足于企业的长期繁荣。企业在追求短期利益时损害了企业的长期利益,则放弃短期利益是必要的。一般三年的战略期限称中期战略,五年的称长期战略,七年以上的称超长期战略。

(3) 阶段性

一般地讲,企业经营战略都是分阶段的,或者说是分步骤的。所谓分步骤,就是把战略所要达到的最终目标按照时间先后进行分解,划分为几个阶段性的由低到高的目标,通常又称为战略步骤。

(4) 稳定性

企业经营战略的决策是一个长期酝酿的过程,它是在对大量的内外环境条件、信息收集、资料分析的基础上,对环境变化和企业发展做出科学的预测。所以,它一经决定就具有很高的权威性,并要保持其稳定,否则朝令夕改,企业经理、员工就会无所适从,战略对各方面的指导作用也就无从谈起。稳定性并不排除应变性,由于企业的外部环境是在不断地变化,要求企业能够适应环境的变化,即具有应变性。所以一个好的战略应有适度的弹性,当外部环境或内部条件的变化超出战略的预期,则战略本身自然就需要作进一步的调整。

(5) 抗争性

企业经营战略是市场经济发展的产物，没有激烈的市场竞争的压力，战略思想便不会在企业管理中产生和运用，所以从本质上看，企业经营战略就是市场竞争的战略。市场竞争的法则是优胜劣汰，适者生存。企业要生存、发展，就必须引入战略思想，从长期的、全局的角度来把握内外环境条件，提出对抗竞争的整体性的方针、政策和策略。

四 企业战略的层次

根据企业战略所涵盖的内容和所涉及的范围不同，可将企业战略划分为企业总体战略、企业经营战略和企业职能战略三个层次。

1. 企业总体战略

企业总体战略在企业各种战略中位居指导地位，是企业最高决策者指导和控制整个企业一切行动的最高纲领，它的正确与否直接决定着企业的兴衰成败。企业的总体战略内容包括了企业战略决策的一系列最基本的因素，如企业的宗旨与性质、企业的组织结构与组织形式、企业从事的业务或行业、企业的发展速度与发展规模、企业的投资决策以及其他有关企业命运的重大决策。企业总体战略由一系列重大目标、重大计划、重大行动所构成，是企业战略利益的基础。

在制定总体战略之时，作为企业总体战略的制定者——企业最高决策层必须清楚总体战略所应包括的内容。从战略管理的角度，企业总体战略涉及两个方面的重要问题。

首先，要确定企业战略管理的范围、组合及战略重点。在确定战略方向时，是选择退却型战略、稳定型战略，还是发展型战略；在每一项战略行动中，是选择保守型战略、可靠型战略，还是风险型战略；在确定企业的中心时，是选择品种求新为中心、质量求优为中心，还是价格求廉为中心的战略。另外，还有开发新业务的时机与方式、提高企业总体经营业绩的措施的选择，都是企业总体战略所必须说明的内容。

其次，对企业所拥有的有限资源在企业不同部门之间的分配秩序以及分配比例等问题也是企业总体战略所需说明的问题。

对于任何一个企业来说，相对于其无限的需求，它所拥有的资源总是有限的，因此就涉及一个如何利用有限的资源而使企业总体效益最大化的问题。企业内部各个部门之间为了获得各自必需的资源往往会进行竞争。这时，就需要企业最高决策者综合考虑每一项业务活动对企业内部资源的需要，根据各个部门在整个企业中的地位，结合企业总体战略目标的要求，根据轻重缓急的原则合理分配资源。

企业总体战略无论对多种经营的企业还是单一经营的企业都同样重要，在制定总体战略时都需考虑一系列因素：企业将要开展的新业务有哪些，在哪些方面将增加投资或将取消哪些不景气业务，在每一项准备发展的业务中应用哪一种战略方法等。这样，在考虑企业总体战略时必然要涉及战略的适应性，涉及相关或非相关的多种经营业务与企业自身的特点相适应的问题，包括多种经营的类型和程度、兼并企业与放弃业务的原因与方式、管理每一项不同的经营业务的方式、在选定的经营业务之间分配资金和人力的标准和顺序。

2. 企业经营战略

企业经营战略是企业内部各个战略业务单位在企业总体战略的指导下为本业务单位所制定的战略计划。

一般的大型企业或综合型企业要对自己的业务进行划分，划分成几个甚至几十个业务，并把各项业务作为一个个战略业务单位来管理。一个战略业务单位通常具备三个特点：①它是一个独立业务单位，即它能独立地开展经营活动，自负盈亏；②它有专门的负责人；③它有自己的竞争者。企业经营战略的目标就是要改善和提高一个战略业务单位在其所处行业中，或某一特定的细分市场中所提供的产品和服务的竞争地位。

企业经营战略所要解决的主要问题包括企业在其所处的某一个行业中如何开展竞争的问题，包括企业在自己所从事的这一经营领域中所处位置的问题，以及在业务单位内如何有效分配资源的问题。作为企业最高决策层，往往给予企业内各个战略业务单位很高的自治权。在企业总体目标和总体战略范围内，允许各战略业务单位发展自己的经营战略，允许它们对各自的业务单位在产品的生产、销售、成本控制、销售利润等不同方面有所侧重。对于一个从事单一经营的小型企业来说，它的企业总体战略同企业经营战略往往是合二为一的。

企业制定经营战略的目的，一方面是在其所经营的领域获得较好的经营效果，努力建立自己在某些方面的竞争优势，确定自己所要满足的消费群体，给自己的产品在市场上定位，努力保持本企业的市场经营活动与本行业的发展趋势、社会变革和经济形势相适应；另一方面，企业制定经营战略也是为了对那些影响企业竞争成败的市场因素的变化做出正确的反应，需要协调和统筹安排企业经营中的生产、销售、财务、研究与开发等业务活动。

3. 企业职能战略

企业职能战略是为了贯彻、实施和支持企业总体战略与企业经营战略而在企业特定的职能管理领域制定的战略。企业职能战略是在企业总体战略和企业经营战略指导下依据各部门的职能和特点而制定的。它的内容更为详细、具体，它是由一系列详细的方案和计划构成的，涉及企业经营管理的所有领域，主要包括以下几种。①产品质量战略。产品质量是企业能否立足市场的根本，必须从战略角度来看待质量问题，在总体战略中也应突出产品质量的战略地位。②新产品开发战略。这是在经营战略中把新产品开发的要求具体化。③科技发展战略。当代企业的竞争实际是管理和技术的竞争，有越来越多的企业家亲身领悟到了科学技术发展的战略地位。日本卡西欧计算机公司总经理樫尾忠雄说："企业如果缺乏技术，就要停滞不前。"④人才战略。要发展科学技术，人才是关键。有远见的企业家都把人才视为宝中之宝，放在第一位的战略问题上加以解决。台湾政治大学企管系教授苏伯显认为：人才是一切问题的根本，人才是企业机构的主体，制定和实施正确的人才战略乃是企业兴旺发达的源泉。⑤市场战略。市场是企业生存的空间，失去了市场就意味着失去了生存的空间。市场中充满了机会，同时也遍布着各种陷阱，企业能否抓住机会、避开危险，关键是企业对市场的了解是否透彻，对机会的把握是否及时，对未来的预测是否准确，市场战略是企业各战略中比较重要的战略之一。⑥价格战略。在企业经营活动中，价格作为市场营销和商品盈利的最关键因素之一，具有十分重要的地位。价格是否适当，往往直接影响产品在市场中的竞争地位与占有份额，并间接影响企业的产品战略，现代企业经营越来越重视价格战略。⑦竞争战略。有商品生产就有竞争，而适者生存又是竞争中铁的规律。企业之间通过相互竞争，可以促使其生产效率的提高和适应市场变化能力的增强，促进企业活力的增加。而在激烈的竞争当中，只有熟练掌握一些竞争战略、竞争技巧，才能适应环境的要求，使企业在竞争中立于不败之地。

实际上，企业职能战略是企业经营战略的自然延伸，使得企业的经营计划更为可靠、充实与完善。企业职能战略明确地表明每一项主要的经营活动与整个经营战略之间的关系，因而具有重要的意义。

综上所述，总体战略、经营战略和职能战略一起构成了企业战略的总体。在一个企业内部，企业战略的各个层次之间相互联系，相互配合，每一个战略层次都构成了其他战略层次赖以发挥作用的环境。

第二节 企业经营战略管理

一、战略管理的含义及其特征

企业战略管理一词，最早是由美国学者安索夫在其1976年出版的《从战略计划走向战略管理》一书中提出的。安索夫认为：企业战略管理，是指将企业日常业务决策同长期计划决策相结合而形成的一系列经营管理业务。而美国学者斯坦纳在他1982年出版的《管理政策与战略》一书中认为：企业战略管理是确立企业使命，根据企业外部环境和内部经营要素设定企业组织目标，保证目标的正确落实并使企业使命最终得以实现的一个动态过程。也有学者认为，企业战略管理就是以一种战略思想引导企业的长期发展与变化，为企业指明前进方向，是一种创造性的、面向未来的企业领导方法。对企业战略管理的含义有许多种表述，简单地讲，战略管理就是企业最高决策管理层对企业战略的设计、抉择、实施等管理活动的综合。它包括三个部分：一是战略的分析、设计，以此来掌握企业内外环境和目前状况，设计出可行的各种战略模式；二是战略抉择，即对各种可能的多种战略方案加以评价和选择，以获得比较满意的战略方案；三是战略实施，即将所选择的战略付诸行动。

企业战略管理涉及的都是企业发展中的重大问题，诸如新产品的开发、新市场的开拓、生产规模的扩大、发展多种经营等与企业方向、任务直接关联的具有全局性和长期性意义的问题。企业战略管理的决定权必须掌握在企业总经理（或总厂长）手里。企业战略管理同企业经营管理和生产管理三者在管理内容、范围和时间上是有差别的。企业经营管理是在既

企业经营战略概论

定企业规模、组织结构和有关业务的战略计划框架内,确保资源的取得和充分利用的全过程,通过经营管理尽力使战略目标转变为企业各个方面和全体成员间相互协调的具体的行动路线和任务;企业经营管理的决策权应掌握在各事业部经理或各分厂厂长手中,并由相应的职能部门去组织实施。企业生产管理,是在经营管理框架内确保各生产环节高效率的管理生产过程;生产管理的决策权应掌握在各事业部副部长或副厂长手中,并由广大基层管理人员执行。

由于战略管理主要是就企业总体发展,特别是未来发展方向做出决策,它与其他管理相比具有明显的特征。

(1) 市场导向性

企业要关注市场环境的变化,尤其是消费需求的变化,以过去的经验来推测未来的做法是不够的,还必须充分考虑各种影响未来趋势的因素,系统地、全面地对市场需求做出预测。

(2) 信息支持

企业要从其所处的环境中不断收集各方面的信息,管理信息系统理论与技术的发展为战略管理提供了必不可少的支持,它已囊括信息收集、分析、传播、储存以及进一步信息需求的确定等各个环节。没有充分有效的信息资源,企业其他资源的运动就失去方向,战略指导就无从谈起,也不再需要。

(3) 决策机制

所谓决策,就是面对多重目标、手段与方法作最有利的选择。而"管理"就是将各种能力和因素组织起来,通过一定手段去实现既定行动目标。因而,任何层次的管理工作,任何时候都不可避免地要进行确定行动目标、选择行动方案的工作,所以,决策活动便成为管理(包括战略管理)工作的核心。

(4) 长期观点

生产管理着眼于短期经营,战略管理则注重长期发展。当然一项战略的实施必须分成若干阶段,完成短期的计划和日常的管理,它们受战略的指导,却又构成了战略实现的基础。

(5) 艺术性和科学性相统一

战略管理的制定和实施是一项需要重要对待的工作,战略管理过程不同于一般的预测过程,不仅仅是依靠所获得的信息进行系统分析、逻辑推理的过程。战略反映了企业高层对企业命运的考虑，它往往需要借助于企业家本身的经验和处理事情的技巧，企业家精辟独到的见解往往构成了战略管理的内核，所以战略管理是艺术性和科学性相统一的决策过程。

二 战略管理的发展趋势

现代管理从 20 世纪初至今已经有一百多年的历史，从最初的预算控制，发展到 20 世纪 50 年代的长期计划，又到 60 年代的战略计划，最后发展到目前的战略管理。现代管理的发展经历了四个阶段，并在战略程序化、工作质量、领导层参与决策、有效实施等方面有了很大的进展。

第一阶段，预算控制阶段。20 世纪初，各企业最关注的问题集中在财务、预算、资金等方面，管理的重点放在制定年度财务预算方面（近期目标），而且注重各个职能部门的工作，而战略只是凭领导人的经验知识处理，缺少必要的程序和科学的方法。

第二阶段，长期计划阶段。这一阶段的明显特点是预算期逐渐由短到长，由原来的年度计划延长到五年以上的长期计划。随着企业经营实践的逐步深入，企业经营者认识到企业中某些重大的投资项目从投资开始到产生效益，往往会经历若干年时间。由于这一时间跨度较长，要求企业经营者必须做好对企业未来活动的预测工作，强调战略决策的长期性。长期计划阶段的特点是强调预测精确性，而长期计划只是根据近期计划作修正，失去了长期计划的法律性。

第三阶段，战略计划阶段。本阶段的重点从完善预测转向摸清市场与顾客的需要，特点是充分了解市场，制定以外部环境为依托、以顾客需求为宗旨的战略计划。战略规划人员要做出一系列行动方案，以供最高决策者选择。

第四阶段，战略管理阶段。本阶段的特点是把战略规划与战略管理纳入统一的过程，重点是战略突出管理与实时反映。具体的做法如下。①普遍的战略思考。各管理层次都要学会战略思考。②综合的规划过程。计划过程是对企业各层次、各职能部门计划的综合反映，同时又体现了灵活性和创造性。③协调一致。企业全体员工齐心协力、精诚团结、同呼吸共命运。

未来战略管理将会出现以下发展趋势。

第一，战略管理将越来越适应世界新技术革命带来的巨大变化，将适应目前和未来出现的变化，适应国内国际发生的变化。

第二，企业将从反应性的战略管理发展为预见性的战略管理。安索夫指出，适应环境挑战而产生的战略管理新技术，如弱信号管理、多种经营业务定位将在战略管理中得到应用。

第三，企业经营战略将越来越交叉化、综合化。企业在同一时期可同时采用多种战略，或者把几种战略形成高度综合化的经营战略。

第四，重新认识企业战略管理的基础——生产、技术和财务管理。要改变过去那种重财务轻基础（生产、技术）的做法。财务管理的职能将从过去侧重于企业内部经营状况分析，发展到对行业、国际企业财务和金融前景的分析和预测；从过去偏重于短期经济收益的分析，转向长期战略投资的风险分析和政治、经济与社会效益的分析。

第五，对战略管理的主体——人的研究将进入心理和社会文化等更深的层次，如企业文化、社会文化等研究。

第六，电子计算机将普遍应用于战略管理，如应用计算机程序对经济形势、竞争形势进行分析等。

三 战略管理的动态过程

企业战略管理过程可以分为战略制定、战略实施、战略控制和战略修订四个阶段，每一个阶段又各自包括若干不同的步骤。

1. 战略制定阶段

战略制定是战略管理总过程的一个环节，它是企业战略管理过程的起点，对于以后各个阶段的战略管理具有重要意义。战略制定阶段所要完成的任务包括确定企业的宗旨和性质，设置企业所要达到的目标，制定企业达到目标的战略和政策。

确定企业的宗旨和性质，就是要弄清楚这个企业是在从事什么业务，它的顾客是谁，它要向顾客提供什么样的产品和服务。企业宗旨的完整表述必须包括以上这些方面和内容。一个企业的宗旨和性质决定了这个企业的特点、服务对象，以及经营活动领域的细节，从而把一个企业与另一个企业区别开来。简而言之，确定了企业的宗旨和性质，就等于确定了企业所从事的行业。确定企业的宗旨是企业战略管理过程中最重要，同时也是

第一章 绪论

最困难的工作。一般来说，企业宗旨的表述可窄可宽，重要的是必须把企业的性质、特点和目的描述清楚。但是，在界定企业宗旨时应把握好一个度，既不能过窄，又不能过宽。过窄的企业宗旨会限制企业的行动，过宽的企业宗旨则会含糊不清，使人无所适从。例如，"我们的企业是向人们提供食物"的说法就使人不得要领。对"提供食物"可以有多种解释，从耕种庄稼、放牧牲畜，到食品的运输、储藏和加工，乃至开餐馆、卖快餐都可以说是向人们提供食物。值得一提的是，一个企业的宗旨必须能够使自己与其他企业区别开来，但由于所有企业都要求盈利，那就不能体现本企业与其他企业不同的地方。美国管理学家彼得·杜拉克在他的《管理学》一书中写道："要了解一个企业，我们就必须从了解它的目的着手……企业的目的只有一个正确的定义：创造顾客。"杜拉克的意思是，顾客是企业生存的基础。

一个企业只有为自己的产品或服务寻找到足够的顾客，它才能够生存下去。正因为如此，企业必须根据它所服务的顾客和顾客的需要来确定自己的宗旨。

企业的战略目标就是企业在遵循自己的宗旨时所要达到的长期的特定地位，它可以看作企业有计划行动的最终结果。一般来说，企业的战略目标与企业的一系列外部和内部因素有关。从企业外部因素看，企业战略目标与企业在总体环境中的位置、形象、商誉相联系；从企业内部因素来看，企业战略目标与企业追求的经营管理成果，即市场份额、增长速度、盈利水平、现金流量、投资收益、竞争能力、经营方向、多种经营的程度等一系列指标相联系。战略目标的确定是企业规划过程中关键的一步，只有明确战略目标，企业家才能根据实现目标的需要合理地分配企业的各种资源，正确地安排企业经营活动的优先秩序和时间表，恰当地指派责任和任务。由于受不同行业、不同规模等内部因素和外部条件的制约，不同企业的战略目标的内容是千差万别的。然而，不同企业的战略目标也存在共性，包括某些共同的东西。如果将企业战略目标中共同的东西抽象出来，可以看到，企业战略目标分为盈利、增长、生存和稳定等若干层次。在确定企业的战略目标时，要注意以下五个方面的问题。①一个战略目标应该有一个明确的、特定的主题，不应该是模糊不清、过于抽象的套话，如"我们企业要成为本行业的带头人"，或者"我们的目标是要使企业成为一家更有进取性的企业"之类的陈词滥调。②目标应该与一种结果有关。换句话说，一个目标应该是行动的结果，而不是行动本身。③目标应该是可以测量的。④目标的设定应该有一个实现目标的时间期限。⑤目标应该具有挑战性，同时又具有现实性和可行性。

　　企业为了实现自己的宗旨和目标，必须遵循一定的企业战略。企业战略是为实现企业的宗旨和目标服务的，它必须反映企业宗旨和目标的要求。企业战略是实现企业目标的工具，它有助于人们理解企业在特定的条件下将会采取什么行动，为什么要采取这样的行动，有助于企业使自己的行动合理化。

　　在制定企业战略时，每一个企业所经历的过程和使用的方法是不一样的，但对大多数企业来讲，制定战略的方法主要可归结为以下四种模式。①从下至上的方法。企业的各个业务单位自己制定本单位的战略计划，然后逐级往上报批，归并形成企业的总体战略计划。这样，有利于使企业总体战略与各业务单位现有的具体情况相适应。由于许多各级管理人员都参与了企业战略的制定，可以收到集思广益的效果。这种方法的缺点是，由于战略制定是从各个业务单位和特殊情况出发的，企业的总体战略容易成为一个缺乏协调与企业的总体环境和资源不一致的大杂烩。②从上至下的方法。采用这种方法的企业把战略制定看作企业最高管理核心和职责，只有少数核心人物参与战略规划的全过程，企业战略反映了企业高级管理人员的观念和意志。一般来说，从上至下的方法有利于形成一个统一明确的战略计划。在企业总体战略形成以后，再分解成为企业内部各经营单位的方针和战略，使其贯彻落实。③相互协商的方法。在运用这种方法时，企业战略既不是由最高管理层单独制定的，也不是由基层单位分别制定的，而是上下结合，由企业最高管理层和企业内部各单位之间经过反复交流和协商后制定出来的。由于各级管理人员都参与了战略制定过程，在企业各级和各单位之间容易达成共识，由此而产生的企业战略容易得到高层的迅速批准和基层的迅速认同，有利于战略的顺利实施。④半独立的方法。与上述几种方法不同，在采用这种方法制定战略时，企业高层和企业基层之间各自具有相对的独立性。在企业内部经营单位一级，它们各自制定自己的战略，以适应自己的特殊情况和目标。一旦各单位的战略制定出来，还必须经由企业最高管理层批准，并由其定期进行战略检查评估。

2. 战略实施阶段

企业的战略实施是借助于战略发展方案、预算和一定的程序，实现企业战略和政策的行动过程。一般认为，战略实施是一项行政性的管理工作，是在企业最高管理层的监督和指导下，由企业的中下层管理人员组织实施。然而，作为企业的最高行政首脑，一个企业的总经理必须对企业战略的实施承担全部的责任。实际上，对于大多数企业家来说，统一制定企业战略规划，他们不得不把更多的时间用于战略计划付诸行动，设法使其在客观条件的允许下顺利地运行。在企业战略实施的过程中，一个企业家有四项重要的任务。①确认实施所选择的战略对行政管理的要求，探明企业战略和实施过程中将产生的问题；②协调企业战略与企业内部的组织行为，使之相互适应；③推进战略实施过程；④监督战略实施过程。这四项任务可以转化为五项战略管理工作。①建立一个有能力贯彻实施战略计划的组织体；②分配企业资源，将企业主要能力集中于企业战略目标；③激励职工为实现企业的战略计划而努力；④为企业的战略活动建立内部行政保障系统；⑤实现战略领导，采取行动推进战略的实施。

企业战略的实施过程包括制定战略方案、编制预算、确定工作程序等内容。

（1）制定战略方案

战略方案明确了实施战略计划的行动，它使战略落实到行动上。例如，为了实现增加销售、扩大市场占有率的战略目标，企业可以实施一系列广告方案、公共关系活动方案，以发展与当地社区的联系，改善企业的形象。同时还可以制定一系列的降价促销方案等，以最终实现战略目标。

（2）编制预算

企业预算是企业在一定时期内的财务收支预计。从企业战略管理的角度，预算是为了管理和计划控制，确定每一项战略活动方案的详细成本。例如，为了实施广告、公共关系和降价促销方案，企业必须编制广告预算、公共关系预算和降价损失预算。因此，战略预算是为战略管理服务的。

（3）确定工作程序

工作程序具有技术性和可操作性，它规定了完成某一项特定工作所必须经历的阶段或步骤的活动细节。这些活动是实现企业战略目标所必需的，因而工作程序的制定必须在时间、人、财、物等方面满足战略目标的要求。为了制定最佳的工作程序，可以借助电子计算机和计划评审法（PERT）、关键路线法（CPM）、线性规划、动态规划、目标规划、随机服务系统模型等一系列科学管理方法。

3. 战略控制阶段

战略控制就是对战略规划及其执行的控制，以保持战略规划所确定的方向。换句话说，战略控制就是将经过信息反馈回来的实际成效与预定的战略目标进行比较，检测二者的偏离程度，并采取有效措施进行纠正，以达到战略目标。

战略控制是企业高层战略活动的控制，所以它不同于管理层、作业层等企业中、下层的控制。企业战略控制具有以下特点：①企业战略控制是面向整个企业系统的；②企业战略控制的标准是依据企业的总体目标，而不是战略规划本身的目标，因为战略规划必须服从企业总体目标，它本身也需要控制；③战略控制既要保持战略规划的稳定性，又要注意战略规划的灵活性。

战略控制有以下三个基本要素。

（1）战略评价标准

战略评价标准是用以衡量战略执行效果好坏的指标体系，包括定性指标和定量指标两大类。在定性评价标准方面，国外提出了六种标准。第一，战略在内部具有统一性。即战略内部各部分内容必须互相配套和衔接，形成一个统一体。第二，战略与环境的适应性。战略与环境的关系好比数学上的函数关系，环境相当于自变量，战略相当于因变量，这意味着战略是环境的函数。这就要求一旦环境发生明显的变化，就对战略作相应的调整，以便继续保持战略与环境的适应性。第三，战略执行中的风险性。这种风险性产生于两种情况：一是制定的战略方案脱离实际，在执行中必然受阻；二是战略虽是正确的，但在执行过程中出现了未料到的因素，引起客观情况的变化，也会有风险。注重评估战略风险的大小，很有必要。第四，战略中的时间性。战略的实现是一种长期经济运行过程的结果。在整个战略期内要尽量避免剧烈而频繁的战略改变和大量的人事变动。朝令夕改的战略会带来严重的后果，频繁地更换厂长或经理和大批人事变动都是不利的。第五，战略与资源的配套性。战略的实现必须由资源作保证，包括人、财、物和技术等。在战略实施过程中要尽力掌握所需要的资源。第六，战略的客观可行性。战略是对未来发展前景的设想，但这种设想不是空中楼阁，而是立足于现实，以科学预测为依据，因此具有可行性和可操作性。在定量评价标准方面，可用以下项目制定出具体指标：劳动生产率、经济效益率、产品质量、新产品开发、物质消耗、市场占有率、产量、产值、资金利税率、销售利润率、人均留利、工时利用率、成本等。

（2）实际工作成果

成果是在执行过程中实际达到目标程度的综合反映。要想掌握准确成果资源和数据，必须建立管理信息系统，并运用科学的控制方法和控制系统。控制方法和控制系统必须满足如下要求：必须是节约的；必须是有实际意义的；必须能适时地提供信息；必须能测量出经济活动的真实特性；提供经济发展趋势的定性信息；提供的信息要简单明了。

（3）评价工作成绩

用取得的成果与预定的目标进行比较。通过比较可能出现如下的情况：超过预定的目标，这种情况被称为正偏差，是稳定、协调发展的结果，就是好的结果；与预定的目标基本上相等，偏差甚微，这也属于好的结果；没有达到预定目标，存在明显的负偏差，这是不好的结果，在这种情况下应及时采取有效措施，进行调整。

4. 战略修订阶段

战略修订是在战略执行过程中产生的实际结果与预定目标有明显差距而对战略方案的修改。

战略修订的主要原因有以下几点。

第一，战略的长期稳定性与战略环境的多变性之间发生了矛盾，如果不对战略方案进行修订，就会严重脱离实际，带来不良后果。

第二，战略方案的制定带有主观想象的成分，加之科学技术发展水平的限制使得对未来的预测不够准确，在战略执行中其可靠性程度日益降低，不得不修订战略。

第三，在战略执行过程中，产生了明显的失误，带来了巨大的风险，迫使企业修订战略。与此相反的情况是，由于指挥得力，措施得当，善于捕捉战机，而提前完成了阶段性战略目标，也要修订战略。

战略修订是一件很严肃的事，因此必须按照一定的程序进行。这可以分为几种情况。①局部性的修订。由于这种修订不影响总体战略，可以由执行单位修订，经综合部门批准，向厂长、经理备案。②职能性战略的修订。由职能部门提出修订方案，报综合部门审定，由厂长经理批准。③总体战略的修订。由综合部门提出修订的充分数据，经厂级领导班子讨论通过，报主管部门批准。

第三节　企业家与经营战略管理

企业家，英文为 entrepreneur，它源于法文，原意就是冒险或承担风险的意思。通常认为，企业家是创建、拥有和管理企业，并承担企业风险的人。然而，一个人仅仅拥有一个企业还不是一个企业家，企业家应当是那些能够抓住市场机会，引进新产品和新的生产方法，改进企业的组织结构的企业所有者。他能够筹集必需的资金，调集各种生产要素，并组织企业管理机构的运行。随着近代企业管理的发展，企业的所有权和经营权发生了分离，产生了职业化的经理阶层，即职业经理人。企业的经营管理权大都由职业经理人承担。在当代，企业家主要是指职业经理人，特别是企业的总经理。所以，今天的企业家可以是也可以不是企业的所有者。随着我国改革开放逐步深入和市场经济体制的逐步建立和完善，市场竞争更加激烈，我们不仅需要具有一般管理水平的企业家，更需要有战略意识和战略观念的企业家。

一　熊彼特"创新"理论及企业家概念

创新的概念是美籍奥地利经济学家熊彼特于 1912 年出版的《经济发展理论》一书中提出来的。在熊彼特看来，经济发展本质上是一种动态的过程，其动力是来自事物的内在因素，企业家和创新活动是经济发展的最重要的决定因素。

传统的企业家概念认为，企业家不过是对生产要素进行组合，完成生产过程的人。企业家进行生产当然需要有一定的技术知识水平和管理能力，但也是仅此而已。传统的企业家概念实际上把企业家当做了一种简单的，与其他生产要素没有根本区别的，处于技术层面的例行因素而已。但是熊彼特给企业家赋予了一种全新的定义，他认为企业家不仅要对生产要素进行组合，进行生产，而且还要进行创新活动。

所谓创新活动，就是建立一种新的生产函数，即由企业家进行的对生产要素和生产条件的新组合。以下五种情况都属于创新：

①引进新产品或生产出新质量的产品；
②使用新的生产方法；
③开辟新的商品市场；
④获得原材料或半成品的新的供应来源；
⑤实行了新的企业组织形式。

熊彼特的创新概念不仅是一种技术上的组合和变化，还是市场经济的产物，本质上属于经济范畴，而不属于技术范畴。发明和创新是两个必须严格区别的不同概念。发明说的是新的技术的发明，新产品的发明，本身是一种技术上的概念。但是创新在熊彼特看来是一个市场经济条件下的经济现象，本质上是一个经济概念。它指的是把新的技术、新的生产方法、新的组织结构管理形式创造性地应用于经济活动中，推向市场的动态过程。一项科学发现或技术发明，如果仅停留在科学论文和技术实验室的阶段，而没有商业化的应用，并推向市场，那么它仍然停留在发明阶段，称不上什么创新。相反，即便一项很小的技术发现或发明，如果得到商业化的应用，并取得显著的经济效益，它仍然可以称为创新。一种新发明只有当它被应用到经济活动中去，为生产当事人带来利润时，才成为创新。单就科学技术发明而论，我国古代四大发明是勤劳智慧的中国人民对人类科学技术进步的伟大贡献。然而，罗盘针不是用于航海和开拓世界市场，而是用于看风水之类的迷信活动；火药发明并没有摧毁古老帝国的封建墙垣，而是用于除旧迎新、婚丧嫁娶；活字印刷术的使用不仅没有启迪明智，活跃学术，反而成了思想禁锢与制造大量文字冤狱的一种工具。这个事实说明，单纯的科技发明并不等于创新机制。

熊彼特特别强调企业家在创新活动中的决定性作用。创新活动主要是由企业家进行的。虽然创新活动本质上是一种经济活动，但是，进行创新活动的企业家不一定就是拥有千万资产的资本家，甚至他也不必是一个天资聪颖的发明家或技术专家。一个企业家最重要的素质是他必须具有远见卓识，不仅对新技术、新发明的技术层面有透彻的理解，更重要的是对信息的捕捉能力和对市场机会和市场前景的把握能力，是把发现和发明的经济潜力通过市场性的应用得到发挥，并使之日臻完善的能力。企业家实际上是这样一些人，他们不断地寻找机会，把新的技术、新的产品、新的原料和新的工艺引入到生产过程，并且不断进行生产组织形式和管理形式的新组合和新创造。熊彼特认为，创新活动的主体是企业家。只有那些对新企业的发展具有远见卓识和捕捉机会的能力，对技术和市场有深刻的理解力及敏锐的洞察力，对发明或资源开发能够高瞻远瞩，对审度其经济潜力具有特殊天资并使其在投入使用后不断臻于完善的人，才堪称企业家。

企业家进行创新活动的目的并不一定是攫取利润，利润只是企业家创新活动动机的一个组成部分。除此之外，企业家的创新活动还受到三方面的力量驱使。

①发现一个私人商业王国的愿望；

②征服困难和表明自己出类拔萃的意志；

③创造价值和发挥自己才能带来的快乐。

正是在这些力量的推动下，企业家才出现创新的冲动，这种冲动是一种建立在物质基础上的冲动，但是，在本质上毋宁是精神的。因为物质上的要求可能存在一定的极限，但是精神上的愿望和冲动才可能不受任何极限的限制。正是企业家的这种远见卓识，首创精神，预见性，敢于承担风险，锐意进取的精神构成了企业家精神。

正因为企业家对推动科技进步所起的巨大作用，也因为创新对经济增长和经济发展的巨大作用，所以，作为一个社会阶层的企业家群体的存在成为促进创新，推动社会进步和发展的必要条件。企业家作为创新活动的主体，活跃在社会的中心舞台上，利用他们的创新活动推动社会的新陈代谢。他们具有远见卓识，富于首创精神，敢于竞争，敢于承担风险，以他们的创新活动维系着整个社会生产的动态过程。从这个意义上来讲，发展中国家与发达国家生产率的巨大差异可以从创新的角度，从企业家群体的存在与壮大得到一些说明。所以，世界上很多国家都把培育和创造企业家阶层，推动创新活动作为加速经济增长，推动社会进步的重要措施。

二　企业家的战略意识

企业家的战略意识，是指企业的高层管理者在市场经济条件下，为满足社会和市场需求，完成企业战略目标，在处理一系列重大经济关系，履行社会责任，为企业经营活动做出长期的、全局性的和根本性的谋划时的重大指导思想。

企业家战略意识的基本内容是由战略意识所具有的特性决定的。它表现为企业家为使其主观目标与客观环境相适应，从而求得生存与发展所必须具有的创新意识、质量意识、风险意识、超前意识和应变意识等。

1. 创新意识

创新是指利用新知识、新技术，创造新产品，开拓新市场。企业家的创新意识是企业生存与发展的最大的精神潜力，也是企业成功的秘诀之一。例如，日本索尼公司的企业家把"从事别人没有搞的事情"视为公司的基本原则，把"研究和发展还没有的新产品"视为公司的宗旨。正是在这种创新意识的指导下，索尼公司才成为世界优秀企业之一。

2. 质量意识

质量意识是产品质量、工作质量、服务质量在人们头脑中的反映。以质量求生存、以质量为活力已成为企业竞争的必然趋势。企业家必须懂得，只有树立和提高质量意识，才能提高企业效能，将企业的优势凝聚起来。

3. 风险意识

所谓风险，是指某种行为作用于未来的活动结果的不确定性。一般来说，企业中任何一项经营决策都带有一定的风险性。在正常情况下，企业家可以运用市场分析与预测，依靠企业的集体智慧和民主管理手段，将经营决策建立在比较稳定的基础上，使其风险性降低到最低限度。但风险是不能完全避免的。由于企业所处外部环境的多变性和不可控性，再加上企业预测和分析手段的局限性，企业必然会面临风险。作为企业家必须充分认识风险，研究风险，树立强烈的风险意识。

4. 超前意识

在辩证唯物主义看来，"超前意识"不过就是人类意识能动作用的一种表现。"超前意识"不是任意地、无限地"超前"，而是离不开物质决定意识这一基础的超前意识。企业家的超前意识的可行性来源于市场调查和预测的准确性。没有大量而真实的市场信息，没有对这些信息加以综合分析、评估论证而得出正确结论，再好的超前意识也只能是一种空想。作为企业家不仅要着手于当前，更要放眼于未来；不仅要善于捕捉最新的和最可靠的市场信息，更要善于通过这些信息准确地把握市场变化的趋势，并由此做出具有预见性、科学性的决定。

5. 应变意识

企业家根据外部条件变化而适时地改变企业的经营方式、经营手段和经营方向的一系列的战略指导思想，叫做"应变意识"。企业的生产经营活动随时随地都会受到外部环境和市场的影响、制约，企业必须根据市场需求的变化及时开展技术改造，调整产品结构，提高产品质量，降低物质消耗，以取得满意的经营效果。作为企业家必须树立强烈的应变意识。"应变"绝非是毫无根据和盲目的随机应变，也不是不讲物质条件的随机应变。"应变"必须建立在对市场进行科学的调研和对本企业各种条件的正确分析的基础之上，具体说就是要从信息反馈、分析论证到决策的制定与执行，各个环节密切衔接，既符合市场变化，又符合企业内部条件。

三 企业家的战略观念

树立战略观念首先要解决的是观念的现代化。我国政治和经济体制的改革是一场深刻的变革，其实质是新旧两大体系观念的交锋。陈旧落后的观念已经成了我们前进道路上的绊脚石，没有观念的现代化，改革就很难进行，社会主义市场经济体制也难以建成。所谓企业家的战略观念，也就是企业家在制定企业的远景发展规划时集中反映的一些适应改革开放和社会主义市场经济的需要，符合社会主义精神文明建设要求的新思想或新观点。战略观念并非是孤立的，它与战略意识一样是由一个体系组成，战略观念体系包括市场观念、效益观念、竞争观念、信息观念、人才观念、信誉观念、系统观念、服务观念和群众观念等。

1. 市场观念

市场是联系生产和消费的桥梁，企业的产品只有通过市场才能到达消费者手中。企业的着眼点应落在企业外部的市场上，企业家必须具备以消费者为中心的市场观念。企业家必须牢固树立"用户就是上帝"的经营思想,从用户的需求出发,为用户提供最适宜的产品和最佳的服务。

2. 竞争观念

市场经济的运行法则是优胜劣汰,作为企业家必须具有强烈的竞争观念。企业家应该勇敢地面对竞争,同时还要学会竞争。在激烈的市场竞争中,由于竞争的主要目标是同类产品之间的竞争,企业家必须了解竞争对手的产品组合、市场地位、销售系统、促销活动、财务状况等,一切促使竞争对手在同类产品竞争中的有利条件与劣势都应加以分析研究。企业家树立竞争观念还必须同质量观念、市场观念、效益观念、信息观念、信誉观念联系起来,才能使企业家在激烈的竞争中,处于有利、积极进取的精神状态。

3. 信息观念

所谓信息,即通常我们说的消息、情况、指令等。信息技术被认为是现代文明的三大支柱之一,新的技术革命,其本质与核心就是信息科学技术革命即信息革命。信息的最基本特点是传播性、反馈性和时效性。企业家必须树立这样一种指导思想,即没有信息的传递,现代企业生产经营就不能实现。同时,信息对企业生产经营方向起着指导作用。一名优秀的企业家应能明察秋毫,随时关注信息的变化,及时调整本企业的产品结构和产业结构,从而在竞争中立于不败之地。

4. 人才观念

有人说,技术和管理是经济起飞的两只轮子,而最关键的还是人才。企业之间的竞争其实是人才之间的竞争。人才对于企业的生存发展关系极大,一个企业如果拥有第一流的人才,就会产生第一流的领导、第一流的经营成绩和第一流的产品,就一定能在竞争中取胜。企业家应该知人善任、因事用人、按人定岗、人尽其才。成功的企业家都十分重视人才,一个兴旺发达的企业,是与人才的大批聚集和他们作用的充分发挥相联系的。

5. 系统观念

系统的方法是现代科学的主导思想方法。企业家树立系统观念、掌握系统方法,从某种意义上说是企业家获得战略意识和战略观念的首要原则。企业家的系统观念主要体现在:①企业家应对决策有系统的认识。在决策过程中,用系统观念和方法去观察和分析问题,才可能全面认识到决策对象的内外因素，以及因素之间的联系，从而为确定有效的决策打下基础。②企业家要有明确的目标观念。企业中每一项决策首先有整体目标，其次还要有由层次分明、互相协调的大小目标组成的目标体系。③企业家还要有整体效能的思想。系统整体效能的发挥是在各子系统相互协调作用的基础上实现的，任何一个子系统都不能单独使整个系统的效能得到最好的发挥。因此，企业家在决策中必须着眼于整体，突出整体效能。

四　企业家与经营战略管理

由企业家在企业经营管理中的工作性质和承担的角色所决定，企业经营战略管理是企业家最主要的工作，企业家必须全面负责企业经营战略的制定和实施。

1. **企业家与战略制定**

企业家在制定企业战略计划时最大的特点，就是需要具有企业家精神。通过企业计划的制定，企业家为自己的企业选择正确的时机，设置正确的方向，按照正确的顺序，并尽可能以最高的效率去做正确的事情。企业家精神体现在企业战略计划制定之中，就是要使企业不断地追求成功。这意味着企业家要努力维持企业的创新精神和进取精神，不断地探索和把握新的市场机会，改进和开发新的产品和服务，寻求满足顾客的最好的办法，随时准备应付来自环境和竞争者的威胁，使企业在市场竞争中始终立于不败之地。同时，企业家还要正确地、不失时机地决定企业应当放弃哪些业务，保持哪些业务，开发哪些新业务，怎样以正确的方式对企业的业务进行调整，将企业的资源从低收益下降的业务部门转移到高收益或收益增长的业务部门，使企业的资源得到最合理的运用，以取得最好的企业经营效益。

2. **企业家与战略实施**

企业战略的实施是一件行政管理性的事务，然而，它也是企业家的主要工作之一。制定一个完善的企业战略计划，不是为了将它束之高阁。贯彻落实战略计划，并取得预想的成绩，是企业家最主要的管理工作之一。战略计划的实施也是一种挑战性的工作，它包括建立一个高效率的企业组织系统，刺激职工的工作积极性和提高劳动生产率；创造一个有利于实现企业战略目标的企业文化环境；调整工作计划以适应环境的变化；当企业的经营活动偏离预期目标时及时采取正确的行动予以干预和纠正；等等。总之，企业家必须尽一切努力使既定的企业战略计划在客观条件的允许下得到顺利的实施，以有效地实现企业的预期目标。

在一定意义上，对企业家来讲，企业战略的制定是一件比企业战略的实施更为重要的工作。道理很简单，无论一个企业的条件是如何优越，它的运行是多么有效率，一旦它选错了方向和目标，它就永远不会获得成功。它的资源越丰富，管理越有效，它所犯的错误也就越大，损失也就越严重。因此，正确的企业战略是有效实施战略的前提，是企业获得成功的保证。当然，从另一个方面来说，一个企业如果在经营上一团糟，即使它选定了正确的方向，它也不能获得成功。可以说，企业战略的正确制定是企业家工作中头等重要的事情。然而，一旦战略已定，战略实施中的行政管理的有效性就成为决定性的因素了。

第二章 企业经营战略环境分析

企业的任何生产经营活动都是在一定的环境下进行的，这种环境又随着时间的推移而不断地发展变化，这些变化对企业的生产经营活动又将产生重大影响。一方面，环境的变化对企业可能形成新的市场机会；另一方面，这种变化亦会对企业造成新的环境威胁。因此，企业经营环境是一个动态的概念，企业必须经常调查研究环境的现状和预测其发展变化的趋势，善于分析和判断由于环境的变化而出现的新机会和新威胁，以便结合企业自身条件，及时改变策略以抓住机会避开威胁，使企业的经营活动与其周围环境相适应，以实现企业的长远发展目标。

第一节 企业经营战略环境及其意义

一 企业经营环境理论的演变

环境变化的频率越来越快，市场承载力、竞争对手、资源获取、组织惯性等对企业选择的压力越来越大。企业经营管理工作是在一定的环境条件下开展的，环境既提供了机会，也构成了威胁。环境也是组织生存的土壤，它既为组织活动提供条件，同时也必然对组织的活动起制约作用。组织所面临的环境会影响管理行为和方式的选择，管理的有效性依赖于管理者对环境的洞察和了解，管理的方法和技巧必须因环境的变化而变化。

从 20 世纪初期到 20 世纪中叶，这一时期企业所面对的环境相对还比较简单,外部环境对企业还没有太大的、持续的压力。如何提高生产效率,是这一时期企业管理的核心问题。因此,管理学者把企业作为一个封闭的系统来进行研究,集中注意企业的内部作业或内部管理,一般不考虑外部环境的影响。无论是泰勒的科学管理、法约尔的一般管理理论,还是巴纳德的协作系统理论、马斯洛的行为理论、梅奥的人际关系理论、西蒙的决策理论等,他们的研究重心都是如何提高生产效率的企业内部管理问题。但这一时期,对企业环境的问题也提出了一系列重要的思想或理论观点。我们把它划分为几个阶段。

第一阶段,即企业环境理论的产生阶段。20世纪20年代末30年代初,由于资本主义世界经历了空前大危机,传统的经济学和管理学理论已难以解释现实经济和企业发展的问题,环境对企业的影响已十分明显。可能是受这种环境变化的影响,1938年,巴纳德出版了《经理人员的职能》,虽然该著作的核心内容仍是研究企业组织内部的管理问题,研究企业组织的协作系统和正式组织中经理人员的职能和工作方法,但其中对企业环境问题提出了一系列的基本理论观点,因而成为这一阶段关于企业环境理论研究的具有奠基性意义的著作。

第二阶段大体从20世纪60年代初到90年代初。由于环境的变化速度加快,管理环境的意识日益加强,开放系统论的提出及其被广泛的认同,使得企业环境问题得到了西方组织理论家、管理学家、经济学家和社会学家等多方学者的关注。在这一阶段,不同学者从不同的学科背景出发,在不同的研究层次上,从不同的研究角度,对各自关注的不同核心问题做出了丰富多彩的解释,形成了众多的理论学派,如权变理论、战略选择理论、种群生态学、资源依赖学派、新制度理论、商业生态理论。

第三阶段大体从20世纪80年代初开始至今,一些学者试图将不同学派的理论进行融合。如乌尔里克和巴尔利(Ulrich & Barney, 1984)在比较分析资源依赖学派、交易成本理论和种群生态学理论的基础上,从研究层次、稀缺资源和企业生存三个角度,寻求不同理论之间存在的内在逻辑联系,并提出了整合三个学派的理论框架。20世纪90年代初,在企业环境理论丛林中,产生了另一个新的学派——商业生态系统理论。其代表人物是穆尔(James F. Moore)。1993年,他在《哈佛商业评论》上发表了著名的论文《掠夺者和牺牲者:新竞争生态学》,首次提出了商业生态系统的概念。1996年又出版了《竞争的衰亡：商业生态系统时代的领导与战略》一书，进一步系统论述了商业生态系统理论。

二 企业经营环境的构成要素

迈克尔·波特（Michael E. Porter, 1980）从研究企业战略问题的视角，认为"形成竞争战略的实质就是将一个公司与其环境建立联系。尽管相关环境的范围广阔，包含着社会的、经济的因素，但公司环境的最关键的部分就是公司投入竞争的一个或几个产业"，并提出了著名的"五力模型"。（见图2-1）

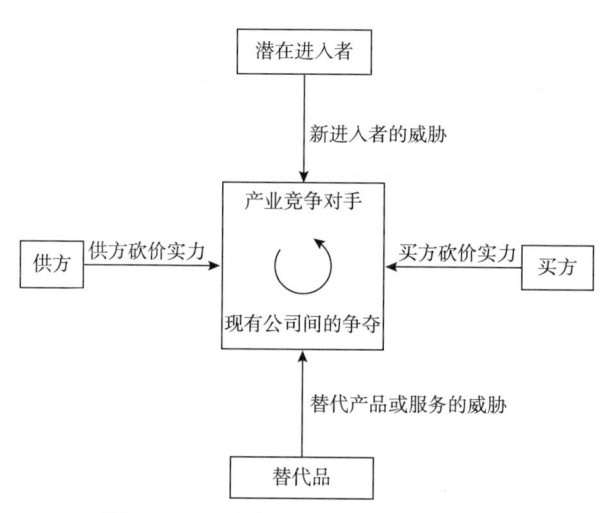

图2-1 迈克尔·波特的"五力模型"

显然，经济、社会、政治、政府、技术、文化、自然以及企业内部环境等因素，在波特看来，都不是影响企业的最关键的环境因素。应该说，波特的"五力模型"的提出，对管理理论与实践应用方面，作出了重大贡献，受到了理论界和企业界的青睐。但对现实中的企业来说，其关键环境因素并非只是产业环境，即使是从企业战略管理的角度看，经济、政治、政府、技术、文化、自然以及企业内部环境，同样会对企业产生重大的影响。其中某些环境因素甚至具有决定性意义，或者说是影响企业的最关键因素。尤其是联系中国的现实情况看，更是如此。因此，企业管理，即使是企业战略的制定，并非只是研究和把握了波特的"五种力量"就能有效进行的，还必须研究和把握宏观环境子系统、自然环境子系统、企业内部环境子系统中的关键环境因素。

与上述关于企业关键环境因素的分析视角不同，还有一种被普遍运用的 PEST 分析，即通过分析政治、经济、社会、科技这四种环境因素，从宏观上认识和把握影响企业的关键环境。这自然是非常必要的，但这只能说是企业关键环境因素中的一部分。因为它既没有市场环境和自然环境，也没有企业内部环境，因而难以使企业的内部环境与外部环境之间建立起直接的联系（见图 2 - 2）。

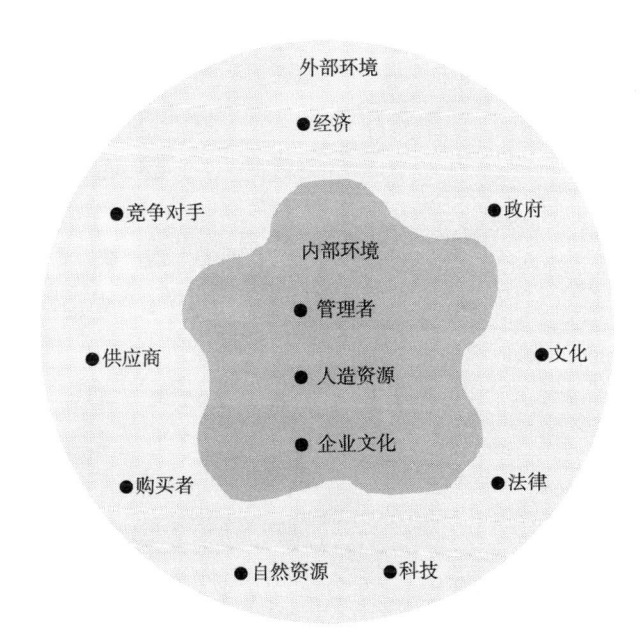

图 2 - 2 影响企业的 12 种关键环境因素

政府主要是政府职能定位和政府及官员对企业的干预程度以及政治、经济政策等对企业决策与绩效的影响。如政府越位，过多地直接干预企业的经营活动，不合理地设限或"设租"，企业的自主权受到破坏，那么，企业的发展就会遇到种种困难。反之，如果政府只做市场不能之事，企业的事由企业自主决定，则企业的发展就会有一个良好的政府环境。但从另一角度看，如果政府仍掌握着企业所必需的大量关键性资源，而企业可能以相对市场较低的交易成本从政府获取这些资源，换取相对较高的企业绩效时，虽然这种政府环境会产生许多弊端，但对某些企业来说，则可能为其创造有利于自身发展的关键环境。

又如经济政策，它是政府为追求或达到一定的目的而对经济活动过程采取的有意识的干预措施，也是政府引导企业行为的一种手段。中国的经济政策，具有很强的垂直通过能力，无论是其对经济运行作用的广度，还是深度和力度方面，都较西方国家要大。实践已反复证明，企业发展乃至整个国民经济的发展状况，都与政府的政策密切相关。不同的是，不同的政策对不同的企业而言，其影响存在着差异。例如，有的政策出台或对原有政策的调整，对有的企业来说可能是发展的机遇，而对有的企业来说则可能是威胁。因此，政策环境也就成为企业的关键环境因素。

社会文化主要是指一个国家、一个民族或一个地区的文化传统，如社会价值观、信仰、社会习俗、伦理规范、思维方式和行为模式等，也包括外国文化的渗透。社会文化具有无形性和普遍性的特点，它对企业文化的形成以及鼓励或约束企业的行为产生着重大的影响（情、理、法）。

法律和法规，对企业来说是一种具有强制性的行为规范，因而是影响企业决策与经营行为和绩效的关键环境因素。如果企业不分析和把握法律环境及其变化状况，就不可能利用法律可能提供的机会。不懂法甚至知法犯法，则可能产生企业的法律危机。

科学与技术的发展速度日益加快，不断改变着人们的生产和生活方式。昨天还在津津乐道的技术和工艺，今天则成了"昨夜星辰"；今天的新技术、新工艺，明天可能又在"辞旧迎新"中被淘汰。而信息技术的发展，则改变了人们的工作性质、管理方式以及交易方式。因此，密切关注科技环境的变化并采取措施适应这种变化，关系到企业发展的成败。

自然资源主要是企业所处的自然资源环境，包括地理及区位、土地资源、矿产资源、生物资源、水资源、气候与大气资源、自然生态等。企业所处的自然资源环境状况，对企业经营方向的选择及其效果会产生重大影响，因而也是企业的关键因素。

购买者包括国内外的采购商和消费者，他们从企业购买产品或服务。购买者的意愿、购买行为及偏好等方面的变化，对企业的决策与绩效会产生直接的重大影响。从某种意义上讲，决定企业成败的是购买者。成功的企业之所以成功，是因为它满足了购买者或消费者的需求；一个企业的失败，往往不是被竞争对手击败，而是被购买者或消费者抛弃。因此，研究购买者的需求意愿、需求结构、购买行为及偏好、购买者之间的差异等及其变化，就成为企业环境分析中的关键因素。

供应商包括国内外的产品供应商和服务商。他们向企业提供从事生产所需的原材料、燃料、零部件等物品资源和信息、技术、资金等服务资源。如何稳定地获取企业必需的资源，并降低交易成本和生产成本，提高产品与服务质量，是企业生存与发展的关键问题。在企业日益社会化、国际化的现代环境中，没有哪一种产品完全是由哪一个企业自己生产的。从这个意义上讲，没有供应商，也就没有生产商。因此，研究资源供应商、资源获取渠道以及资源获取方式的变化可能提供的机会与威胁，也是企业环境分析中的关键因素。

竞争对手包括国内外生产或提供相同或相似的产品和服务的企业，也包括替代品的生产者或潜在进入者。竞争是市场经济的一大特征。随着市场环境的变化，企业之间的竞争也日益激烈，竞争的策略和手段也日趋多样化。因此，研究竞争对手的行为目标、竞争策略、竞争手段以及市场竞争格局的变化及其可能的机会与威胁，也是企业环境分析中的关键因素。

管理者不是单指个人，也包括管理者群体。企业环境，除自然环境外，几乎都是人为创造的环境。因此，在企业的内部环境中，管理者的素质、能力、企业家精神等，对企业决策与绩效的优劣以及企业成败起着关键作用。如果管理者的素质不高、能力较弱、事业心与责任心不强，且常为一己之私而明争暗斗，管理者之间相互掣肘，这样的企业内部环境，就不可能办好企业。反之，如果管理者的素质高、能力强、事业心与责任心强，为企业的整体利益而协调一致，就没有办不好的企业。因此，研究企业环境，就要分析管理者的状况对企业决策与绩效可能产生的影响，以便采取措施，去短扬长。

人造资源是一个具有宽泛内涵的概念。这里的人造资源，是指非自然形成的、通过市场交换可获取的资源。在企业内部环境中，关键资源包括信息资源、物质资源、技术资源、人力资源等。其中，信息资源又可能是最重要的资源。因为，环境是作为信息输入企业的。信息的收集、整理、加工、储存以及利用能力，是影响企业决策与绩效的关键环境资源。卓越的管理者+资源，尤其是灵敏准确的信息，那么，企业的决策、资源的获取、产品及服务的输出等，才可能运筹帷幄、决胜千里。

企业文化包括企业的价值观、习俗、习惯、伦理道德、企业精神等。企业文化，具有引导、凝聚、激励、约束企业员工行为，塑造企业形象等功能。因此，优秀的企业文化是企业无形的经济资源。它可在潜移默化中引导企业员工协调一致地自觉做出有利于企业价值观和企业目标的行为选择，激发创新精神，节省交易费用，提高资源配置效率和边际收益。卓越的管理者＋资源＋优秀的企业文化，是企业无尽的环境资源，可形成企业持续的核心竞争力，促进企业的可持续发展。

三　关于企业环境的中国特征问题

毛泽东早在1938年在论及学习问题时就指出："马克思主义必须和我国的具体特点相结合并通过一定的民族形式才能实现。""要学会把马克思列宁主义的理论应用于中国的具体的环境。""离开中国的特点来谈马克思主义，只是抽象的空洞的马克思主义。因此，使马克思主义在中国具体化，使之在其每一表现中带着必须有的中国的特性，即是说，按照中国的特点去应用它，成为全党亟待了解并亟须解决的问题。"这对我们研究管理理论，也具有十分重要的指导意义。

自20世纪90年代中期以来，我国的管理学者一直在讨论管理的本土化与国际化以及与国际接轨的问题，这对推动我国管理理论的研究与管理实践的探索起了积极的作用。但有一些重要的问题是，什么是本土化？什么是国际化？什么叫与国际接轨？是否是学习或"拿来"西方发达国家的管理理论和管理方法就是国际化了，就是与国际"接轨"了？反之就是本土化？这些都是值得进一步专门讨论的大问题。

美国是世界上最发达的经济大国，美国人根据本国的历史、文化、经济与社会制度等环境特点，总结出了丰富多彩的管理理论与管理方法，成了世界企业500强最多的国家，人们在学习它；日本人在二战后，又根据本国的历史、文化、经济与社会制度的特点，以及国际环境的变化，总结出了一些具有本国特色的管理理论和管理方法，创造了日本历史上的经济发展"奇迹"，人们在学习它；欧洲和亚洲的一些国家和地区，也形成了某些适合自身特点的管理理论和方法，在实践中取得了成功，人们也在学习它们。于是，人们通常就把学习世界各国成功的管理经验，称为国际化或与国际接轨。却往往忽略了本土化，忽略了与本土接轨。

因此，国际化应包括两个层面：一方面，向先进的国家学习先进经验，吸收其优秀的管理理论与管理方法，是国际化的一种表现；另一方面，国际化也是本土化的成功。研究本国的历史、文化、经济与社会制度等环境特点，创造出具有本国特色的管理理论和方法，在实践中取得成功，也就成为国际化了。因为它可供世界各国学习与借鉴。美国是如此，日本是如此，其他一些国家和地区也是如此。

我国的一些管理学者提出了探索具有中国特色的管理理论问题。尽管目前还存在某些不同的看法，如认为管理理论也应同自然科学一样，不存在国家或地区特色的问题，而应具有超越国界的普遍适用性。虽然这种观点从某种层次上讲具有一定的道理，但无论如何，管理科学不同于自然科学。自然科学只具有自然属性。而管理科学虽具有自然属性，但更具有社会属性。因为，管理是与人结合的，是协调人的行为的，必定受其特定的历史、社会、文化以及经济与政治等方面的环境的影响。从这个意义上讲，管理亦是文化。因此，管理理论与管理方法的研究，必须与本国特定的环境相结合，才可能具有实际意义。这也应该是管理理论研究的一种趋势。

如果说经济学也具有国别的特点，那么，管理学则更具有国别性。我国是一个具有五千年文化传承的大国，政治、经济、社会文化等系统结构，客观上存在着与西方国家不同的特征。因此，从研究企业环境理论入手，借鉴西方相关理论，通过比较分析，吃透中国企业环境，吃透中国企业与环境关系的特征，在建立企业环境理论体系的基础上，探索具有中国特色的管理理论，当然有其必要性。

对企业环境以及企业与环境关系的中国特征的研究，是建立中国特色的管理理论的基本前提。或者说，不深入研究和把握中国企业环境以及企业与环境关系的特点，只谈西方，不看东方，只学外国，不懂中国，就不可能建立起适合中国国情、有中国特色的管理理论。

我国改革开放，如果从1978年算起，至今已近35年了。为什么在这大变革的丰富实践中，我国的经济理论、管理理论发展仍然滞后，甚至有人戏言：中国无经济理论！中国无管理理论！笔者认为，重要原因之一是，在学习西方的理论与方法的同时，缺乏深入研究和准确把握中国的环境，与中国的实际相结合。"言必希腊"，完全照搬过来，结果总是尾随其后，还"水土不服"，使一些"理想化"的、"新潮"的理论与方法，成了过眼烟云，昙花一现。因此，我们既要研究企业环境的一般特征，又要着力研究企业环境以及企业与环境关系的中国特征。

从企业环境的中国特征看，我国实行的是社会主义市场经济体制，这一概念的性质就决定了中国企业环境及企业与环境关系的基本特点。同时，我国又是一个具有五千年文化传承的国家，其政治经济制度、社会文化等系统结构，客观上存在着与西方国家不同的特征。如几千年来，一些重人际关系的伦理规范和集权的组织结构，尽管经历了一系列改革而发生了某些重大变化，但在目前及以后较长时期，仍会对我国社会的各个层面产生重大影响。这就决定了我国企业环境以及企业与环境关系的又一重要特点，决定了企业与环境相互作用机理"变轨"。

例如，经济政策，是企业的重要外部环境要素。在典型的市场经济中，它是一种通过市场中介影响企业行为的间接工具。但在我国，由于集权的组织结构和传统的文化力量，垂直通过能力极强，一项经济政策的出台，往往是企业必须接受并执行的强制性指令。反过来，某些企业也可能通过各种方式，获得某种"变通"的特权。又比如，公平竞争，是典型市场经济中的重要规则，也是企业的基本市场环境。但在我国，由于政府掌握着企业所需的重要资源，当企业通过市场竞争的成本高于其争取政府支持的成本时，某些企业就可能不囿于竞争规则，通过各种渠道获取政府资源，以实现低成本高效益。再比如，企业内部环境，本是企业可控的环境，但我国的企业，也可能由于受到某些外部环境要素的强力影响而变成不可控，如此等等，都反映出我国企业环境以及企业与环境关系的非完全市场传导机制的基本特点。这里并不存在对我国企业环境好坏优劣的评价，而是说这种环境特点是我国社会文化、制度结构等方面的一种反映。说明不同于西方国家的中国企业环境特点有其存在的必然性。

因此，探索具有中国特色的管理理论，不能完全照搬西方，或一味强调与西方"接轨"，而更要注重研究中国的特定环境，以此为前提，研究中国特色的管理理论。当我们研究市场化、制度化、规范化、现代化管理的同时，要考虑具有五千年文化传承的中国人的典型思维方式与行为方式，要考虑中国式管理的"灵活性"。当我们强调"以人为本"的管理理念时，要注重研究充分发挥人在企业管理中的主观能动性。以企业环境的

"非均衡性"的一般特征和非完全市场机制传导的中国特征为基本前提,研究企业管理理论和方法,可能更能反映中国实际,指导中国企业的管理实践。

四 企业经营战略环境的概念

企业经营战略环境是指影响企业经营战略制定和实施的各种因素的总和,通常包括企业外部环境和企业内部条件两个部分。企业的外部环境是存在于企业周围的影响企业经营活动的各种客观因素和力量的总和,对于企业来讲这些因素和力量是不可控制的。它可以从宏观和微观两个方面来加以分析。宏观环境是指对企业及其微观环境具有重大影响力的客观因素,企业微观环境则包括那些直接影响企业产品生产经营条件与能力的客观因素。企业通过收集信息来认识外部环境,对不同的环境因素的变化及时做出不同的反应。企业的内部条件是它从事生产经营活动所具备的能力,企业内部条件的好坏直接影响到它适应环境的能力,因此企业外部环境和内部条件之间存在着密切的相互关系。一方面,企业外部环境对企业内部条件起着制约作用;另一方面,改善企业内部条件,增强企业实力,又将对外部环境起一定的反作用。研究企业外部环境和内部条件的目的就是在分析环境的基础上,结合企业内部条件,使企业的经营战略决策建立在科学的基础之上,最终实现企业的长期经营战略目标。

企业的经营战略环境不是静止不变的,而是动态联系的有机组合。企业的经营环境是随着社会生产力和生产关系的发展而变化的,特别是随着我国社会主义市场经济体制改革的不断深入,世界经济一体化进程的发展及国际政治、经济新秩序的形成,国内外经营环境正发生深刻的变化,作为一个优秀的企业经营者,在制定企业经营发展战略时,一定要深入细致地分析环境的变化对企业造成的近期和远期影响,及时准确地把握环境变化趋势。

五 企业经营战略环境分析的意义

企业的经营战略环境是千变万化的,企业经营战略环境研究对企业经营决策的进行具有十分重要的意义。

第一,企业经营战略环境分析是企业从事生产经营活动的前提条件。

任何社会组织都存在于特定的环境条件之下，而环境条件大多是组织本身无法控制的，但它却直接或间接地作用于组织身上，对组织产生不可避免的影响。企业经营者必须认真研究企业环境，顺应社会经济发展的需要，与社会经济的变化协调一致，才能为社会所接受，才能在社会上有生存之地。

第二，企业经营战略环境分析是企业做出科学战略决策的基础。

要使企业制定的战略决策科学合理，首先要对企业所处的环境做出客观的判断和现实的估计，在详细了解外部环境变化及其发展趋势的基础上，结合自身实力及竞争对手情况做出正确决策，正所谓知己知彼才能百战不殆。

第三，企业经营战略环境分析可使企业发现机会和避开威胁。

企业外部环境是客观存在又不断变化的，在这变化之中既潜伏着对企业有利的市场机会同时又隐藏着对企业不利的威胁。这些机会和威胁对不同的企业可能会产生截然不同的影响，企业能否趋利避害，关键还是看企业内部条件，因此通过认真研究企业环境，对比企业外部环境与内部条件因素，可以发现哪些是有利的积极因素，哪些是不利的限制因素，从而能使企业抓住机会，避开威胁，不断地提高企业经营能力，有效地实现企业战略目标。

第二节　企业宏观环境分析

企业宏观环境是指对企业及其微观环境具有重大影响力的客观因素。包括政治环境、法律环境、经济环境、技术环境、社会环境、文化环境、自然环境等。企业的宏观环境是其无法控制的因素，却左右着企业的发展方向和经营目标的选择，其中某些因素甚至决定着企业的组织结构和管理体制。

企业宏观环境的各种因素具有影响和制约某一社会内所有企业的作用，但它往往是通过企业微观环境因素而发挥作用，并不直接影响某一企业。因此，宏观环境因素又称为间接环境因素，微观环境因素又称为直接环境因素。

一 经济环境

经济环境主要是一国总体或企业所在地区的经济景气、人均可支配收入及价格指数等变动状况。经济环境既能给企业带来发展机会，也可能产生威胁。例如，在经济发展以及居民实际收入增加而通货相对稳定的环境中，企业既容易获取资源，也容易销售其产品与服务。反之，企业所面临的环境的压力就会增大，甚至还可能走向破产。

考察经济环境，一般从以下几个方面来进行。

1. 国民生产总水平及其发展速度

国民生产总值是衡量一个国家宏观经济水平的主要指标，它反映了一个国家或一个地区的经济实力，它的总量及其增长率与工业品市场购买力及其增长率有较高的正相关关系。处于高水平高速度的经济发展阶段，会给企业生产经营活动带来机会；而萧条的经济形势却会使企业生产经营活动陷入不景气。

2. 居民收入水平

人均收入是与消费品购买力呈正相关的经济指标。随着人们收入水平的逐步提高，人们用于购买高档消费品及在学习、娱乐等方面的支出将稳步上升。现在市场上所出现的家用电器，如空调、音响、大屏幕彩电以及金银首饰等耐用消费品的购买热和旅游热，储蓄、房地产、证券投资热即表明了这一趋势，它给企业带来了无限的机会，也带来了激烈竞争。

3. 人力资源及其水平

具有购买欲望和购买能力的人是构成市场的基本因素，这样的人口越多则市场越大。中国是一个人口大国，日益增长的人口伴随着高速增长的经济，揭示了巨大的市场潜力和市场机会。由于婴幼儿及青少年市场广阔，近年来，儿童用品市场呈现出空前的活跃，如婴儿奶粉、玩具、巧克力、服装、饼干等市场成为众多商家的必争之地。另外，随着人口年龄的增长，老龄化现象越来越突出，我国许多大城市已进入老龄化阶段，这种人口年龄结构的演变虽对某些行业造成威胁，但对另一些产业却提供了市场机会。

4. 自然条件及其状况

自然条件是一个国家或地区天赋的客观物质条件，它主要包括自然资源、地理位置和气候。一个国家自然资源状况和开发利用水平，关系着它的经济发展水平和产业结构特点。一般来说，有怎样的资源结构，便会建立起怎样的产业经济结构。地理位置决定了一个地区发展经济的客观条件，不同的地理位置对商品结构安排、产品造型的设计以及销售网点的布置等方面的决策是不同的。气候条件决定自然资源种类以及农作物的生长，对经济发展有一定的促进或制约作用。

5. 基础设施

基础设施主要指一个国家或地区的运输条件、能源供应、通讯设施以及各种商业基础设施（如各种金融机构、广告代理商、分销渠道、营销调研机构）的可靠性及其效率。如果供电供水不正常，经常发生中断，或者交通、电讯不正常，企业生产经营就难以正常进行，信息就难以迅速沟通，企业就不可能在激烈的竞争当中发挥优势，有时甚至会导致失败。

二　政治法律环境

一个国家的政局是否稳定、政治体制和经济管理体制是否科学和完备以及所实行的各种经济政策都将对企业的生产经营活动产生直接或间接的影响。

政局是否稳定是一个国家经济能否正常发展的基本条件，也是企业生产经营活动能否正常开展的关键因素。只有政局稳定，才能使民心安定，经济繁荣；政局不稳定，企业经营环境复杂多变难以预测，企业难以选择适宜的经营策略和实施中长期经营计划。20 世纪 80 年代以来，国际政治环境发生了显著的变化，苏联的解体，东欧的巨变，这些国家动荡的政局阻碍了国外资本的大规模进入。相反，由于中国政局的稳定，加上伴随着高速度的经济增长，我国已成为当前世界上非常重要的投资热土。

政治体制的选择取决于一定时期的经济要求，反过来又制约一定时期的经济发展。过去我们在企业中实行党委领导下的厂长责任制，结果出现政企不分、以党代政现象，严重制约着企业的生产经营活动。根据现代社会化大生产的要求，我国企业必须实行政企分开，建立现代企业制度，使企业成为自主经营、自负盈亏、自我约束、自我发展的现代化企业，使企业朝着规范、高效的方向发展。

政府制定的各项方针政策对企业的经营行为也产生着广泛的影响。即使在市场经济比较成熟的国家，政府对经济的干预也有增无减，如反不正当竞争、反托拉斯、最低工资限度、劳动保护、社会保险、社会福利、进出口限制等。当前我国正处于社会主义市场经济体制逐步形成和完善时期，不断推出一些改革措施，诸如财税改革、金融银行改革、产业政策措施、价格控制、差别税率等，这些措施都对企业生产经营产生这样或那样的影响。企业经营者必须时常关注政策动向，找出对企业发展有重大影响的因素，及时采取应对措施，抓住机会避开威胁，使企业的发展目标与国家方针政策保持一致，寻求企业的长远发展。

法律、法规作为国家意志的强制表现，对于规范市场与企业行为有着直接的作用。企业依照法律规定进行正当生产经营活动，既是应尽的神圣职责，又是获得法律保护的现实基础。立法在经济上的作用主要表现为维护公平竞争、维护消费者利益、维护社会利益三个方面。市场经济越成熟的国家，往往在经济立法方面越完善。以美国为例，早在1890年就制定了《谢尔曼反托拉斯法案》，以后又相继有六个法案对《谢尔曼法》进行了修正或补充，以反对垄断和不公平竞争；为了保护消费者权益，先后制定了《食品药品及化妆品法案》、《肉类检验法案》、《消费品安全法案》、《儿童保护法案》等法规以规范商家行为。我国自改革开放以来，尤其是最近几年，随着社会主义市场经济体制的逐步建立和完善，各种经济法规也相继出台，如《公司法》、《保护消费者条例》、《反不正当竞争法》、《金融法》等，所有这些法规都对规范市场秩序和企业行为起了重要作用。当然，在现行条件下，我国的法律、法规还很不健全，须随着实践的需要和改革开放的不断深入而进一步完善。

当企业跨出国门在国际上从事生产经营活动时，其活动可能会受到国际经济法的影响和制约。国际法包括国际双边或多边的国际条约，国际组织的协定、决议以及国际惯例。例如，在国际经营活动当中，合同双方的当事人分别属于不同的国家和地区，一旦签约双方在执行合同中发生纠纷，一国的国内法往往不能作为解决纠纷的依据，因而必须运用国际经济法作为解决问题、取得谅解的法律基础。所以国际经济法一般是制约国际营销活动的行为准则。目前在国际上影响较大的多边条约、公约和协定，主要有《国际货物销售合同条约》、《保护工业产权国际公约》、《国际海上货物运输公约》、《解决国家与他国国民间投资争议公约》等，这些协定、条约对于签约国和国际组织的成员都具有普遍的约束力。

三 技术环境

技术环境是指一个国家和地区的技术水平、技术政策、新产品开发能力以及技术发展的动向等。对于一个企业来讲，当然要特别关注所在行业的技术发展动态和竞争者技术开发、新产品开发方面的动向。

我国正处于一个新的技术革命时代，现代科学技术出现了空前的发展和惊人的变化。一次新技术的发明或应用可能同时又意味着"破坏"，因为一种新技术的出现，会给某些企业形成新的市场机会，形成新的行业，同时也会给某些企业造成威胁，使有的行业或产品被淘汰。如化工行业提供了新型的化纤织品，夺去了传统的棉毛织品行业的很大一块市场；工业塑料代替金属，使产品市场发生了很大变化。

通过考察目前我国面临的技术环境，可以发现有以下几个方面的发展趋势。

1. 科技革命的步伐加快。

过去想也想不到的产品，如计算器、石英表、电脑、电子复印机等在 40 年前并不存在，如今却成为人们生活中很普通的技术性产品。有专家研究表明，在 1920 年以前，美国的日用品从投放市场到生产顶峰，平均时距为 34 年；1937~1959 年的 20 年间，由于科技的发展，这个时距缩短为 11 年；20 世纪 60 年代以后，一般日用品从创新到"老化"的时间缩短了；从 20 世纪 80 年代至今，新技术、新产品更是层出不穷、日新月异。所有这些将给企业经营带来实质性的影响，企业管理人员要时刻注意科技的变化。

2. 技术进步与新产品开发信息。

技术进步和新产品开发，涉及企业的长远发展和产品在市场上的地位。因此，企业必须对以下情况心中有数：①当前本行业的生产技术、工艺发展水平及变化趋势；②本企业的生产技术和工艺水平与当前国内、国外先进水平的差距及变化趋势；③国内外与本企业有关的新产品开发及上市程度；④新产品发展的趋势。

3. 预算中的研究与开发费用增加。

西方国家许多企业为了适应科技环境的变化，企业预算中的研究与开发费用的比重正日益增加。美国的一项研究表明，研究费用与开发预算的大小呈正相关关系。柯达、IBM等公司的研究与开发费用支出平均占销售额的5.7%，利润占销售额的15.3%；而波音、固特异等一些公司的平均研究与开发投资占销售额的3.5%，它们的利润率则很低。

4. 经济间谍深入科技领域。

一项重大科技成果的诞生，往往需要耗费巨资，动用大批科技人员，进行几年乃至几十年的研究。例如，美国杜邦公司投资了2500万美元，花费11年时间才研制出合成尼龙工艺。然而，经济间谍则可以在一夜之间就窃取研究成果，不仅能省却研究时间、研究经费，而且将有一本万利的效益。随着科技对企业经营的影响日益增大，经济间谍已深入到科技领域，对此，企业经营者应保持高度警惕。

四 社会文化环境

所谓社会文化环境，是指通过社会上各类人的生活观点和态度、习惯和行为表现出来的社会组织、价值观、道德观以及世代相传的风俗习惯等。社会文化具有强烈的区域性，它是人们某种特定的社会生活中久而久之形成的，对人们的欲望和行为均产生重大影响，最为突出的就是不同的消费观念往往决定了不同的消费行为。

价值观念因每个人所处的社会文化环境的差异而不同，而不同的价值观念又直接影响着人们的消费偏好。文化人注意智力投资，商人喜欢讲排场，农村居民一般喜欢把钱用在盖房子以及购买具有保值意义的金银首饰上，而城市居民往往受流行趋向的影响较大。因此，企业在开发市场时应注意这些方面问题的研究。

一个国家文化教育水平受经济状况的限制，它不仅影响到劳动力的素质，而且影响到消费行为和商品的销售方式。例如，在一个文盲充斥的地区里，较为复杂的农用器械就不易被广泛接受，文化用品的销售与人口之比也会低于教育发达地区；在报纸杂志上刊登文字广告的作用就远不及广播和电视的音像广告。另外，教育水平高低对消费需求的层次、偏好、审美情趣均会产生巨大的作用，尤其会影响到对新产品、新观念的接受程度。

宗教信仰是社会文化的重要组成部分，它属于一种精神寄托。它一旦形成便神圣不可侵犯。因此它对于人们的风俗习惯、生活态度、需求偏好及购物方式都有巨大影响。在世界上大多数国家里，宗教节日已与民俗节日混在一起，在西方国家，圣诞节前后的一个月工业生产指数要比正常情况低 10% 以上，但同时又是消费的最大旺季，社会零售商品总额比全年平均高 30%~50%，所以企业应抓住这些大好时机。

经济结构的变化导致社会文化的变迁，也带来社会组织结构的变动。在我们的社会里，家庭已由传统的扩展家庭迅速分化为更多的核心家庭，以家庭为单位消费的产品的需求，如家具、家电、洗衣机、电冰箱、住房、电话等需求迅速扩大。

第三节 企业微观环境分析

企业微观环境是指企业所处的市场环境中那些直接影响本企业经营能力的各种势力，或称之为"行为者"，包括供应者、营销中介机构、竞争者、用户和社会公众。企业在开展生产经营过程中，要同许多供应者（如原材料、零部件供应商）和营销中介机构（如批发商、经销商等）打交道，要与它们结合起来，同时，企业经营能否获得成功还受到两个群体的影响，即竞争对手和社会公众。市场上的这些行为者和势力是微观环境的主要构成因素。

一 供应者

供应者是指向本企业及其竞争者提供生产上所需资源的企业或个人。包括提供原料、设备、能源、劳务和资金等。

供应商对企业的生产经营有很大的影响力，特别是当企业所需资源的供应来源十分专有和稀少时，或当企业没有替代资源可以选择时，或企业所需供应品差别很大或更换供应商成本很高时，企业对供应商依赖性较强时。在这种情况下，供应商便能以提价、限制供应、降低供货质量等方式向企业施加压力。因此，企业在分析微观环境时，要了解研究：①供应商的多寡，企业能从多家供应商获得生产要素的供应，就处于有利的环境，如果依赖一家或少数几家，就处于不利地位；②能否与供应商建立长期的、稳定的供应关系；③供应商与同业竞争对手的关系，如果供应商与竞争者建立密切的长期供应关系，则对企业不利；等等。

二 中介单位

中介单位是企业在市场上从事宣传、销售和分配产品给最终消费者的过程中，必不可少的中介服务机构，如中间商、实体分配公司、市场营销服务公司和金融机构等。

中间商的选择对企业来讲是一件很重要的事情。企业为了使自己的产品更加接近顾客，往往希望对中间商拥有较强的影响力和控制力。一个实力较强的大企业面对众多的小中间商，它可以对它们有控制力；然而，实力弱的企业却难以影响大中间商，甚至反过来受制于中间商。另外，中间商本身的实力和在消费者心目中的影响也会给企业产品的销售带来一定的影响。那些实力雄厚，服务设施完善，在消费者心目中有良好形象的中间商，能借助自己的信誉提高企业产品在消费者心中的可信度，借以树立企业产品的形象，进而增加企业产品的最终销售量。

实体分配公司，如仓储、物流公司也是企业从事营销活动所必不可少的中介服务机构。仓储公司是在货物运往下一个目的地前专门储存和保管商品的机构。企业要考虑有多少仓位，是自己建立还是向仓储公司租用，租费价格是否合理等，企业还必须考虑运送速度、安全性和交货方便等综合因素。

市场营销服务机构是指市场调研公司、广告公司、各种广告媒介及各类咨询机构等。这些机构协助企业选择市场，并帮助企业搞市场调研，向市场推销产品等。

金融机构包括银行、投资公司、保险公司等。金融机构是企业所需资金的主要来源，同时又为它们的交易提供信贷服务，因此，企业经营活动往往会受信贷来源的限制或贷款成本的上升而产生严重影响。正由于这个原因，金融机构是企业考虑微观环境的一个重要因素。

三 竞争状况

企业必须做到知己知彼，才能在激烈的市场竞争中立于不败之地。企业在经营中会面临许多竞争者的挑战，分析竞争来自何方，出于何种动机，哪个威胁最大，竞争对手各方面的状况如何，这些对于企业在策略上做出相应决策是重要的，对于企业如何扬长避短，发挥整体优势，增强竞争能力也是十分重要的。

1. 竞争首先来自于同行

同行之间的竞争手段主要有价格竞争、新产品开发、售前售后服务以及广告促销等。对竞争对手的研究主要是了解他们所拥有的优势和劣势，以便推测其未来的动向和本企业可能遇到的机会和威胁。同时还可以推测出他们在本企业将要采取的经营战略，从而使企业制定的经营战略更符合客观实际的要求。研究竞争对手主要包括：①他们的规模、成长率和盈利水平，规模和成长率说明他们经营战略的成败，盈利水平显示其未来的投资意图；②他们目前和过去的战略，以推测其未来的战略；③其组织文化及高层管理的特点；④其成本结构；⑤其在管理、营销、生产、服务、创新等方面的优势与弱点。

2. 竞争来自于那些拟进入企业所在行业的潜在竞争者

潜在竞争对手的入市将使行业供求关系发生变化，加剧行业内各企业之间的竞争，使行业平均利润率下降。因此，分析潜在竞争对手是竞争环境分析的关键一招。

一般地讲，决定潜在竞争对手是否入市的要素，一是行业障碍，二是现有企业可能做出的反应。

行业障碍指潜在竞争对手为了入市将付出的代价。代价的高低直接影响着潜在竞争对手入市的决策。归纳起来，行业障碍主要表现在以下几个方面。①经济规模。即为了达到正常盈利水平所需的生产规模、研究开发规模，以及促销、分销、售后服务等规模。经济规模要求越高，潜在入市者面临的风险越大。潜在入市者若想获得盈利，就必须进行大规模的投资，这就具有很大风险。②消费者的品牌偏好。消费者对现有产品品牌偏好越强，潜在消费者推销产品难度越大。结果，潜在入市者必须花费大量资金搞促销活动，或利用其他方式吸引消费者，其代价是使其成本上升，而且一旦这些促销活动失利，投入促销的资金将付诸东流，会进一步降低潜在入市者的盈利水平，无法弥补其入市的巨额投资。③资本需求量。包括入市时所需的固定资产投资、营运资本投资、促销投资以及其他费用等。一般地讲，资金需求量越高，越不利于大批中小投资者进入，即便是大投资者由于顾及投资量大而带来的风险也会在决定入市前慎重考虑。④成本劣势。成本劣势是指现有企业掌握廉价原料来源，或者技术专利权和独占权，或者地点优势、资金优势等，给潜在入市者造成不利的竞争条件。⑤政府政策。政府对一些关键行业或产业，如广播和电视事业、基础产业等，常采取一些限制性保护措施。例如，实行许可证制度，可使无许可证者被排斥在特定行业之外；制定严格的安全和环境保护标准，从而限制较小企业的入市。

决定潜在竞争对手是否入市的另一个要素是现有企业可能作出的反应。潜在入市者在入市前，一般都要预测行业现有主要企业对其入市将要作出何种反应。若认为反应不大，就会促使其加快入市；若认为会受到现有企业的强烈阻挠，潜在入市者将会推迟入市或根本不入市。潜在入市者一般都从以下几个方面判断现有企业的反应：①现有企业是否曾经对入市者作出过强烈的反应；②现有企业是否拥有作出强烈反应的资金实力；③现有企业对原料来源和目标顾客是否握有较大的控制能力；④现有企业是否拥有降低售价的能力；⑤市场是否能够接受入市者的产品，而不对现有企业造成较大的威胁；⑥现有企业退市成本是否高昂，有时现有企业由于巨额投资以及与供应商、客户和员工的协议，迫使其宁愿面对入市者的激烈竞争也不愿退市。

3. 竞争来自于替代产品的威胁

所谓替代品是指与该行业所生产的产品或服务具有相同或相似功能的其他行业的产品。由于许多产品都有替代品，所以这些产品的制造者经常面临其他行业厂家的竞争压力。例如，软饮料业企业经常面临水果、牛奶、咖啡、茶叶、速溶饮料甚至啤酒行业的竞争。又如，食糖业也面临各种人造甜味制品的竞争。替代品对现有产品的威胁主要表现在以下几个方面。①替代品价格是企业现有产品价格的上限。即企业产品价格如果超过替代品价格，消费者就会转向替代品，从而限制了企业产品的竞争能力。②现有产品的市场增长率将会下降。因为替代品抢占了现有产品的一部分市场。一般地讲，现有产品的销售量对替代品价格变动反应越敏感，替代品对现有产品的压力就越大。③客户转向替代品的代价。就工业用品（如大型计算机、成套设备等）而言，通常客户转换产品所面临的费用包括人员培训费用、购买附加设备费用、技术咨询费、调试和安装费。如果客户转向替代品的各项费用较低，就有可能促使其转换产品，反之亦然。

企业对竞争对手的全面分析，要首先找出哪一方面会给企业的生产经营造成威胁，有时竞争会同时从许多方面向企业袭来，这就要求企业判断出哪一方面对企业构成的威胁最大。为了全面掌握竞争对手的情况，还需从竞争对手的规模、增长能力、盈利能力、经营目标、经营战略、管理模式、制造与营销成本及其结构等方面入手，来认识和评价竞争者的优势与劣势，再结合本企业所面临的外部环境和内部实际条件，及时对战略和策略做出调整。

四　顾客分析

顾客分析的内容主要有：市场细分、顾客购买动机分析和预测顾客尚未满足的需求。

1. **市场细分**

市场细分就是企业根据消费需求差异性，按一定的标准把整体市场划分成两个以上子市场的一种战略方法。即按照顾客或消费者的购买需求和购买行为的不同，划分为若干个消费群，从而确定企业的目标市场，以便使企业产品能够更好地满足消费者的不同需求。

企业在细分市场时，要特别注意的是：细分的市场应该是具体的，其消费者具有共同的特征和消费行为；细分市场之间的区别应该是明确的；细分市场的大小正好有利于企业的经营活动，过小、过大或差别不大都不利于企业取得最佳投资效益；市场细分要有预见性，否则，微观环境一变，市场细分就变动，必然给生产经营活动造成困难。

2. **顾客购买动机分析**

购买动机是引起消费需求（或购买行为）的直接原因，而购买动机又是由需要和欲望引起的。人们的个人特征不同、收入不同、文化教育程度不同、生活方式不同，人们的消费欲望就存在一定的差异。

调查各个细分市场的购买动机，就是要弄清楚各个细分市场上消费者购买动机的原因，便于采取相应的诱导措施，促使顾客购买。

3. **预测顾客尚未满足的需求**

即指顾客虽然购买了本企业的产品，但该产品并没有使顾客完全满意。因此，该产品还需改进，以满足消费者的特别偏好。对企业而言，没有被满足的需求又叫营销机会,有人称之为市场"空穴"或叫市场龛。

这种未满足的需求总是存在着。原因之一是消费需求多样性。人类由于生理上、心理上和社交上的原因,对商品、劳动和精神上的需求极为广泛。有些需求,消费者自己能清楚地意识到,能加以描述而要求予以满足;有些需求,消费者自己意识朦胧,尚未能清楚地描述并提出要求满足。所有这些消费需求中,有很多由于在生产和营销方面的技术管理水平、商品结构的缺陷而没有得到满足,因而就构成了营销机会。原因之二是消费需求易变性。马斯洛把人类需求分成五个层次的大类,即生理需求、安全需求、社交需求、自尊需求、自我实现需求。这五种需求呈梯状,当较低一个层次的需求基本得到满足后,就会提出更高一个层次的需求。即使是同一层次的需求,当被某种产品满足后,在求新心理的驱动下,会对新产品、新包装、新款式和增加的新功能等提出需求。原因之三是即使在生产上有能力满足需求,但在现实市场中,往往生产供应品结构和消费需求的结构存在着差异而不能完全吻合。

营销机会对企业开展经营活动是至关重要的,它关系到企业的生存和发展,同时也是企业制定企业经营目标的依据。作为一个经营者,应具备敏锐的目光,善于发现和抓住市场营销机会。

五 利益相关者

利益相关者是指对企业的生产经营活动有实际或潜在兴趣和影响的各类团体或组织。这些团体或组织主要有以下几类。

第一,政府部门,指对企业开展经营有管辖权的有关政府机构,如商检机构、工商管理、税收、卫生防疫部门等。

第二,传播媒介,指有宣传功能的机构,如报刊、电视台等。这些机构对扩大企业和产品的声誉有重要作用。

第三,地方利益团体,指当地的群众团体,如邻里居民组织或社区组织,企业要与这类地方组织保持密切联系。

第四,公民行动组织,如消费者协会、环境保护组织和其他团体。

这些利益相关者对企业实现其目标的能力与过程有着实际或潜在的影响,而且有时对企业的命运会产生巨大影响。如 20 世纪 60~70 年代瑞士雀巢公司的遭遇便是一个很好的例证。当时雀巢为了开辟海外市场,开始在非洲、中东、南亚等地的发展中国家与地区推销婴儿奶粉，但由于这些地区当地环境质量差以及公司在奶粉调制方面出现了一些问题，致使一些地区的婴儿饮用后开始患病甚至死亡，于是欧洲一些人道主义组织和媒体对雀巢公司的倾销政策给予了批评和抨击，雀巢公司却没能处理好善后事宜，他们面对公众的压力采取了辩解、回避等消极做法，结果事态越闹越大，以至于在欧美许多国家引发了一场联合抵制雀巢产品的行动，抵制范围扩展到除婴儿奶粉以外的其他产品，使雀巢公司蒙受巨大损失。后来在几家公共关系公司的帮助下，通过多方努力才逐渐平息了人们心中的抵制情绪。

当然公众对企业的影响是两面性的，既有其破坏性一面，同时也可能是建设性的。关键是企业能否以正确的公共关系思想并结合正确的公共关系手段来沟通和协调同各类公众的关系，以树立良好的企业形象。

第四节　企业内部条件

研究企业外部环境的目的，是为了给企业找出带来营销机会和环境威胁的因素，但是企业能否利用机会，避开威胁，还要看企业是否拥有相应的内部条件。企业的内部条件如何，在多数情况下对企业的生死存亡起着决定性作用。因此，在制定企业经营战略时，还要对其内部条件加以分析。

企业内部条件是指构成企业生产经营过程的各种要素的组合，这些要素包括人的要素、技术要素和管理要素。这些要素的内在质量及其不同组合方式直接决定着企业的素质。

对于企业内部条件各要素的考察，应当从整体观念出发，综合判断和衡量企业内部条件各要素在整体上表现出来的能力。这些能力包括：市场营销状况、研究开发能力、生产能力、财务状况等。

一　市场营销状况

市场营销状况是企业内部条件的综合反映，是企业内部条件分析的重要内容之一。市场营销状况可通过以下几个指标进行分析。

1. 产品竞争能力分析

产品竞争能力是反映市场营销状况的综合性指标，它是指企业产品满足用户需要的程度，一般从产品的质量、价格、成本、售前售后服务、信誉等方面来反映。

2. 销售增长率或产品所处寿命周期阶段

销售增长率是反映企业产品销售状况的重要指标，是销售增长额与前期销售额之百分比。通过计算销售增长率，可判断该产品所处的寿命周期阶段，从而了解产品销售状态。

根据产品在市场上销售增长状况，可把产品从投入市场直到完全退出市场的全过程，即产品经济寿命周期分为引入期（产品从研制到投入市场）、成长期（产品在市场上被消费者认可，销售增长幅度迅速增加）、成熟期（产品大量生产大量销售，销售增长幅度比较平稳）、衰退期（产品销售量锐减甚至出现负增长，逐步被新产品所替代）四个阶段。产品生命周期不同阶段的特点：引入期的产品销售率不稳定，成长期销售增长率在10%以上，成熟期销售增长率稳定在0.1%至10%之间，衰退期则是负数。产品所处寿命周期阶段不同，企业在安排生产，促进销售等方面所采取的策略也有很大区别。

3. 市场占有率

市场占有率是指在一定市场范围和一定时期内，企业某种产品销售量（以实物的或货币单位表示的）占该市场同种产品销售量的百分比，即企业某种产品市场占有率。

$$市场占有率 = \frac{企业该种产品的销售量}{同种产品市场总的销售量} \times 100\%$$

分析产品市场占有率，可以判断本企业产品在市场上所处的地位，市场占有率越高说明企业产品竞争能力越强，该产品对顾客的影响越大。

4. 产品获利能力

产品获利能力是反映产品为企业提供经济效益的重要指标。

一般地讲，企业生产的不同产品获利能力是不一样的。有的盈利大，是企业获取利润的主要来源；有的虽然社会需求量大，销售量多，但却属于微利产品。在分析中，不仅要查清产品获利情况，而且还要深入分析原因。对有社会需求获利大而销量小的产品，应设法改进质量，扩大销量，增加收入；对销量大，利润水平低的产品，则应改进产品设计和生产工艺，努力降低生产成本，尽可能地提高获利水平。

5. 经营实力

企业经营实力是指企业经营某种产品的生产能力、技术能力和销售能力的综合。

生产能力是指企业生产该产品的能力。它可以按设计能力确定，在设计能力已经突破的情况下，则按实际能达到的能力确定。分析生产能力，要注意不同产品生产能力状况，分析对同类产品转产的适应能力。

技术能力包括企业设计、试验某种产品的能力，生产某种产品的技术装备和测验手段的能力，技术力量的水平等。通过分析企业拥有的技术能力，可找出企业的优势和劣势，分析可挖掘的潜力，以及技术改造的方向。

销售能力包括广告宣传、销售机构设置、推销队伍等因素，通过对销售能力的分析，找出薄弱环节，以便及时调整经营策略。

二　研究开发能力

研究与开发对于不同的行业具有不同的作用，所以行业性质影响着企业在这方面能力的扩展与水平的提高。当然企业既可考虑对自己的研究与开发领域作高额投资，也可考虑从外界科研机构中寻求支持，或直接购买科研成果。由研究开发方面带来的优势将有力地促使企业竞争能力的增强。

研究与开发在一个企业中的地位往往取决于企业经营者的战略意识。有的企业为了在行业中时刻保持领导地位，或为了把竞争对手挤垮，往往更加重视研究与开发，争取优先推出新产品或新技术，从而在竞争中占据有力位置；而另一些企业则把研究开发作为一种防御手段，它为了跟上技术发展的趋势，从而不被竞争对手抛在后面。在研究开发的投入方面有一个趋势，那就是企业的经营业绩越好、获利越多，其用于研究开发方面的投入也相应较多，而当企业利润受到威胁时，在研究与开发方面的投入最容易受到削减。由于一项研究开发工作的完成需经历几年甚至十几年的时间，其投资回报也需间隔很长一段时间后才能准确地了解，所以对研究开发职能的客观评价实在是一件极其困难的事情。虽然如此，通过评价以认识研究与开发对企业未来成功将有何支持，以及在应付挑战方面尚存有哪些不足，对于企业今后战略的设计仍是十分必要的。

三 财务状况

财务状况是反映企业经营效益的重要方面，也是企业内部条件的综合反映，有必要着重分析。

分析财务状况，在于弄清企业生产经营效果，观察企业内部条件的综合能力及其强弱，以便正确地制定经营决策和战略。财务状况的评价主要涉及这样一些领域：①财务预算同整个战略与经营计划的联系；②各部门预算与企业总体预算的一致性；③预算制定的过程以及涉及的各个职能方面；④对盈利或亏损、资产与负债、现金流量等状况的预测及其运用；⑤财务信息对管理控制的支持；⑥通过财务结果与预算标准的差异及其原因分析，对企业战略构架与经营计划实施做出评价。

财务评价往往需借助于一系列的指标计算，这些指标主要包括经营业绩指标、财务结构指标和投资收益指标等。需要注意的是，企业财务分析要同企业所处的竞争环境及其自身发展阶段相结合，同时财务指标的考察又总是反映了企业的历史状况，有时对现实状况不能准确反映，尤其是遇到严重通货膨胀时，以财务分析手段来为企业未来发展提供预见和指导是一件复杂而困难的事情。

第五节 战略的选择与环境

环境的变化对企业战略的选择、经营目标的确定具有重要的影响，这方面已经引起企业界的广泛关注。识别环境可能造成的威胁或带来的重大机会，已成为西方许多大公司的一项重要职能。如何在变化的环境当中选择适当的经营战略是企业经营者的重要任务之一。

一 外部环境与战略的选择

企业所面临的外部环境是客观的，对企业来讲是不可控的，但企业面对外部环境并非是无能为力的。企业与外部环境之间有着密切的相互关系：企业既受外部环境的影响和制约，同时又对外部环境起反作用。后一种情况是指企业靠自身的努力改善内部条件，增强自己的实力，创造有利的市场机会或外部环境。当然外部环境对企业的制约是主要的，而企业对外部环境的影响则是相对的。面对两种情况，企业对待外部环境的战略可分为生存型战略和发展型战略两种。

1. **生存型战略**

生存型战略是指企业被动地接受外部环境给自己带来的影响，顺应环境的变化而采取的战略。生存型战略又可分为跟随型战略和自觉型战略两种。跟随型战略是指企业不对外部环境作深入细致的调查分析，只是利用别人的成果，追随同行业其他企业所采取的战略。有的企业看到其他企业生产空调、音响、计算机等热门产品，自己也跟着上。这种做法对企业来讲并非是明智之举，因为热门产品的生产要求技术上不断创新，不断推出新产品，新产品刚上市能够为厂家带来丰厚利润，但随着竞争者的加入，利润率逐渐降低，这时再盲目进入可能得不到太多的好处，还容易导致先入者的反击。自觉型战略则是企业时刻注意研究环境的发展变化，准确判断环境发展趋势，及时调整企业的生产和销售。美日之间的汽车大战最终以日本的胜利而告终便是一个很好的例证。美国的汽车制造业一度在世界上占霸主地位，而日本汽车工业则是20世纪50年代学习美国发展起来的。但是，30年之后，日本汽车制造业突飞猛进，充斥欧美市场及世界各地，把美国的汽车工业打得一败涂地。美国的汽车工业为什么会落到这种地步呢？在20世纪60年代汽车工业有两大特点：一是石油价格低廉，二是多座位、大型车盛极一时。但是，擅长于搞市场调查和预测的日本汽车制造商，根据当时的国际经济形势，预测出将要发生世界性能源危机，石油价格会很快上涨，因此，必须改产耗油量小的轿车。另外，随着汽车数量的增多，受马路拥挤和停车场收费提高的影响，小巧玲珑的轿车将代替大型车受到消费者青睐。通过调查分析，日本汽车工业掌握了经济环境变化的趋势，进而做出了正确决策。于是日本物美价廉的小型节油轿车在20世纪70年代的世界石油危机中，横扫欧美市场，市场占有率不断提高，而欧美各国生产的传统豪华型轿车，却因耗油量大、成本高而销路大受影响。这种战略要求企业首先要适应环境的变化，再结合自身的内部条件，抓住机会，取得主动。

2. 发展型战略

所谓发展型战略是企业不被动地接受外部环境带来的影响而是采取主动出击的方式，通过自身的努力来影响环境的变化趋势。例如，有一家规模并不大的小厂在激烈的市场竞争面前，不是被动地跟着别人后面走，而是采取主动出击的策略，运用市场机制去从事生产经营，生产出能引导人们消费的产品，所以在市场上取得了一个又一个胜利。它们的第一个产品是塑皮铁芯衣架，这种衣架克服了传统塑料衣架易断和铁衣架易锈的缺点，具有弹性大、抗折性强等特点，一上市便受到消费者的欢迎，销量骤增，为企业带来了丰厚的利润。但是正所谓"瘦田没人耕，耕开有人争"，不少厂家看到该产品销路很好，马上开始仿制，结果短时间内便出现了众多竞争者。这家工厂的经营者又独具慧眼，开发出新产品塑料飞碟，结果又在全国掀起了一股飞碟热，自然这家公司又从中获取了大量利润，当这股"热"又被众多厂家仿效而面临激烈竞争时，这家工厂又转产其他新产品了。采取这种战略往往能够得到丰厚的回报，但如果不成功的话也会带来巨大风险，因为利润与风险总是成正比的，要想运用好这种战略就要求企业必须具有较强的自主经营能力、新产品开发能力、应变能力和竞争能力，否则很难采取这种影响外部环境的战略。

二 竞争者与战略选择

竞争者是企业外部环境中的一个重要因素，一个企业在市场上会面对众多的竞争对手，有些竞争对手与企业实力相当，是企业最大的竞争者，有的竞争对手则相差甚远，够不上真正的威胁。作为一个企业有必要知道最大的竞争对手是谁，譬如说可口可乐知道其主要竞争者为百事可乐，而通用汽车公司知道其主要竞争对手为福特汽车公司等。一个企业只有知道了自己的主要竞争对手是谁，才能够根据竞争对手的实力、所处的地位等的不同来制定相应的战略。

1. 敌强我弱战略

当竞争对手的实力明显高于我们时，一般先是采取防御战略，扬长避短、避实就虚，尽量避免与竞争者正面冲突；同时，还应积极地创造条件，努力地去寻求对自己有利的新的市场机会，以积聚力量，当自己实力达到一定程度时再与对手做正面交锋。

2. 敌弱我强战略

当企业本身实力处于有利地位，一般应以扩张战略为主，包括自我发展或组织联合体共同发展。同时，企业应从战略上努力保持自己的优势地位，从而创造或维持品牌。比如，使企业在技术上和产品性能上始终保持在国内同行业中的领先地位，并不断扩大自己的规模，采取扩建各地分公司或通过兼并、联合竞争对手的方法使企业在本行业当中占据垄断地位，同时瞄准国际市场，努力赶超世界先进水平。

3. 敌我力量相当战略

当企业和竞争对手的力量相当时，企业应先采取维持战略，避免盲目发展和盲目竞争。然后，企业应积蓄力量，不断壮大自身的实力，以寻求在市场中的优势。当然，当企业与竞争对手实力相当时，也可采取出其不意的绝招，俗话说"两强相遇勇者胜"，趁竞争对手不备，采取出奇制胜的战略。要想很好地运用这种战略，就要比竞争对手领先一步，想别人之未想，能别人之不能。市场上需要什么产品，别人尚未想到你先想到，别人没能做到你先做到，这就是出奇制胜。比如，在第二次世界大战期间，美国有家生产火柴的公司，利用人们仇恨希特勒的心理，在火柴盒上画上了希特勒的漫画像，将磷涂在人像的手臂上。这样，每划一次火柴，就好像燃烧了希特勒一次，对于热爱和平的人来说，似乎也解了心头之恨。因此，当这种火柴一推出，这家公司的销售猛增，使它的许多竞争对手眼看着自家的生意被抢了去而毫无办法。出奇制胜往往会在短时期内便取得极好效果，但它的持续时间不会太长，因为这种"绝招"容易被它的竞争对手所掌握，并成为众人的通用工具。因此，企业应从创造性思维中不断地变换"招数"。

第三章 企业发展战略

美国哈佛大学商学院教授、著名战略专家迈克尔·波特说过:"真正能够形成国际竞争优势的是企业的发展战略,因为在经营管理层次,由于企业之间的激烈竞争和优势企业之间在竞争中的相互学习,已使竞争性企业之间的差别不大,而企业之间真正不容易学习或模仿的差别是企业竞争战略和发展战略。企业可以通过战略的调整来适应环境的变化,以获得竞争优势。"

在激烈的市场竞争中,"弱肉强食"已成为竞争的基本规律,企业为了能在竞争中求得生存,必须不断地壮大自己的规模和实力,以抵御来自外界的干扰;另外,企业的盈利总额是与单件产品的盈利和产品的总产量成正比的,企业为了获得尽可能多的利润,只能不断地发展自己。企业在市场中的地位如逆水行舟,不进则退,只有那些不断进取、激流勇进的企业才能得到长远的发展。从各国的企业发展历程上看,企业总水平的提高,除了依靠创建众多小企业外,更要依赖这些小企业的不断发展壮大和过去已形成的大企业。为此,研究企业的生存与发展已成为企业面临的一个重大课题。

第一节 发展战略概述

一 发展战略及其动因

所谓发展战略,是指企业在维持现有水平的基础上向更高级的方向发展的战略。企业发展的方向有许多方面,其中主要包括:更大的企业规模，更高的市场占有率，更广泛的经营范围，更好的企业文化和更多的利润。

发展战略不仅被广泛运用于处在发展中的行业，也存在于具有了比较稳定的市场和建立了产品生产线的部门之中。要发展就得有所投入，包括资金、技术、人力资源等，而未来是不确定的，竞争的形势时刻都在发生变化，因而这种投入也存在着较大的风险。尽管如此，企业家都在不断地追求发展，都希望自己的企业成为国内甚至世界上的行业领路者。企业的发展有着极大的吸引力和动因。

（一）企业发展成大企业可以在国民经济中占有举足轻重的地位

一个国家的经济命脉，一般都由为数不多的几家大型或特大型企业所控制。大企业生产的产品一般都是关系国计民生的主导产品，如汽车、钢铁、船舶、石油化工等。这些产品生产能力的大小、质量的高低直接关系到整个工业的发展和整个国民经济的发展。

从行业的发展格局来看，一般来讲，每个行业都是由一家或几家大型企业和众多的中小企业组成。大型企业无论在资金、技术、人员、信誉等方面都比中小企业具有较大优势，在新产品开发、产品成本、价格、售前售后服务、广告宣传等各方面都有较大的选择余地，从而在与中小企业的竞争中占据上风。因此，发展成为大型企业在行业发展中处于举足轻重的地位，有利于巩固自己的经营实力。

（二）规模大，综合实力强

规模大是大企业区别于中小企业的一个显著特征。企业发展成为大企业后，可具有生产、科研、销售和服务多种功能，有较强的产品开发能力、综合配置能力和服务能力。大企业通常拥有先进技术、先进设备，从而能够生产某些高、精、尖产品；能够较快地发掘新材料、开发新产品，因而易于采用"技术—市场"型这种主动进攻的市场开发模式。

大型企业利用其所拥有的现代化技术设备，合理地组织生产和劳动，形成大批量生产体系，实现规模经济效益。由于开展大规模生产，便于原材料的综合利用，有利于减少单位产品的生产成本和销售成本，从而降低了产品的总成本，这样企业可利用价格上的优势提高产品的竞争能力。

（三）市场开拓能力强

由于大企业在国民经济中的主导地位，使得大企业更易于从社会上获得融资和其他稀缺资源。因此，大企业在经济条件和自然条件方面均占有优势。大企业利用其优惠的待遇吸引了众多方面的人才，在企业管理、新产品开发、市场调研、市场预测、促销等方面有着较强的经营实力，它们在产品、价格、促销方面的行动往往成为其他中小公司的榜样。

（四）抗击风险的能力较大

许多大企业发展成为该行业的"航空母舰"，其抗风险、耐击打的能力远远高于中小企业，更容易承受市场的冲击，使企业能够稳定地发展。大企业有较雄厚的资本和较强的生产能力，有能力开展多元化经营，生产多样化、多层次的产品，并能根据外部环境的变化及时调整产品结构。利用其开发能力强的优势，不断推出新产品，淘汰那些已无市场前景或处于衰退期的产品，使企业的产品组合始终保持合理搭配。

二 企业发展战略实施的条件及步骤

发展战略是现有企业积极扩大经营规模，或在原有企业范围内增加生产能力与产品供应量，投资新的事业领域，或通过竞争推动企业间的联合与兼并，以促进企业的不断发展。发展是一种投资，要发展就必须要有资本投入，以期获得更多的回报；发展也是一种挑战，其结果带来生产扩大、产值增加、竞争激烈；发展更直接表现在组织规模膨胀，管理难度加大，管理工作更趋复杂。

这一战略的核心是通过扩张来达到企业发展和壮大的目的，故一般适用于以下几种情况。

第一，企业扩张的机遇已充分显示出来，企业对促成扩张的客观条件有了全面的认识，对实施发展所可能带来的风险和收益有了认真估计，并做好了充分的准备。

第二，企业拥有较充足的为扩张所需的资金及其他资源，或即使客观资源条件稍显不足，也可通过资源的重新配置与有效组合而弥补这种不足。

第三,企业已具有扩大经营规模,实行扩张管理的勇气和能力。

第四,企业最高决策层具有敏锐的洞察力和创新精神。

由于不同时期企业所处的客观环境不同,企业生存与发展的道路也会不一样,但无论如何,要使企业发展战略获得成功,需要经过必要的准备,经历一些必要的阶段。

第一,准备阶段。在这一阶段是为发展战略的实施准备条件,包括确定整个企业的发展方针、明确实现目标的期限和途径、筹措支持发展的资金、在企业组织方面做出相应调整与变革。

第二,启动阶段。在这一阶段会出现销售额突然提高,利润大幅上升等现象,然而由于事先准备不足或各种难以预料的事件的发生,在管理上、组织上会出现瓶颈现象,某些方面的矛盾、冲突的加剧可能会抵消扩张带来的好处,因此是艰难阶段。

第三,渗透阶段。此阶段销售、利润可望继续保持上升势头,企业在管理、组织上存在的问题逐步得到解决,企业经营进入了良性循环,在市场上已确立了其竞争优势地位,许多矛盾、冲突也已调和、解决,企业整个发展势头良好。

第四,加速增长阶段。发展战略的效能在这一阶段得以充分显示出来,企业完全适应高速增长的状态,这一阶段是企业的黄金时期,其利润率水平也达到最高。在这一阶段持续了一定时期以后,这种优势逐渐减弱,预示着这一轮发展已过高峰,需要增添新的发展动力。

第五,过渡阶段。这一阶段需要企业做出新的发展决策,为下一轮的发展打好基础,如果过渡得好,可使企业及早进入新一轮的发展时期。

第二节 企业发展战略的基本类型

企业发展战略的设计视企业所处外部环境和所拥有的内部资源条件的差异,可以有不同的选择,其基本类型有以下几种。

一 密集型发展战略

密集型发展战略,是指企业现有产品与市场尚有发展潜力,于是充分挖掘自身潜力，实现自我发展的战略。这种战略又可分为三种。

1. **市场渗透战略**

它是指企业利用自己在原有市场上的优势，积极扩大经营规模和生产能力，不断提高市场占有率和销售增长率，促使企业不断发展。采用这种战略，一般地说，市场竞争比较激烈。企业应在产品质量、价格、包装、服务、厂牌商标和企业声誉等方面下工夫，不仅要巩固原有市场的老顾客，利用原有市场创造新的用户，同时还要努力争取将顾客从竞争者手中夺过来，以此来增强企业在市场竞争中的优势，促进企业发展。如可口可乐公司和百事可乐公司在全世界范围内激烈争夺对方的顾客，使之转而消费自己的产品，这种争夺在美国本土上的竞争更为激烈，市场份额此消彼长，一度使可口可乐丧失自己对原产品的信心而改变可口可乐配方，结果原有顾客更多地背叛了可口可乐的产品，而重新恢复原配方，通过在其他营销手段上加强力量后，其市场销售额又逐步回升。

2. **产品发展战略**

它是指现有企业依靠自己的力量，努力改进老产品、开发新产品、发展新品种、提高产品质量，从而使现有企业不断地成长和发展。这种策略一般适用于技术力量较强和技术基础较好的企业。企业采用这种策略，就要积极创造条件不断推进技术开发和产品开发工作，以求保持自己的产品在技术上的先进性和功能、质量、价格等方面的优势。日本的彩色电视机制造商们似乎从不满足既有的辉煌成就，而总是锐意进取、推陈出新，彩电屏幕由小变大，形状由厚变薄，图像质量越来越好，还不断增加新的功能。如立体声环绕音响系统，多频道遥控系统，卡拉 OK 系统，还有的将录像机与电视机合二为一。

3. **市场发展战略**

该战略又叫市场开发战略，是指企业在原有市场的基础上，去寻找和开拓新的市场，进一步扩大产品的销售，从而促进企业持续成长和发展。这种策略适用于企业的产品在原有产品市场的需求量已趋于饱和时，开拓新的市场，打开新的销路，能使企业得到进一步发展。但是，企业要开拓某一个新市场，事先必须掌握它的特点和要求，选择合适的销售渠道，采用正确的营销手段和方法，否则，将会遭受很大的风险和损失。可口可乐、麦当劳汉堡包、肯德基炸鸡这些利"小"产品能成为享誉世界的产品，这些公司能成为世界性的大企业，其重要的战略思想就是在全世界范围内不断开拓新市场。

二 赶超型发展战略

赶超型发展战略，是指处于行业中下游水平的企业为了取得行业领先地位而采取的一系列战略。这种战略又可分为以下三种。

1. 逐步型赶超战略

就是在巩固企业在该行业现有水平的基础上逐步上升和发展。这种企业现有实力一般较弱，要通过积累力量，一步一个台阶地向前发展。

2. 跳跃型赶超战略

就是在现有水平的基础上，不是逐步上升，而是超越两级以上向前发展。这样的发展速度较快，需要有较强的后劲，较好的资金来源，技术水平在短期内有较大的提高，整体素质有较大提高，竞争能力明显增强，只有具备了这些条件，才有可能实行这种战略。

3. 爆发式赶超战略

就是从企业目前所处的位置上一举达到同行业先进水平。这种发展战略的成功，需要企业有极为特殊的市场机遇，有特殊的手段，有较高水平的技术储备，有卓越的管理水平。

三 一体化发展战略

一体化发展战略是指企业充分利用自己在产品、技术、市场上的优势，根据物质流动的方向，使企业不断地向深度和广度发展的一种战略。物质从反方向移动称为后向一体化，物质从顺方向移动称为前向一体化，对于性质相同的企业或产品组成联合体则称为水平一体化。这种战略选择是我国目前组织企业集团的主要途径，它有利于深化专业分工协作，提高资源的深度利用和综合利用效率，其具体形式有以下几种。

1. 水平一体化发展

它是指把性质相同、生产或提供同类产品的企业联合起来，组成联合体，以促进企业更高程度的规模经济和迅速发展的一种策略。这种战略的重要作用是通过联合增加企业生产规模，以获得规模经济效益，降低成本，减少竞争对手，从而提高本企业的竞争地位。以汽车生产为例，20世纪90年代，我国整车生产厂家有200家左右，再加上众多汽车装配厂、零配件生产厂，全国有汽车生产商近千家，这些为数众多的生产厂家规模小、成本高、质量低，有的小企业年产汽车仅有几十辆，再加上竞争秩序混乱，使我国汽车业处于一种低水平发展的状态，就连像一汽、二汽这些产量大的企业，年产量也只有10万到20万辆，远没有达到规模经济生产水平。而同一时期，国外的汽车生产厂家却已经完成了联合、兼并的改造过程，如日本汽车业被丰田、本田、日产等几家大型厂所垄断，其每家年产量在250万~400万辆，远远高于我国所有汽车生产厂家全部产量的总和，这也是我国汽车业在国际、国内市场上没有竞争力的主要原因。因而，当时我国汽车市场迫切需要水平一体化发展。另外在钢铁、煤炭、自行车、家用电器、纺织、电线电缆等行业，组建跨国跨地区及地方性企业集团也成为当务之急。在组建企业集团过程中，应以那些行业内领导企业为核心层，实现跨地区、跨部门的联合，深化和扩大专业化协作分工，发挥资源组合的协同作用，实现规模经营。但是切忌搞"拉郎配"，或缺乏深入全面的可行性研究论证。盲目组建企业集团，就有可能割裂企业发展过程中的内在经济联系，反过来造成矛盾和混乱，损害各企业利润。

在水平一体化发展过程中，大企业之间的联合与兼并会造成市场的垄断，威胁同行业中的其他企业生存，并可能逼迫它们退出该行业，更会阻止新的竞争者加入。于是对于大企业在联合与兼并中对市场与社会带来的震荡和冲击，政府总是予以关注和干预。自美国《谢尔曼反托拉斯法案》颁布以来，确有不少规模超大的企业被勒令解散成若干个规模"适当"的企业，一些企业的兼并与联合行动被指控为违法而终止。但是对于像中国这样的正处于完善市场经济制度过程中的国家，维护市场公平竞争的法律尚不完善，许多地方政府往往从本地区利益考虑，或限制或鼓励企业之间的联合与兼并。

2. 后向一体化发展

它是指企业产品在市场上拥有明显优势，可继续扩大生产，打开销路，但是由于协作配套企业的材料、外购件供应跟不上或成本过高，影响企业的进一步发展。在这种情况下，企业可以依靠自己的力量，扩大经营规模，自己生产材料或配套零部件，也可以把原来协作配套的企业通过联合或兼并的方式组织起来，组成联合体，统一规划和发展。这种策略可以使企业摆脱因为靠外部原材料供应而带来的不稳定性，同时也可以减少企业由于主要供应商利用市场机会抬高价格而造成的脆弱性。如电视机厂兼并显像管厂，家具厂兼并木材加工企业等，即属此策略。今天在中国，随着外贸体制改革，许多专业进出口公司开始提出"工贸结合"的战略思想，或与长期供货企业订立合作协议，或自己建立生产基地，由此一些后来的专业进出口公司或拥有外贸权的商贸企业出现了一种向综合商社转化的趋向。企业实行后向一体化的特点是：保证交货期，享受低价格的优惠，提高产品的质量。企业能够在原材料供应的数量和质量充分自我保证的情况下，使生产稳步、正常地进行，对外界环境具有较强的适应性。

3. 前向一体化发展

指生产原材料或半成品的企业，根据市场需要和生产技术可能条件，充分利用自己在原材料、半成品方面的优势和潜力，决定由自己制造成品，或者与成品厂合作，组建经济联合体，以促进企业不断地成长和发展。如纺织厂兴办服装厂，木材加工企业投资家具制造业等均属此例。

前向一体化有助于企业实现重大的产品差异性，从而增加产品的个性，摆脱价格竞争的不利因素。一般情况下，对于一些原材料或中间产品，尽管生产者不同，却常常具有实质上相同的技术特征，例如，面粉、原油、纸张、钢铁、纺织产品，这些产品的特征是各自基本上没有什么本质的差别，不能很好地体现生产厂家在生产中所做的特殊努力，由于较少的产品差异性导致了市场上激烈的价格竞争。因此，朝着最终消费者的前向一体化趋向越大，企业摆脱同类产品的竞争环境，经过设计、服务、质量特性、包装、促销等形成产品特性的机会就越多。例如，原油经过进一步加工，可以制成塑料、化纤、化肥、橡胶、药物等五花八门的产品。此外，由于从原材料供应到产品形成的深加工过程也是价值不断附加的过程，必定会增加企业的利润收入；再者，生产与销售一体化有利于企业掌握市场信息，了解消费者对产品设计、包装、质量、性能、服务等多方面的需求信息，使企业能迅速调整产品设计、生产和促销手段，加强企业对市场的适应性。

四 多样化发展战略

多样化发展战略，是指企业为了更多地占领市场、开拓新市场，或避免经营单一事业的风险，往往会选择进入新的事业领域，而这一领域可能与原来经营事业联系不大，这一战略就是多样化发展战略。

多样化发展战略是经济、技术竞争发展的必然产物。经济发展的历史表明，企业从单一经营到多样化经营经历了一个过程。大多数企业在初创时期一般只生产或经营一种产品，随着企业不断地积累，再加上竞争的压力，企业获得更多利润是企业不断发展的内在动力，而为了增强企业抗风险、适应激烈竞争的环境则是企业不断扩张的外部压力。以美国为例，据美国贸易委员会1976年的调查，在最大的200家制造公司中，跨行业产品超过10种的有181家，平均每家生产33种不同的产品。如著名的通用电器公司，除主要从事汽车生产外，同时还生产柴油机、工业设备、飞机发动机、铲土机、家用电器、潜水艇、洲际导弹等。

企业开展多样化经营，既有其内部因素又有其外部原因。外部原因包括：①需求增长停滞。当企业生产的原有产品处于生命周期的衰退期时，继续以单一产品经营下去，企业发展的空间会变得狭小，企业必须选择一个需求将有很大增长的新产品，从而开展多种经营。②在产品被几家企业垄断后，寻找新的发展机会。在某种产品被几家企业共同垄断的情况下，这几家企业为了避免恶性竞争而导致两败俱伤，不得不按协议分割市场，这时企业的发展受到限制，为了创造新的盈利机会，企业只好开发新的生产领域。③市场需求的不确定性。由于消费者需求的多样性及消费者需求易于转移，只生产单一产品的企业，如果该产品需求发生转移，将给企业带来灭顶之灾。企业为了分散风险，便把有限的资金投放到几个品种上，这就是我们平时常说的"不要把鸡蛋放在一个篮子里"，开展多样化经营，可使企业减少风险。

企业采取多样化经营的内部因素包括：①充分利用企业资源。随着企业不断地积累、壮大，企业的资源会出现未被完全利用的情况，这些资源包括资金、技术、人员、信用等，企业为了资产组合更加优化，也为了安置富余人员，往往会搞第三产业，或开展其他力所能及的项目。②目标差距。企业制定有关增长率、收益率目标，并根据这一目标的实际完成情况决定下一阶段的任务安排。当实际完成情况低于原定目标而产生差距时，往往不得不从事多样化经营来弥补。③利益驱使。企业经营的最终目的是为了获取尽可能多的利润。企业为了达到这一目标，必须不断地扩张，在扩大原有生产规模的同时，再上其他有利可图的项目，使企业的利润最大化。

多样化发展已成为当今世界上大企业，特别是跨国公司普遍采用的战略。其具体形式有以下三种。

1. 同心圆多样化发展

它是指企业充分利用自己在技术上的优势及生产潜力，以生产某一主要产品为圆心，充分利用该产品在技术上的优点和特长，积极地去生产工艺技术相近的不同产品，不断地向外扩张，向多品种方向发展。如以电冰箱为圆心，同时又积极地去发展技术和工艺相近的其他各种家用电器产品，如空调、微波炉、电热器等。再如一个拖拉机制造企业可以利用其技术优势而去发展小型货车、农用排灌机械等。采用这种策略，有利于企业根据市场变化的情况，不断提高适应能力和竞争能力，以保证企业稳定的成长和发展。

2. 水平多样化发展

即企业利用原有市场优势，充分利用用户的需要和动机，同时生产不同技术的产品，扩大经营跨行业产品的战略。这种发展策略在国外是相当普遍的，例如，美国FMC公司，原来主要生产农用机械产品，包括生产食品机械和农用收割机，它们利用在农民中建立起的声誉和地位，积极地去生产和发展农用化工产品，使企业不断得到成长和发展。采用这一战略时，以原有市场为基础，还要充分考虑企业的技术和生产条件，防止不切实际地盲目发展。

3. 混合多样化发展

它是一种积极发展与原有产品、技术、市场都没有直接联系的事业，生产和销售不同行业产品的增长战略。

在国外，一个企业同时经营彼此无关的几项甚至十几项事业的现象非常普遍。如美国的AT&T公司早已不再是一个纯粹的通信业的佼佼者，其业务遍及金融、饭店、房地产等众多领域。许多企业愿意采用这种战略是因为：第一，可以避免风险。从事单一事业或同一行业经营，很容易遭受宏观经济环境不景气的打击,也容易遭受产业结构调整的威胁,而混合型公司为多样化发展,可能使企业在遭受某一经营领域的挫折时,通过其他领域的经营成功而弥补损失。如固特异是一个专业轮胎橡胶公司,但20世纪80年代它又开始投资石油管道事业,因为它发现石油管道的销售与橡胶轮胎销售正好成反向运动关系,如此它就像在金融市场做套期保值一样,可避免或降低风险。第二,可以获得更高的投资报酬。当企业发现从事其他行业经营可能比原有行业获得更高的投资利润率后,它就有可能去涉足一个新的行业,从而改善企业的整体盈利能力和灵活性。如我国一些企业拥有多余资金,它们原从事工业生产,而今又去开设商场、舞厅,或办出租汽车公司,或经营足球、篮球俱乐部,就是因为它们发现这些产业有巨大发展潜力,其利润率也高于其从事工业生产。第三,可以充分利用原有资源优势。如我国一些军工企业,随着国家指令性生产计划的逐步减少,其生产任务已明显不足,生产能力过剩,于是,它们纷纷利用自己的技术力量转向民用产品生产,如生产电视机、电冰箱、洗衣机等,由于其技术高、质量好、信誉高,产品深受消费者喜爱。

五 企业发展战略模式的选择

选择何种发展战略是企业所面临的一项重大决策,在做出最后决策前一定要根据外部环境的要求,结合企业自身的条件,在对多种方案分析、比较的基础上择优选择。

一般来说,多样化发展战略的选择与企业的实力密切相关,企业既要分散投资,同时又要保证各个方面都能得到良好发展,防止顾此失彼,或捡了芝麻丢了西瓜,所以这种战略要求企业有足够的资金、人员、技术做保证,否则将给企业带来很大的损失,严重的甚至会拖垮整个企业。在十几年前轰动全国的郑州商战中,郑州亚细亚集团脱颖而出,以其优质的服务和良好的信誉赢得消费者的认可,商场生意日趋红火,在全国掀起了一股"学习亚细亚"热。然而正是在这种大好形势下,亚细亚的决策者们头脑开始发热,认为迅速扩张亚细亚的时机已经到来,于是在很短的时间内在全省各地以及全国许多大城市都相继开张了一个个亚细亚商场,由于集团扩张的速度远远超过了集团资金所能提供的实力,导致各地的亚细亚商场又迅速走向衰败,许多商场已关门或租赁出去以作他用。亚细亚集团从迅速崛起又迅速衰落，给了我们很大的启示，那就是企业发展战略的制定不仅要把握好时机，还要根据本身所拥有的资金、技术与所选择的产品来慎重确定。归根结底，企业发展战略模式的选择，应根据市场的需求确定。

六　适度规模经济

从企业角度看，企业经常不断地追求大规模化是进行竞争的强有力手段，因为企业的规模大，在经济上就有利，通常把这种大规模的好处称之为规模经济。由于随着企业规模的不断扩大，企业便可在产品成本、管理条件、企业知名度等各方面都得到好处，因而，不断地扩大企业规模便成为众多企业追求的目标。但是，根据国内外实践和理论研究表明，企业规模并不是越大越好，它有一个"度"的问题，即适度规模经济才能给企业带来利益。

马歇尔曾指出：自然在生产上所起的作用表现为报酬递减的倾向，而人类所起的作用表现为报酬递增的倾向。这表明规模经济说到底是一种组织创新作用。这种创新表现在三个层次上：产品生产规模的经济性、工厂规模的经济性和企业规模的经济性。

1. 产品生产规模的经济性

是指产品专业化的经济性。在商品经济中许多大小不同的企业，通过市场上的商品交换，有可能共同进行产品专业化生产，使各个企业的技术装备和生产能力都发挥最大效益。这是商品经济中最早也是至今普遍存在的规模经济。促成这种规模经济的重要因素不是由生产技术和管理技术所决定的工厂规模和企业规模，而是由社会制度所决定的市场完善程度。

2. 工厂规模的经济性

从工厂本身来说主要是由生产技术决定的，特别是由关键设备的规模和生产线的生产节拍所决定的。这在连续生产的工厂，如钢铁、化工、水泥、汽车制造等行业特别明显。

3. 企业规模的经济性

就是一个企业具有多个工厂所具有的经济性。它主要取决于生产技术、专业人才、商品品牌、促销、服务、资金等共享所获得的经济性，也可能来自于风险分散所获得的经济性。但企业所拥有的工厂越多，也就增加了管理上的困难和创新上的惰性。克服这些困难和问题的关键因素是建立新的大企业或获得巨型企业的管理技术。

按规模经济的原则，中小企业在国民经济中所占的比重将逐渐缩小，迟早要被消灭。然而，实践表明，在今天大规模经济的情况下，中小企业仍广泛存在，在第二产业中小企业的比重反而有增高的趋势。受规模经济的影响，在规模利益大的产业部门，中小企业的比重应偏小。但实践表明，在这些部门中还存在着相当数量的中小企业，其趋势还在不断发展，而且有些部门中小企业的生存率还相当高。这表明，适度规模并不是一概而论的，只要规模适度，大、中、小企业是可以同时并存的。

这里牵涉到一个如何确定企业的合理规模问题。企业的合理规模是指企业的各种生产要素在生产经营过程中都能得到充分发挥，并使企业获得更大的经济效益。企业合理规模的下限是企业的最小规模，低于下限企业必然出现亏损；企业合理规模的上限是企业的最大规模，超过上限也必然出现亏损。因此，从原则上讲，企业处于上下限之间的规模可称为合理规模。

企业最小规模有其自身的技术界限和经济界限。企业最小规模的技术界限是企业生产力的基本组合单元，低于这个基本组合单元，就形不成现实的生产力。例如，生产某种产品，必须有三种类型的生产设备，并根据各自的生产效率形成一定的配比关系，由相应的劳动者进行操作，使生产得以协调进行。低于这种要求，生产要素甚至无法组合在一起，也就形成不了现实的生产力。

最优基本组合单元形成的生产力，在基本组合中达到最大值。当这个最大值在经济上同样合理的时候，企业生产力的最小规模才是合理的。

确定企业生产力最小规模的经济界限，通常采用盈亏分析进行测定。其分析用方程式是：

$$P = R \cdot X - (F + V \cdot X)$$

式中：P——利润

R——单位产品的销售价格

X——产量（或销售量）

F——固定成本

V——单位产品变动成本

当 $P=0$ 时，表示盈亏平衡，这时的产量（或销售量）应为

$$X = \frac{F}{R-V}$$

得到的产量（或销售量）为盈亏平衡点。产量（或销售量）低于这个数量，企业处于亏损状态；高于这个产量，企业处于盈利状态。

企业最大规模的技术界限是通过最优基本组合单元的倍加来实现的，但是这种倍加不是没有止境的，它受到各种条件的限制。这些条件主要有：①地域面积、位置、周围环境的限制；②能源、动力、运输等基础设施的限制；③控制手段的限制；④污染程度的威胁；等等。这些限制会阻碍单个企业生产力规模的无限扩大，到了相当大的规模以后，再想继续扩大就困难了。

企业的最大经济规模是受企业产品成本的变化限制的。企业生产规模的扩大，必然会引起原材料供应量、运输条件、劳动者数量的相应增加，引起市场供应量的增多，导致企业管理复杂化。这一切变化都会反映在企业产品成本的变化上。如果企业规模扩大，导致成本的降低，带来规模效益，则企业扩大生产规模是有利的；如果企业规模扩大，引起生产成本增大，带来规模负效益，则规模扩大就受到经济上的限制。

这就是说，随着企业规模的扩大，规模和效益的关系在一定条件下就会发生变化。规模增大，原材料需求量增大，采购点增多，运输距离加大，运输费用增多；规模增大，管理惰性增强，浪费增多；规模增大，污染扩大而随之而来的治理污染费用的增加；规模增大，各种供给短缺，市场竞争费用增加；等等。这些都可能使成本提高。如果不加限制，就会使利润减少，直至重新引入亏损区。

第三节 企业发展战略实施的途径

随着我国经济体制改革的逐步深入，各种改革配套措施相继出台，市场法规也日趋完善，为企业的成长和进一步发展提供了一个良好的外部环境。随着现代企业制度的逐步推广，企业正逐步向着自主经营、自负盈

亏、自我发展、自我约束的法人实体和经济实体转变，企业有了更大的经营自主权，企业也有了决定自己发展方式的权利。企业发展的途径很多，主要包括内部增长、收购和兼并、建立企业集团和成立股份公司等。

一　内部增长

采用内部增长的方式来发展企业，就是通过企业原有业务的资金积累，在一个新的业务领域建立一个新的经营实体。这种方式最大的好处是企业对新厂建立的方式有完全的自主权。企业可按照自己的意愿决定经营项目、经营范围、规模大小及厂址选择，根据企业实际需求安置机器设备和进行人员的招聘、培训工作，新厂带来的盈利也由原企业独自享有。当新的业务领域的利润率较高、进入新业务领域的阻力较小、企业在新的业务领域具有明显的成本优势和市场竞争能力、新业务可能有助于老业务的发展以及新的业务领域具有较大的增长潜力时，企业往往愿意通过内部增长的方式进入新的业务领域从而使企业的整体规模扩大。

企业重新开辟一个新的经营领域，需要企业从头开始建立新的生产经营能力，开发新的市场。一般来说，企业采用内部增长的方式会受到一系列因素的影响和制约。如企业为建立一个达到经济规模的新经营实体的资金筹措能力；进入新的企业领域的难易程度；新的业务领域的竞争状况；新业务的预期收益；等等。另外，企业重新建厂除了要承担全部经营风险外，从投资到生产出产品所经历的周期也比较长，还要考虑高级管理人员的聘用和一般人员的培训问题。总之，用内部增长的方式来发展企业同其他增长方式相比，日益显露出越来越多的弱点，在国外，这种方式早已不再是企业增长的主要方式，越来越多的企业开始寻求其他发展的途径。

二　兼并和收购

兼并是被兼并企业将其产权有偿让渡给兼并企业，实现资产一体化，同时取消被兼并企业法人资格的一种经济行为。收购是指在股市上收购方通过购买上市公司股票而使该公司部分资产所有权和经营权易手的经济行为。兼并和收购成为二战后西方国家进行企业经营管理的策略。

收购和兼并活动所产生的影响是巨大的，不仅在于企业本身的重大改组，而且还会带来相关的社会关系、社会集团的利益和地位的变化，大批资金的集中不仅是企业本身实力的激增，而且还可能左右行业竞争格局并波及其他行业发展和消费者利益。

企业通过兼并、收购方式来扩大自己的规模，其最大优势体现在费用和时间方面。在竞争激烈的领域，要增加一个经营领域，让其马上产生出效益有点不太现实，同时企业须费巨额投资，再加上初期投资和运营阶段的必要亏损，其代价往往是惊人的。然而，通过兼并、收购获得的收益常常会超过人们的预想，如从被兼并或收购企业中获得所需资源，进入新的市场，提高现有生产力水平，为引进和吸收新技术而准备必要的经营规模，或者提高企业的服务质量和生产率。奔驰集团购买 AEG 公司和德国宇航公司，使之从一个单纯的汽车制造商一跃成为能生产飞机、机车、汽车和轮船发动机等一系列交通工具的庞大集团。百事可乐集团购买肯塔基食品公司使百事成功地进入了一个新的事业，并为百事饮料开拓了一个新的市场，至于一般的跨国公司在进入一个新的海外市场时，常希望能以较少的投资兼并当地一家面临困境的企业。而为了争夺管理人才和科技人才将一个企业悉数收购的例子也并不鲜见。

兼并一般总是大鱼吃小鱼，然而这个大小标准不能单以资产规模、经营规模来衡量，而需以总体竞争能力来评判。在当今改革开放的中国，小鱼吞大鱼已屡上报纸新闻，如杭州娃哈哈集团是乡镇企业，却兼并了连年亏损的国有大企业杭州罐头食品厂。上海针织九厂凭借其"三枪"名牌优势先后成功地兼并了上海统益袜厂、针织十七厂。统益袜厂国有资产原值超过针织九厂，针织九厂经过"蛇吞象"式消化，调整产品结构，还清了统益袜厂旧债，产品供不应求，利润大增。

通过兼并、收购，可以立即获得一个现成企业的产品、技术、设备、管理经验、人力资源、市场销售渠道、商标、商誉，能够很快地进入目标市场。这样，就克服了通过内部增长进入新的业务领域时通常会遇到的障碍，如缺乏经验与技术，没有可靠的原材料供应，不熟悉新的市场，建立新的销售渠道和商标形象需要太多的费用，市场机会可能被延误等。正是由于兼并、收购方式具有其巨大的优越性，国内外越来越多的企业采取这些方式来扩展自己的规模。

三　组建企业集团

企业集团是在市场经济发展的基础上，以资产为主要联结纽带，由多个法人企业组成的具有多层次结构的企业联合组织。企业集团是以一个或几个大型企业为核心，把若干个在经济、技术上具有内在联系的企业、科研、设计、商贸单位，按专业化、协作化、联合化、集中化的原则，以生产和促销名、优、特、新产品为主，以生产的优化组合和规模经济效益为目的而组成的企业群体。

长期以来，我国企业普遍存在着规模过小，经济状况不佳且"小而全"、"大而全"的弊端，直接影响着企业生产的发展和较佳利润率的获取。企业为了提高在市场上的竞争能力，就必须趋向联合，组成符合本行业规模经济要求的经济实体。但由于全国不同类型、不同规模的企业所面临的处境不同，它们各自联合的动因又可分为两种：一种是优势企业联合的意愿——扩张。这种类型的联合，往往是一方拥有先进的技术设备、先进的管理经验、众多的科技骨干、主要经济技术指标居同行业领先地位，而另一方是生产名优产品的企业，由于其产品深受消费者欢迎，经常处在卖方市场上。两种类型的企业在利润目标的驱使下，均具有扩大生产规模的欲望，然而由于资金短缺，故双方都有意与对方联合扩大生产能力。另一种是劣势企业联合的意愿——生存。一些长期亏损的中小企业由于设备陈旧、技术和管理水平低，为了本企业的生存与发展，它们希望通过联合为大中型企业或名优产品企业提供配套产品，进而依附于它们以摆脱自己的困境。

企业集团是一种大规模的联合组织，它同一般企业联合相比，是更高层次、更大范围的联合，对企业来说，尽管联合中需要增加的投资不多，实物规模也没有增加多少，但对整个企业或行业来说，却可获得许多优势。

第一，有利于调整企业组织结构，取得规模经济效益。

组建起来的企业集团，把一些相关企业多层次地联合起来，并进行适当改组，有利于打破条块分割的局面，发展专业化生产，克服分散、重复生产的弊端，逐步按规模经济的要求组织社会化大生产。例如，以东风汽车为核心的东风汽车集团，将汽车行业300多家企业组织起来，一方面，东风汽车公司把自己生产的部分汽车零部件扩散给其他成员企业生产；另一方面，又将一些"小而全"的地方汽车厂改造为专业化生产企业。目前东风汽车集团的整车产量以年增 10.64% 的速度增长，2011 年各种类型的汽车产销量突破 300 万辆。东风品牌不但是中国汽车行业首个驰名商标，而且还荣获中国最可靠自主品牌，中国十大最具成长力的驰名商标，世界驰名品牌 500 强的褒奖。

第二，增强企业在市场上的竞争能力。

在激烈的市场竞争中，一个企业要在市场竞争中取胜，必须具备综合竞争能力，包括产品质量、规格、品种、价格、促销、新产品开发等。如果企业只具有其中一两种竞争能力，虽然在竞争中也能获得局部优势，但从长远来看却不利于企业的发展。而企业集团可以通过强强联合或强弱联合等方式，把具有不同优势的企业联合在一起，通过相互取长补短，使企业综合实力明显提高，因而可以在更高的层次和更大的领域开展市场竞争。

第三，增强企业的应变能力。

企业集团一般都是多品种经营，这样不仅可以发挥各产品品种间技术互补的优势，更能利用集团的声誉、分销渠道、促销手段提高总体产品的销售量，而且一旦某种产品经营出现问题，可用其他产品分散其风险，支撑局面。

四　成立股份制企业

从广义上来讲，凡是通过不同份额资本（股份资本）的集中而形成独立的经营主体，并按投入资本的份额参与管理及进行经营成果分配的企业组织形式，都可称为股份制企业，如合资企业、两合公司、有限责任公司及股份有限公司。从狭义上讲，股份制企业就是指有限责任公司和股份有限公司。

有限责任公司是由一些所有者分别出资认股，形成公司的内部股权分配。有限责任公司一般由两个以上五十个以下的股东组成，出资人或股东以其出资额为限对公司承担责任，公司以其全部资产对公司的债务承担责任。这种公司既不发行股票，更不挂牌上市。股份有限公司是由一定数量的股东所组成，公司的全部资本分成等额股份，股东以其所认购的股份为限对公司的债务承担责任，公司以其全部资产对公司的债务承担责任。股份有限公司提出申请，经有关机构（证券管理委员会与证券交易所）审查批准，股票在证券交易所正式挂牌上市的，称为上市公司。

股份公司的产生可追溯到18世纪的欧洲，到19世纪后半叶，已经广泛流行于西方各国。在当代西方国家，无论是工业、商业、农业还是金融业，大都采取股份公司的形式。股份公司是现代企业的重要组织形式，对经济的发展起着重要作用，在我国，股份公司已成为建立现代企业制度的主要形式。

实行股份制，企业可大量吸收职工个人和其他经济组织、社会闲散资金入股投资，有利于缓解企业资金严重短缺的窘境，为企业生产输氧补血；有利于改革企业筹资结构，降低企业负债比率，减少利息支出并降低成本。

企业实行股份制后，肯定了企业经营主体地位，有利于增强企业活力。股份制的推行，使所有权和经营权真正分离，国家不得继续通过各级行政机构直接干预企业正常业务活动，企业享有充分的生产经营自主权。

股份制将国家利益、职工利益和其他投资者利益融为一体，形成一个与企业经营状况密切相关的命运共同体，开创方方面面关心效益、企业职工讲求效益的良好局面，改变过去"国家操心、企业宽心、职工漠不关心"的状况。

股份制企业可产生较强的竞争能力。股份公司资金雄厚，技术力量比较集中，容易采用先进技术，专业化协助紧密，生产社会化程度较高，新产品开发率高，产品成本低等资金技术优势。同时，股份公司一般集中有一批优秀的企业家或专家管理企业，经营管理水平高，决策准确，形成股份公司的管理优势。

股份制企业可以使投资各方分散风险。公司规模越大，风险越大，非少数人所能承受。股份有限公司的资本由众多的股东集资而成，当公司出现亏损甚至破产的不利情况时，每个股东都以其持有的股份为限共同分担，使风险责任减轻。股份制企业作为一种先进的企业组织形式，具有其他形式不具备的条件，但它也有一些不利因素。

比如企业组建时，法定手续较繁，组织费用较高。为了从政府获得执照，必须履行一套复杂的手续，从而需要一大笔费用支出；招股及公开企

企业经营战略概论

业的状况,要花费一大笔宣传费用。另外,公司对资产的评估及雇请律师、会计师也要花费一笔较大的费用。

政府的限制较多。公司的产权由众多的股东所有,因此政府对其管制十分严格,以保障股东的权益。公司出售股票或在交易所挂牌,都要受到管理机构的干预;如果要与其他公司合并,也要受有关法律的约束;公司还有做好各项记录和报告的义务,政府有权随时检查。

公司经营情况的保密性差。公司的有关经营活动的记录,除要向政府有关机构报告外,还要随时准备接受政府或股东的检查。此外,公司还要定期公开其资产财务状况及公司今后的重大决策,因此,竞争对手能很容易地得知公司的销售收入、资产、盈利等方面的现状和今后的发展趋势。

税负较重。公司的所得要付双重税:一是公司的所得税;二是股东在领取股息和红利时还要交纳个人所得税。

股东的利益可能会受到侵蚀。由于公司的所有权与管理权处于分离状态,离开了必要的监督和保证措施,公司的管理阶层有可能不完全以股东的利益为出发点来行使管理职能,从而可能使股东的利益受到侵蚀和损害。

第四章　企业竞争战略

随着改革开放的逐步深入，社会主义市场经济法规的逐步建立和完善，中国企业正在积极地走向世界。

第一节　一般竞争战略

一　竞争优势

由于竞争环境的复杂性和竞争的日益加剧，再加上竞争对手的实力和数量的不确定性，企业在选择经营方向时便会把首选目标放在那些成功可能性较大的竞争领域，这种方法也被越来越多的企业接受。企业通过把各种资源集中放在那些具有竞争能力的领域里，会形成一定的竞争优势，这样可以抵御来自国内外竞争对手给企业带来的冲击，使企业在竞争中占据优势，为企业不断获得盈利和取得良好的投资效益提供最好的机会。从这个意义上来说，形成、识别和巩固在某些领域中的优势，才是真正意义上的竞争战略。

1. 竞争优势的分析

在分析企业竞争优势时我们应首先明确，所谓的"优势"是相对的，它仅仅是在某一地区、某一范围或某段时间内的优势，这种优势将随着时间的变化而可能由优势转变成劣势，因为环境是在不断变化的，而我们的竞争对手也是在不断变化的，因此企业在考察自己的优势时应明确地意识到这一点，不能以为自己在某方面的优势会一劳永逸，否则将给企业带来沉痛的代价。

企业在市场竞争中的优势可从两个方面来研究：一是本企业与竞争对手相比较在客观方面表现出的优越条件；二是本企业内部条件与竞争对手相比较，具有较强的实力和管理水平。所谓优越的客观条件，一般是指企业所在区域的自然条件、资源状况、交通运输、信息交流、通信设施、政府政策和公共关系等。这种优越的客观条件是企业所处的外部环境对企业的恩惠，与企业位置的选择有直接关系，因此对环境的依赖性较大，企业一旦失去了它所依赖的外部环境，这种优势亦会随之消逝。

关于企业的内部实力和管理水平，一般是指企业拥有的资源状况以及它们对这些资源的利用能力。企业的资源一般分为人力资源、物质资源和财力资源，如企业的厂房设备、技术力量、职工素质、产品功能、资金实力等。但一个企业仅在资源占有上有优势不能简单地说它就在竞争中取得优势，关键的是它们对这些资源的综合利用能力，也就是企业的管理水平：如何利用现有资源搞新产品开发，如何调动职工的生产积极性，如何制定正确的经营策略和战略等。所有这些都对企业能否长远发展具有举足轻重的作用。现实生活中我们经常可以看到有些企业尽管拥有先进的技术设备、大批的专业技术人才，但由于领导人缺乏领导能力，组织管理不善而使企业濒临破产，而一旦换一个善领导、懂经营的领头人，还是过去的设备，过去的人员，却能使企业起死回生，焕发出勃勃生机，这不能不说明资源利用能力的重要性。

2. 竞争优势的运用

企业在制定经营战略时，关键在于如何认识和分析上述两个方面的优势地位以及怎样才能充分发挥它们的作用。企业应面对自己所处的外部环境，结合自身拥有的内部条件，积极地去发现和形成竞争优势，具体做法有以下三个方面。

（1）选择有利于自己形成优势的经营领域

有竞争优势的经营领域就是指能够使企业比竞争对手更好地躲避因环境变化所造成的损害以及能给企业带来更大利润的领域。企业建立战略优势的主要任务，就在于寻求市场机会，积极地去开拓市场和培育顾客，从而正确地选择和确定企业的经营领域。

实践证明，如果措施得力，企业能够在一定程度上避免因经济、政治和技术方面的变化所造成的损害。例如，在开展国际经营过程中，企业为了在某国取得长久的发展，在投资方向上可考虑投资到该国政府所鼓励投资的产业上，就是使要发展的产业与东道国政府的基本目标和利益保持一致，从而取得当地政府的支持，享受到更多的优惠政策，当环境的变化不利于企业发展时还能得到当地政府的保护。

企业的竞争优势形成后还要想办法把这种优势保持下去，这需要企业自身具有一定的内部条件：可以经受住技术的突然变革、具有技术稳定性的产品和生产工艺；能够有助于抵消币值变化影响的财务系统；能够抵消经济周期影响的经营结构；有一套科学的预警系统；有个结构合理、负债比例适当的资金结构；等等。没有这些内部实力，企业无法在变化着的外部环境中保持经营领导的优势。

市场机会有时是转瞬即逝的，因此在选择的经营领域里应具有较强的时间观念，看准时机，果断做出决策，一旦下定决心，就要大胆地干，这是建立战略的重要品质和基础。

(2) 争取有利的竞争地位

取得有利的竞争地位，最重要的是要使所选的经营领域有可以建立明显有利的经营地位的机会。这种地位可以通过充分保护没有被竞争对手侵入的环境，或虽有竞争对手但对方处于明显的劣势的环境来取得。具体做法如下。

第一，利用专利和贸易壁垒。专利保护是有效阻止竞争对手侵入的一个最好办法。贸易壁垒则是依靠政府的力量取得在某些方面的优势。如一些国家为了保护国内基础产业或民族工业，采取进口限制或高关税的办法来阻止或降低国外竞争者的竞争能力。

第二，抢先进入市场。在其他竞争者进入市场之前，单一投资者将在一段时间内具有很多机会。经营生产资料工业中的大量实例表明：企业抢先进入市场，至少可以在该市场中领先5至10年时间。这种进入时间早所带来的优势是通过企业的开创性和竞争者反应迟钝取得的，在这段时间内，企业的品牌已为用户所接受，信誉受到客户的信赖，另外企业在分销渠道、产品性能、定价、售后服务等方面享有一定的灵活性，也加大了竞争者进入的难度。

第三，发展带头产品。带头产品是指企业在某一等级或规格的产品系列中，最先投放市场的产品。它能在企业已经具有竞争对手的情况下，起到保护经营地位的作用。

第四，革新产品。有一些有利的竞争地位是在无保护的条件下形成的，如革新产品的投放。革新产品是指对老产品进行改造，使之具有新功能、新特色的产品。它的第一个投放者，常常也能获得相当长时间的有利地位，取得高盈利和高市场占有率。

第五，正确定价。企业通过定价，常常能够大大增强竞争地位。在低成本情况下，采用与竞争者相同的价格，可使企业获得更多的盈利，改善企业的盈利状况；若采取低价政策，则可获得较高的市场占有率。

第六，改善成本结构。价格优势通常也能增强企业的成本优势。这种优势可通过生产规模、经验和产量取得，也可通过零件通用化、把产品系列集中于少数品种和将不同的生产工序合并等方式取得。

第七，改善资金构成。主动性资金构成对成本竞争优势的影响有时被人们所忽视。实力较强而乐于在资金方面冒险，将可能意味着在边际收益和价格下降情况下确保股东的盈利不受竞争的影响。这种方式提供的价格优势可以成为提高市场占有率的基础。

（3）正确使用建立战略优势的基本策略

为了在激烈的市场竞争中获取战略优势，企业必须对五种竞争力量进行充分的研究和分析，同时，又要对外部环境、内部条件和经营目标三方面进行动态的分析研究，充分认识自己在竞争中的有利因素和不利因素，从而扬长避短，发挥优势，积极地、正确地选择战略优势的基本战略。

第一，找出成功的关键环节，建立正面的竞争优势。这一策略的要点就是找出竞争的关键点，如质量、成本、价格、服务等方面，做到"你无我有，你有我优，你优我全"，总之是你好，我更好，以实现在市场竞争中的战略优势。

第二，寻求差别化策略，选择对手的薄弱环节。在敌强我弱的情况下，为了积聚力量以便将来同竞争对手正面交锋，企业先避开对手的强项，不与对手直接冲突，而是寻找对手的弱点，选择对手不愿干或干不了的产品和服务项目，在夹缝中求生存。

第三，开创新的经营领域。建立非正面的竞争优势。在敌我实力相当或敌弱我强的情况下，企业善于利用市场变化的规律，充分了解客户的需求动向，不断研发新产品，开拓新市场，尽量避免与竞争对手进行正面冲突,从而迂回地建立自己的战略优势。

二 一般竞争战略

所谓竞争战略,就是企业在市场竞争中依据自己所拥有的竞争优势而制定的总体战略。竞争战略是企业经营战略的重要组成部分,也是经营战略各分战略的综合运用。一般地说,企业在竞争中所采取的基本战略大致有三种类型,即低成本战略、差别化战略和重点战略。

1. 低成本战略

低成本战略是企业努力使本企业的生产成本低于竞争对手,以期在竞争中取得优势地位而采取的战略。

企业的成本低于竞争对手的成本时,便可在竞争中处于有利地位,这是因为:①就竞争对手而言,可利用低成本的优势,在价格上对竞争对手发起挑战或进行防御,即使价格处于平均生产成本的水平上,企业仍能够获利。②面对顾客,一方面,可用较低的价格巩固老顾客,还能把竞争对手的顾客吸引过来,扩大销售量,提高市场占有率;另一方面,面对购买者要求产品降价的压力,低成本企业仍可以获得较大的边际收益,因而容易与顾客达到双方都满意的价格协议,达到巩固和维护现有市场占有率和企业市场地位的目的。③对供应商而言,由于企业成本较低,因而能更好地适应由于原材料价格变化所带来的影响,相对于竞争对手,自身具有较大的对原材料、零部件价格上涨的承受能力。④对潜在进入者而言,一方面,低的成本可使企业以低的价格形成新进入者的障碍,这一障碍往往使新进入者因生产技术不熟练或经营管理上缺乏经验不能形成规模经济等原因而难以逾越;另一方面,企业可使用削价手段来防御竞争对手的攻击,从而维持企业的有利地位。⑤在与替代产品竞争时,低成本企业可以运用降低销售价格的方法来稳定原有顾客,从而消除替代品对本企业产品带来的威胁。总之,低成本优势在竞争中可给企业制定战略带来很大的机动性,无论作为进攻手段还是作为防御手段,最终表现为高的边际利润或低的价格。

企业要取得低成本优势可以从多方面着手,如降低设计成本、工艺成本、采购成本、仓储费用、运输费用、管理费用、资金占用等。实现这种战略的基本条件主要有如下三个方面。①进行批量生产,提高规模经济效益，以利于降低单位产品成本；②应具有较高的销售增长率和市场占有率，企业产品市场前景良好；③具有科学的管理水平，在不断提高产品质量的前提下，降低人力、物力和财力消耗。

低成本战略正在被越来越多的企业所采用，国际上许多大的公司都是通过此策略进入国际市场的。但低成本战略也有一定的风险和局限性，具体表现在：①不能随时适应市场的变化。企业过分强调低成本，会使企业忽视消费者对产品使用兴趣的转移，忽视购买者对价格敏感度的降低，忽视消费者对产品附加值或服务的偏好，因此，企业可能被更多倾向于采用非价格竞争和产品差异化竞争战略的对手击败。②不利于新产品的开发。由于追求低成本而使用的先进设备和大量的先期投入，使企业偏好于利用现有技术、工艺生产现有产品，给企业转产带来了一定障碍，不利于新技术的运用和新产品的开发。③技术的进步会导致生产工艺的突破，从而使企业过去靠大量投资而产生高效率、低成本的优势丧失，使竞争对手以较低费用便能拥有同样的成本优势，使企业的低成本优势无法体现。

2. 差别化战略

企业在激烈的市场竞争当中提供与竞争对手不同的产品和服务的战略就叫差别化战略。这种策略是企业通过采用专利技术或其他技术提供与众不同的产品或服务，或在广告宣传、推销活动中采取不同的形式和方法，从而形成自己独特的优势。具体地说，企业如能在品种、质量、性能、价格、服务、商标形象、宣传等方面显示出优越性，就可形成较理想的差别化战略，这种战略不仅能满足顾客的特殊需求，而且在一定时期内，同行竞争者是难以取代的。

产品差别化战略的最大优点是使用该战略的企业向市场提供的某种特殊的产品或服务，更好地满足了消费者需求的差异性，因此在竞争中具有很大的优势。具体表现在以下几个方面。①由于该产品满足了顾客的特殊需求，因此易于使顾客对该商品的商标产生一种忠诚感，当这种商品的价格发生变化时，顾客的敏感度很低。生产该产品的企业可以运用差异化战略在同行业竞争中形成一个隔离地带，避免竞争者的侵入。②当竞争者欲进入该行业时，因顾客对商标的忠诚性而形成了强有力的障碍。竞争者要进入该行业与先入者争夺顾客，须付出很大的代价来克服这种产品的独特性。③产品差别化可以产生较高的边际收益，增强企业跟供应商讨价还价的能力。④由于消费者别无选择，对价格的敏感度又低，这样便削弱了购买者讨价还价的能力。⑤由于企业具有特色，又赢得了消费者信赖，在与替代品的竞争中将处于更有利的地位。

企业实行差别化战略的途径有很多，其中主要有：①通过研究开发新产品来形成差别化产品。因为新产品是指在原理、结构、性能、材质、用途等某一方面或几方面具有新的改进或新的创造的产品，因此，它是一种当然的差别化产品。②还可通过改变现有产品规格、设计式样或通过技术上的改进，使原产品质量有重大突破，并通过广告宣传，使人们认为这种产品与同类产品相比在某些方面有独特的特点，从而有别于其他产品。③对于标准产品，企业可通过改变包装，或改变服务方式，或增加产品的附加值和特殊规格，并通过广告宣传，使人们对该商品产生好感，进而增加人们对该商品的品牌偏好，使人们认为这种商品优于同类其他品牌商品。如同样生产馒头的厂家，通过宣传使人们认定某个品牌进行消费，这种人为形成的差别化其作用是不可低估的。

实行差别化战略要求企业须具备一些必要条件。首先，企业在产品的研究和开发上具有较强的创新能力；其次，要求企业在生产技术上具有较高适应能力和应变能力；最后，还要求企业在市场营销中有明确的目标市场，并能采取有效的经营手段和方法。

3. 重点战略

重点战略是企业把经营重点放在满足特定消费者群体的特殊需要上，或只生产某种特殊用途的产品，或者集中服务于某一区域市场，来建立企业的竞争优势。重点战略的特征是企业的目标市场只建立在总体市场的某一部分，能比竞争对手更好地满足某一特定消费者群或某一特定地区消费者的需要。

重点战略如果运用得当，可使企业在避开竞争对手干扰的情况下取得较高的市场占有率，同时也能在本行业中获得高于一般水平的收益。重点战略的实施要求有一定的外部环境与之相适应，同时企业在运用此战略时应根据竞争对手的实力及本企业的状况灵活掌握具体方式。企业在选择和确定重点战略时，一般有以下几种情况。①在敌强我弱，对手的实力明显强于我方时，企业应尽量避免生产与竞争对手同类或同型号的产品，而应先寻找自己的优势所在，努力去创造和寻求对自己有利的新的市场机会。

②在敌我力量相当的情况下，应加紧积蓄力量，在条件不成熟的条件下不要和竞争对手展开激烈竞争，以免两败俱伤。企业最好的选择应先采取维持战略，同时积极地创造有利条件，在自己的优势领域扩大竞争优势，等实力积累到一定程度时再向对手发起正面进攻。③在敌弱我强的条件下，一般应以扩张战略为主，包括自我发展和通过联合、兼并组织联合体共同发展。同时，企业应从战略上努力保持自己的优势，从而创造和维护自己的品牌。

采取重点战略对企业来讲也存在着某些方面的风险，如企业选择的目标市场可能前景不好，导致销售量保持在较低水平；或由于竞争对手也选择了相同细分市场而导致恶性竞争等。所以，企业在制定这种战略时有必要在获利能力和销售量间进行权衡，有时还要在产品差异与成本状况间进行权衡。

第二节 竞争地位和竞争战略分析

一 竞争地位分析

在激烈的市场竞争中，各企业所处的竞争地位不同，因而竞争战略也应不同。如果不能正确摆正自身所处的竞争地位，那就不可能采取正确的竞争策略。

竞争地位是由竞争条件所决定的。竞争条件是指企业的经济实力和经营能力，即企业所拥有的各种资源状况及企业运用这些资源的能力。这包括六个方面的因素：产品的品种和质量是否符合消费需求；价格是否适当；服务是否周到；资金和技术力量是否雄厚；销售渠道是否畅通；促销手段是否有力。要通过对本企业和竞争者的经济实力和经营能力的分析，来确定本企业所处的竞争地位。

阿瑟·D. 李特尔认为每一个企业在其各自的行业中都占据着六种竞争地位的一种，这六种竞争地位是：

（1）支配的竞争地位。处于支配地位的企业具有有利的竞争条件，其市场占有率远高于其他企业，在该行业中占据龙头老大的位置，控制着其他竞争对手的行为,因此,在制定竞争战略时具有广泛的选择余地。

(2) 强大的竞争地位。处于强大竞争地位的企业拥有较有利的市场地位,其产品市场占有率相对较高,虽不能控制其他竞争对手的行为,但拥有较好的竞争条件,有能力向居于支配地位的企业发起挑战。

(3) 有利的竞争地位。处于这种地位的企业仍然拥有高于本行业平均水平的经济实力和经营能力,在选择竞争战略时有一定的自主权,并有较多改善其市场地位的机会。

(4) 守得住的竞争地位。处于这种地位的企业经营状况基本令人满意,能维持现有经营。但其在竞争中已没有什么特殊优势可言,它是在占优势地位公司的默许容忍之下存在的,改善其市场地位的机会很少。

(5) 弱小的竞争地位。处在这种地位的企业在经济实力和经营能力上都远不如竞争对手,其经营状况已经不能令人满意,但仍有改善其目前状况的机会。它必须设法改变现状,否则就会被大公司吃掉。

(6) 不能生存和发展的竞争地位。处于这种地位的企业经营状况极差,在市场上几乎没有盈利的机会,改善目前这种状况的机会也不存在,只能坐以待毙了。

美国另一位学者菲利浦·科特勒提出了另一种有关竞争地位的分类方法,他认为市场竞争地位有四种。

(1) 市场领导者。大多数行业中都有一家为大家所公认的市场领导者企业。这家企业市场占有率在该行业最高,并在技术、成本、营销渠道以及营销能力等方面拥有较大优势。例如,通用汽车公司、国际商用机器公司(IBM)、可口可乐公司,分别是汽车业、计算机业和饮料业的市场领导者。

(2) 市场挑战者。这些挑战者企业多是在本行业产品的销售额中名列第二、第三名的公司,如美国的西屋公司、百事可乐公司就长期位居市场挑战者地位。这些公司有能力向市场领导者和其他竞争者发起挑战,它们的经营战略目标主要是不断增加市场份额。这些公司在一定时期内,如果以争取市场领导者地位为竞争目的,则被认为是市场挑战者;如果在一定时期内"安心于次要地位",则被认为是市场追随者。

(3) 市场追随者。并非所有的在行业中处于第二、第三位的企业都会向市场领导者发起挑战。市场领导者对于其他公司发起的挑战绝不会听之任之，而会进行反击。由于领导者具有强大的持久作战能力，挑战者与其竞争可能两败俱伤，甚至会惨败而归。因此，挑战者必须慎重考虑，除非挑战者能够先发制人，具有相当的把握。如实现产品的重大革新或在分销上有重大突破，否则，做一个市场追随者也是明智之举。俗话说"红花还得绿叶配"，甘当一个配角，有时也能为企业带来滚滚财源。

（4）市场拾遗补缺者。几乎每个行业都有一些小公司专门在市场的某个较小领域经营，避免和大公司发生冲突。这些小企业并不会追逐整个市场或是市场中的某个大区划，相反，其目标都是在市场小区划或区划中的更小角落，这对小型企业而言特别适合。这些企业往往资源有限，它们常常生产那些大企业不愿生产或不能生产的零配件、配料等小产品，在夹缝中求生存。

二　竞争战略的选择

竞争战略可以分为防御型和进攻型两类。

1. 防御型

企业面对竞争对手的攻击，为了保持自己的市场份额和利益，采取限制和抵制竞争威胁的战略，称作防御型战略。这类战略主要被市场领导者所采用。当然，市场追随者和市场拾遗补缺者也可用此战略进行防御。防御型战略具体有以下六种。

（1）地点防御。地点防御在于巩固本企业的地位，包括加强产品及服务，增加竞争者攻击时的障碍，使公司免受竞争者的侵略。

地点防御具体方法也有很多，这里主要讲两种：首先，采取差异化方法，即企业保持自身产品的独特性，这是防御其市场地位，保持顾客忠诚的关键因素。因有独特的产品，不仅使竞争者难以模仿，而且也能使价格敏感度比较低的顾客增强对其产品的忠诚感。企业产品差异化主要表现有：顾客服务、设计、促销、耐久性、独特性、形象、包装、质量、可靠性、风格、技术、价格等方面。劳力士手表在竞争激烈的手表市场中，以控制生产量，维持高质量形象以及销售出口的严密监督而获得了市场的领导地位，这是差异化的一个典型例子。其次，成本、资源、产品线延伸以及营销手段方面也是进行地点防御的重要决定因素。

（2）侧翼防御。侧翼防御指企业除保护主要业务外，还要设法改进薄弱环节，以防被竞争者打开缺口。市场领导者必须对各条线保持警惕，不放弃任一暴露着的侧翼，合理定价，同时用同一个品牌和商标大量生产不同尺寸、型号、档次的产品，满足市场上不同要求，不给市场上主要竞争对手留下重要的可乘之机。

（3）先发制人。俗话讲"进攻是最好的防守"，先发制人就是以攻为守的防御。企业在发现竞争者攻击而尚未形成声势之前，借对手立足未稳之机突发进攻，打击对方的实力和信心，使对方在未来一定时间内不能与本企业抗衡，以达到防御的目的。在竞争中作为先发制人的工具有资源、技术、财务、融资、顾客、促销以及政治、公众支持等。可口可乐公司于1981年授权其制造商生产高甜度的玉米糖浆，以取代可乐中一半的糖，从而获得成本优势。可口可乐公司还与供应商签订长期供应合同，霸占所有的产品，使其他竞争者在制造方面毫无仿效的机会。

（4）反击防御。传统上，反击是对攻击做出的反应，目的在于扭转局势，削弱攻击者的力量。国内外许多著名的案例，为我们提供了成功的例子。在饮料市场上，为了反击国外可乐型、汽水型饮料，国内企业在初期利用同样类型的软饮料进行反击，收效不佳，中期以后，国内企业改变产品形式，以果汁饮料为重点，先后推出橙汁、芒果汁、水蜜桃汁并辅之以天然矿泉水等产品进行回击，效果甚佳。除以产品反击外，在国际市场竞争中，以促销、财务形式进行反击也是司空见惯的。罗利马公司是一家独立的制片商，所制作的影片以《豪门恩怨》这部大作最有名气，该公司于20世纪80年代初以2100万美元买下了纽约一家广告商肯固及艾克哈特公司，作为财务反击的法宝。通过收购广告商，可以从大的广告商中获得制片所需的资金，使影片加上广告能直接以成套的方式卖给无线网络，从而取得了巨大成功。

（5）机动防御。机动防御是指通过扩大产品概念，包括有计划的产品更新策略，以及对产品生命周期有持久性改变的措施，处心积虑以建立新的防御体系。其特点是通过加快产品更新的速度，较大地适应消费需求的变化，来灵活地避开竞争者的攻击，达到保护市场份额的目的。

（6）撤退防御。将企业已无优势或明显处于劣势的产品从某一市场撤退，集中力量于有潜力、值得发展的产品或市场，这是明智之举。企业的产品及服务的成本、价格、交货、质量及信用方面，无法与竞争者进行有效竞争时,也不得不实行撤退。1980年9月宝碱公司从美国市场中收回丽来牌止血棉塞,原因是美国政府的一项研究报告指出,70%中毒致死的人都曾用过丽来牌止血棉塞。当技术确已被时代淘汰时,继续生产只能带来更大损失,而政治因素更是使收缩成为无可奈何。适当的撤退才有机会继续攻击,这才是收缩策略的依据。

2. 进攻型

在市场竞争中,有些企业采取主动出击的战略,攻击同行的短处,以争取更多的顾客,提高自己的市场份额,这种战略往往被挑战者所使用。进攻型战略一般有以下几种。

(1) 正面进攻。如果进攻者将其所有的力量集中,并直接对竞争对手的主力发动攻击,则称为正面进攻。这种战略是选择竞争对手的最强部分进行攻击,从对方的手中夺取目标市场的占有率,使本企业从第二、第三位跃居领导者地位。正面进攻的胜负结果,当视谁有较强的力量与持久力而定,在一个纯粹的正面进攻中,进攻者要与对手在产品、广告、价格等方面进行较量。

为了使纯粹的正面进攻能够取得成功,进攻者需要有超过对手的相对实力优势。如果进攻者的战斗力较防御者弱,则正面进攻非但不理智,反而会造成自己的重大损失。

正面进攻最常见的做法是与竞争者短兵相接的价格竞争。这种策略有两种方式,最常用的方式是使企业的产品在各方面都与领导者的产品相同,而以价格作为进攻的武器,如果市场领导者不以削价竞争作为报复手段,且竞争者能使消费者相信该企业的产品不但价格低,而且产品质量也与领导者产品相同,则这种进攻方法便可奏效;另一种价格竞争的方式是进攻者投入大量的研究经费,以降低生产成本,来达到以较低的价格击败竞争者的目的。

(2) 侧翼进攻。即抓住竞争对手的某些方面的弱点,集中自己的优点对其进行进攻,以夺取目标市场的局部优势。一个市场领导者力量再强大,在它的侧翼或后方也难免会有不安全地带。军事上有句话叫做"集中优势力量集中歼灭敌人",在敌强我弱的情况下,进攻者会采取声东击西的方式,以牵制敌军的精锐部队,并对其侧翼或背后发动真正进攻。侧翼进攻在市场竞争中有着重大意义,尤其对那些力量较对手弱的企业,假如它无法以强大的力量来战胜对手,则可使用这种声东击西的方式来战胜防御者。

侧翼进攻可从两种竞争角度来进攻对手:地区方面的进攻和区划细分化进攻。地区方面的进攻是指在全国或世界范围内,在竞争对手力量较弱或经营不善的地区发动攻击。如有些软件公司为了避开 IBM 公司的强大力量,把目标市场选择在中小城市,这些地点往往是 IBM 公司所忽略的地区。

区划细分化进攻是一种更具潜力的侧翼进攻,它是通过市场细分,找出对手尚未发现的市场作为自己的目标市场。这种战略的关键是找出本行业尚未提供服务的市场区划发展的空隙,并积极弥补此空隙,把它作为本企业的主攻方向,使之发展成强大的市场区划。侧翼进攻策略可以引导各企业对整个行业市场中的各种不同需求提供更完整的服务,以避免两个或两个以上的企业在同一市场区划中作激烈的竞争。侧翼进攻如果选择得当则易于得手,同时风险也不太大,但由于其选择面相对来讲比较狭窄,故成果也较小。

(3) 包围进攻。包围进攻是指对敌人的各个方面同时发起攻击。企业先占领外围市场,迫使敌人同时防御其前后左右的战线,再逐步从局部优势发展为综合优势,最后取得目标市场的主要市场份额。

采取此策略的企业一般均拥有雄厚的实力,能向市场供应竞争对手所提供的每一项产品,并在同类商品的质量、价格、促销、分销渠道上都优于对手,使顾客能够认同该产品,从而发生消费偏好的转移,从竞争对手中把顾客吸引过来。采用包围进攻战略一般会大量消耗企业的资源,因此该策略的关键是争取在尽可能短的时间内摧毁对手的抵抗意志,使其迅速放弃阵地,从而避免企业更大资金的投入。包围进攻比较适合于规模较大、力量较强的企业。

(4) 游击进攻。游击进攻是对竞争对手所在的不同领域或部位采取小规模、间歇性攻击,其目的在于削弱和瓦解对手,以达到夺取一些失地的目的。该战略主要是适用于规模较小、力量较弱的小企业的一种进攻方法。

当企业无力发动正面攻击或侧面攻击时,企业可选择一些较灵活的方法干扰对方的战略布置,如选择性降价、在促销上想出新办法或在产品售前售后服务方面提出更为优惠的措施等，对大企业市场的多个方面发动时断时续的挑战。这种策略如运用得当，能分散对手的注意力，连续的小型进攻能对敌人产生累积性重击，并能使敌人自乱阵脚。但是，我们需明确的一个问题是，游击战并非是一种"低消耗"战略，由于它具有分散性、长期性等特点，因此从长期来看，其累计费用也相当可观。另外我们还必须明确，游击战仅仅是为将来的大规模进攻做准备工作，而非搞几场游击战就算完事，企业要想在最后击倒竞争对手，还需发动猛烈的进攻来实现。

第三节 处于行业不同发展阶段的企业竞争战略选择

一 新兴行业的竞争战略

1. 新兴行业的结构特征

新兴行业是指由于一些因素的变化而新形成或重新形成的行业。这些因素包括技术创新、相对成本关系的变动、新的消费需求的出现，或其他经济及社会的变化导致某种新产品或某项新服务得以提高到一个潜在可行的营业机会的水平。

作为一个新行业还处于行业发展的初始阶段，由于受规模较小、行业规则不规范等因素的影响，它的结构呈现以下几点特征。

（1）技术上的不确定性

由于满足需要的手段是多种多样的，面对新行业里的新需求，各企业可能会采用不同的产品来满足这一需求，但究竟哪一种产品能最好地满足该需求，包括设计什么结构的产品，采用何种级别的生产技术等，都需要随着实践的检验而不断更新、改进。

（2）各企业经营战略的不确定性

由于缺乏该行业成功企业的战略案例资料，各厂家只好摸索着运用不同方法来实行产品定位或市场定位、市场销售、服务，以及其他战略方式。例如，新能源汽车厂商正在就相关各系统的零部件供应、市场分割化以及分配渠道等方面采取各种各样的竞争姿态。与这个问题密切相关的是，厂商往往在有关竞争对手、客户特点，以及处于新兴阶段的行业条件等方面缺乏足够的信息。例如，无法预料竞争对手是谁，而且也无法获得行业销售额及市场占有率等方面的可靠资料。

(3) 初始成本经历一个先高而后迅速下降的阶段

由于在科研投入、工艺设计、工厂布局、设备改进等方面无经验可循而会投入大量资金，但随着对工作熟悉程度的增加，对产品结构的改进和对工厂、设备布局方面的改进，会使生产更有效率，会节约大量的原材料使用，从而使较高的初始成本迅速下降。随着产品产量的逐步增加，当达到规模经济效益点时，单个产品的生产成本进一步降低，从而使总成本也降低。随着科技的不断进步，会使该行业由劳动密集型向技术、知识密集型生产方式过渡，从而使整个行业的生产成本逐步下降。

2. 新兴行业的战略制定

制定新兴行业的战略计划是一项非常复杂而又困难的任务。新兴行业结构的不确定性以及竞争对手的不可确定性，使战略的制定无据可依。制定新兴行业的战略会冒非常大的风险，但在风险背后又潜藏着巨大的盈利机会。在制定战略时应把握好以下两个方面。

(1) 进入时机的选择

选择合适的进入机会对一个新兴行业的参与者来说是至关重要的战略选择。过早地进入可能会作为"先驱者"而承担较大风险，但其反面则预示着较低的进入障碍和巨额的利润。因此，企业具体何时进入该行业要根据外部环境条件的情况及该行业内部的不同条件而定。早期进入对于树立厂商的形象及声誉来讲是至关重要的。商家可以利用先入为主的有利条件，来提高自己的形象和信誉，加强顾客的忠诚度。如果该行业原材料供应较紧张，厂商可抢在其他厂家进入市场之前与供应商签订供货合同，从而获取绝对的成本优势。但早期进入的厂商因技术不定型，会面临较高的技改费用；在开辟新市场时会花去大量广告费用，但开辟好的市场又会被后来进入者分享；与那些小型的、新开办的厂商进行早期竞争将是耗资巨大的，但在后期代替这些厂商的将是更加难以对付的竞争；技术变革将使早期投资的设备过时，并且使那些后期进入的、具备最新产品及工艺的厂商拥有某种优势。

（2）对付竞争对手

在一个新行业里对付竞争对手要比在一个成熟行业里难得多。由于新兴行业与成熟行业相比具有独特的行业特点，因此对待竞争对手的策略也会有所不同。一般情况下，行业先入者为保持已有的市场占有率会对竞争者的加入采取反击的策略，虽然这样反击是合适的、符合情理的，但在有些情况下，企业采取默认甚至鼓励的策略也是明智之举。例如，由于新竞争者的加入，势必导致竞争加剧。新加入者为了在竞争中取得优势，它肯定会努力引进新的产品生产工艺和技术，从而使整个行业的技术水平不断提高，这也是那些新加入者对行业发展的贡献，同时也相应节省了先入者在这方面所花的投资。

二 成熟行业的竞争战略

当一个行业从迅速增长期逐渐过渡到较为适度增长的时期时，预示着该行业进入了成熟时期。处于行业成熟期内的所有企业，由于其外部环境已发生了很大变化，要求其在过去条件下做出的战略决策也要作相应变化。

1. 成熟行业的结构特征

成熟行业同增长行业和衰退行业相比，在许多方面都具有明显的特征，主要包括以下几个方面。

（1）对市场占有率的争夺空前激烈

在新兴行业发展时期，各厂家均保持着较高的增长率，即各厂家抢占地盘，满足那些尚未得到满足的需求。相对来讲，各厂家之间的竞争仅限于外部市场的争夺。当行业发展到成熟阶段，各厂家的市场占有率相对稳定，其增长率大为降低的情况下，竞争的着重点就会转向从内部来攻击其他厂商的市场占有率，与对手争夺原有的顾客，并且这种攻击常常会引起对手的强烈反击，从而使竞争更加激烈化，这时的竞争领域通常集中在价格、服务和营销方面。

（2）竞争重点转移到成本和服务方面

由于这一阶段产品的技术、性能、结构等已基本定型，消费者对该产品的消费行为已趋向成熟，它们更加注重产品的品牌、价格和服务，这就要求企业的经营重点也要作相应调整。企业通过改造设备装置、改进生产工艺、采用新型原料等方式努力降低成本，同时改进服务质量，加大宣传力量，增加营销网点等措施来创立企业的名牌地位，在价格、品牌方面吸引更多的消费者。

(3) 行业生产能力的增长和人员需求明显减弱

由于成熟行业的增长速度比较缓慢，行业内生产能力增加的速度也必须慢下来，否则将会发生生产能力过剩。公司不仅要对增加自己生产能力的决策加以慎重考虑，而且还要密切注意竞争对手增加生产能力的动向，要准确把握增加生产能力的时机。在成熟行业里生产能力过剩的现象是非常普遍的，过剩的生产能力将把各厂家竞争的焦点集中在价格上，行业内这种有效规模增量越大，供需之间的失衡就越严重，竞争的程度就越激烈。

(4) 国际性竞争加剧

由于技术的成熟往往伴随着产品标准化，再由于国内需求的饱和，使得该行业产品的对外销售成为必须，这标志着企业在国际上开始了新一轮的争夺市场和顾客的竞争。

(5) 行业利润和经销商利润逐步下降

由于行业增长速度明显减慢，市场占有率的争夺日益激烈，消费者越来越成熟，以及企业需经常对竞争对手的行动做出反应，使得行业的短期利润比此前有所下降，尤其是那些市场占有率较小的企业利润下降得更快，这种状况同样也会使经销商受到影响。企业利润的下降，会减少它对经销商的让利幅度。但各生产企业为了进一步扩大销售，又会对经销商的争夺展开竞争，这使得经销商与生产企业讨价还价的能力显著增长。

2. 成熟行业的战略选择

(1) 成本方面的战略

由于成熟行业的竞争主要集中在产品成本、服务和销售等方面，对产品成本方面的研究便十分必要，这里面涉及产品组合合理化和正确定价两个方面。

在行业增长期中，企业大多采取广泛增加产品品种即不断推出新品种的策略，但到了行业成熟期这种策略便不再适合，因为此时的竞争已集中在成本和市场占有率的争夺方面。因此，这一时期企业应削减那些无利可图的产品品种，把注意力逐渐集中到某些具有独特优势或那些具有忠诚消费者的产品项目上。通过对各类产品的成本进行核算，选择那些具有明显的成本优势和良好的市场前景的品种组成合理的产品组合。

产品的定价方法在行业增长期和成熟期是不同的。在增长期往往是依据平均成本定价，或从总体上对产品种类而不是对个别产品项目定价，但在行业的成熟期常常需要按已增长的生产能力来衡量个别产品项目的成本并相应地做出定价。

（2）扩大用户购买范围

扩大现有用户对产品的购买范围比重新寻求新的客户要实惠得多。在一个成熟的行业内，争取新客户往往意味着与竞争对手争夺市场占有率，需耗费企业大量的资金用于广告宣传、改进产品性能等方面，并且这种行动易遭到对手相应的反击，其结果往往是双方均耗资巨大而效果并不明显。商家的一个明智选择是通过增加对现有客户的增量销售，即通过供应与原产品相关的设备及服务、提高产品档次、扩大产品种类等方法来实现增加利润的目的。这种战略有时可把厂商从一行业带进其他行业。如某公司在其所垄断的婴儿食品领域内又增添了婴儿服装和其他婴儿用品；某商场在其商店内增设快餐食品的供应、无人充气装置、弹球游戏机及其他品种，以便从顾客身上捞取更多的钱，并增加采购刺激以省去设立新店的巨额费用。

（3）收购廉价资产

由于成熟行业的一个特征是生产能力的大量过剩，这就导致一些厂家亏损，企业可以在这一时期以较低的价格展开兼并或收购，这种兼并亏损公司或购买清算资产的战略能提高公司的利润并产生一种低成本地位。如果该行业的技术革新速度不是很快的话，就可利用被兼并或收购企业的生产设备和技术进行低成本生产，这样在与其竞争对手的较量中便可利用低成本优势争取有利地位。

（4）国际市场的转移

由于国际上各个国家经济发展的不平衡，使得行业发展和技术进步的速度也不一致，某种在国内市场上过了时的设备却能在另外一些国家得到极好地利用，这样不仅减少了公司的损失，使其进入某国市场的成本也大大降低，公司又找到了新的利润点，该战略多发生在发达国家与发展中国家及落后国家之间，它可以延迟该行业的成熟期，但却无法永远地将成熟期保持下去。

三　衰退行业的竞争战略

所谓衰退行业是指在单位销售量方面已经历了一段持久时期的绝对衰退的行业。这里应区别绝对衰退与因某种商业循环或其他如材料短缺之类的暂时衰退，这是区分该行业处于衰退期还是处于产品生命周期某个阶段的关键标志。行业在衰退阶段的特点表现为利润缩减、产品种类削减、研究与发展及广告费用减少，以及竞争对手逐渐减少。面对衰退中的行业，一种可取的战略是"收获战略"，即停止投资，并从营业单位中产生最大的现金流量，从而最终放弃该行业。企业在决定产品资产组合模式时，不要在那些增长缓慢的或负增长的极为不利的市场内投资，而要把资金撤出这些市场。

面对正处于日益衰退处境中的行业，厂商应对的战略方法是多种多样的并且是非常复杂的。有些厂商所采取的战略为在衰退尚未被普遍认识之前就退出行业，从而避免了后来由其竞争对手所承担的损失；有的厂商则在衰退中的行业进行大量的再投资，致使其在之后的经营当中仍获得巨额利润。

1. 衰退行业的战略方法

通常对衰退行业的战略所进行的讨论都是围绕着抽回投资或收获这些问题，但不同竞争地位和不同经营风格的厂家所选择的战略方法还是有差别的，主要分为以下几个类型。

（1）领导地位战略

选择领导地位战略的厂家，其目标在于利用衰退行业调整后的行业结构，在这些结构中留下来的某家或某几家厂商拥有高于平均水平的获利能力。厂商的目的就是能成为留存在行业内的唯一一家或少有的几家厂商之一。一旦获得了这种地位，厂商便可利用其控制性地位采取垄断性经营，从而保持竞争优势和丰厚的利润。

企业要想实施这种领导地位战略所需采取的战术很多，主要是为竞争对手创造退出该行业的便利条件，减少竞争对手退出该行业的障碍。在竞争对手欲退出该行业时，以优惠的价格来兼并对手或购买其设备；在定价、营销等方面扩大投资，迫使竞争对手加快撤退速度；通过公开声明或一系列行动来明确表示那种要留在行业内的强烈信念；通过竞争行动来表明其明显优势的实力，消除对手想与其较量的意图；通过促进对某些新产品或工艺改革进行再投资的需要来提高其他竞争对手想继续留在行业内的难度。

(2) 合适地位战略

采取这种战略的厂商是想在该行业找到一个能够立足的市场面,这种市场面不仅能保持稳定的需求或延缓衰退,而且具有较高的收益能力。厂商为了在这种市场面内建立自己的地位而进行投资,某些在领导地位战略下所采取的行动同样可以在这里实施,但这种合适地位战略最终要么转向收获战略,要么转向放弃战略。

(3) 收获战略

在收获战略中,厂商的目的是使营业单位中的现金流通尽可能完善。厂商通过消除或削减新投资、减少设施的维修,或通过提高产品的售价来实现回收资金的目的。其他一些收获战术包括减少产品型号,缩减所使用的销售分配渠道的数目,排除小型客户,在交货时间、修理速度或销售补助等方面不断降低服务标准等。

并非所有厂商都能成功地运用收获战略,因为如无一定的实力,厂商的提价、质量降低、中止广告活动或其他战术将使销售量急剧下降,厂商便达不到收获的目的。

(4) 迅速放弃战略

该战略是厂商在衰退的初期就把其营业单位卖掉,这样能够最大限度地获得净投资额的回收。在某些情况下,在行业衰退之前或成熟阶段之中就放弃经营可能对厂商是有利的,一旦衰退明朗化,这时的卖主往往处于不利的谈判地位。但尽早地出售营业单位也会使厂商承担一定的风险,这便是因厂商对未来预测的错误使其丧失获利的机会。

2. 衰退行业的战略选择

在衰退行业中的各厂商究竟选择何种战略,取决于各自的竞争实力及与其他厂商的相对实力的综合比较。此时厂商在确定其相对地位方面的那些主要的长处和弱点,不一定是那些在行业发展较早时期所拥有的长处和弱点;相反,这些长处及弱点却同剩余的市场面或需求利益相关。

当有明显迹象表明行业已处于衰退期,其他竞争对手又较容易退出该行业时,那种具有较强实力的厂商便可选择领导地位战略或合适地位战略。厂商一旦取得这种地位,那些在较量中失败的厂商将会退出,而行业结构就会给厂商带来收益。当厂商不具备什么特殊实力夺取领导地位或合适地位时,还可利用有利的行业来取得丰厚的收获,即选择收获战略。当然,此时厂商也有可能选择退出战略,这取决于收获战略的可行性及营业单位出售的机会。

第五章　企业产品战略

企业能否在市场上有立足之地，能否实现自己的经营目标，关键是看其产品能否得到用户的认可，能否满足顾客的需要。向用户提供适销对路的产品，是企业的生存之本。产品战略在企业经营战略中具有举足轻重的地位，是企业经营战略的重要组成部分，它主要包括产品组合策略、产品品牌策略、产品开发策略和产品寿命周期策略。

第一节　产品组合策略

一　产品组合的概念

产品组合是指一个企业生产经营的所有产品线和产品项目的总和。在这里产品线指一组密切相关的产品，又称产品系列或产品类别。所谓密切相关，指的是这些产品或者能满足同种需求，或者要配套使用，或者经由相同的渠道销售，或者在同一价格范围内出售。产品项目指在同一产品线或产品系列中不同品种、规格、款式、质地、颜色和价格的特色产品。

以广州宝洁公司为例，如表 5-1 所示，该公司生产的产品有洗发水、护肤品和香皂三大类，其产品线就是三条。在护肤品产品线上，包括玉兰油营养霜、玉兰油晚霜等六个产品项目。

表 5-1　广州宝洁公司产品组合一览表

←产品组合的宽度→

	护肤品	洗发水	香　皂
↑产品线的深度↓	玉兰油营养霜 玉兰油晚霜 玉兰油润白霜 玉兰油美容霜 玉兰油洁肤霜 玉兰油润肤霜	海飞丝 飘　柔 潘　婷	舒肤佳

产品组合可以从宽度、深度和密度三个方面进行分析。

1. 产品组合的宽度

产品组合的宽度又称产品组合的广度，指企业拥有的产品线的条数，如表 5-1 的宽度为 3。产品线愈多，产品组合愈宽。大型超市、综合商店经营的产品类别较多，产品组合的广度较宽，专业性商店经营的产品种类较少，产品组合的宽度较窄。

2. 产品组合的深度

产品组合的深度指企业生产经营的每一条产品线中产品项目的数量，如表 5-1 中，护肤品类商品共有六个产品项目。每一条产品线中所包含的项目愈多，产品组合愈深。

3. 产品组合的密度

产品组合的密度又称产品组合的关联性，指各产品线在最终用途、生产条件、分销渠道及其他方面相互关联的程度。关联性强是指各条产品线的产品项目的用途相近，生产工艺相同，使用相同的分销渠道和相同的促销手段等；反之，关联性则较弱。一般而言，实行多元化综合经营的企业，因同时涉足几个不相关联或联系不太密切的行业，各产品线之间的密度较小；而实行专业化经营的企业，各产品线之间相互关联的程度较为密切，产品组合的密度较大。

二　产品组合策略

产品组合策略指企业根据自身资源条件、市场状况和竞争态势对产品组合的广度、深度和密度进行不同的结合。常见的有以下几种。

1. 扩大产品组合策略

扩大产品组合策略,是指扩展产品组合的宽度、加深深度和增加产品系列或项目组合。通过加大经营范围、加深深度、增加产品项目,生产更多的产品来满足市场需求。

扩大产品组合策略有利于综合利用企业资源,充分发挥各种生产能力,降低成本,提高企业在市场上的竞争力;有利于弱化季节性和市场需求波动的影响,减少和分散风险,增强企业生产和经营的稳定性和均衡性;有利于充分利用企业现有的商誉与商标,获得大批量采购同类原材料的优惠价格,扩大企业的成本优势。

扩大产品组合策略按市场的覆盖程度可分为两个策略。

(1) 多系列全面型策略

这种策略是要扩大市场的覆盖范围,这里的市场有狭义和广义之分。狭义的市场是指某个行业的所有细分市场的总和;广义的市场是各行业市场的总和。因此,多系列全面型策略有两层含义。广义的是指突破产品系列间的关联性约束,尽可能地增加产品组合的宽度,以求挤入高发展和高利润行业;狭义的是指生产和经营某个行业所有的产品项目。

(2) 纵向系列专业型策略

其覆盖面仅限于某个行业市场或某一类产品。实行此策略是以拓展产品组合的密度和深度为主,而不是增加产品组合的宽度。生产能力过剩但资金实力较弱的企业常使用这种战略。

2. 缩减产品组合策略

缩减产品组合指降低产品组合的宽度和深度,或删除一些产品线和产品项目,提高专业化水平,力图从生产经营较少的产品中获得较多利润。

缩减产品组合,有利于企业集中资源、技术于少数产品,提高产品质量,降低消耗;有利于企业扩大少数品种的生产规模,从少数品种大批量生产中获得规模效益;有利于企业集中精力加强售前售后服务。

缩减产品组合策略可采用以下方法:

①对现有产品组合进行筛选;

②砍掉亏损或微利甚至没有发展前途的产品线或项目;

③对留下的生产线和项目进行改造,降低产品成本,使产品组合更加合理。

当企业的产品线中出现衰退产品，或企业缺乏足够的生产能力时，就应毫不犹豫地实施缩减产品组合策略。

3. 产品高档化或产品低档化策略

所谓产品高档化策略就是在原有的产品线内增加高档产品项目，以提高企业原有产品线的声望。这样，既可增加高档产品的比重，又能推动原有中低档产品的销售。

所谓产品低档化策略就是在原有的高档产品线内增加低档次的产品项目，以利用高档名牌产品的声誉，吸引因经济条件所限购买不起高档产品，但又羡慕向往高档名牌的顾客。如日本精工牌手表就推出一种低价手表以吸引买不起高档精工表的消费者，利用名牌扩大市场领域。

企业在市场上采用产品高档化或低档化策略，有利于满足不同收入水平的消费者的需求，扩大企业的顾客群体，但同时存在一定的风险。在中低档产品中推出高档产品，容易引起混淆，难以树立高档产品的独特形象。而在高档产品线中推出中低档产品，又容易影响和损害企业及原有名牌产品的形象，降低原有产品的档次。如目前汽车市场上的比亚迪牌汽车，由于其一开始走的就是低端大众产品路线，所以在消费者心目中它生产的所有比亚迪品牌的汽车都是低档车型，即使它后来推出了中高档汽车，因先前给人的印象总是低档车而影响新产品的销售；再比如宝马汽车，历来被广大车迷认为是高档汽车的代表，但后来它也通过合资等方式生产中档汽车，使得宝马品牌在消费者心中的地位有所降低。

第二节 产品品牌策略

一 品牌的含义

品牌是商品的名称、术语、标记、符号、图案，或这些因素的组合，用于辨别卖方或卖方集团的商品或劳务，以便于同其他竞争者的产品加以区别。品牌是一个综合体，包括品牌名称、品牌标志和商标三部分。品牌名称是指品牌中可以用语言表达出来的部分，如"麦当劳"、"阿迪达斯"、"三枪"等。品牌标志是指品牌中可被识别，但不能用语言表达的部分，即指商品的符号或图案,如"阿迪达斯"是以"三个花瓣,三条杠"作为其品牌标志,"麦当劳"是以一个大写的"M"为其品牌标志等。品牌或品牌中的一部分经过法定注册程序注册后称为商标。商标是品牌名称的形象化设计,具有重要的商业价值和竞争意义。商标是法律用语,称为注册商标,通常可在商标符号旁加上 R 标记,明确表示该商品的商标已登记注册,受法律保护。

品牌既是一种产品区别于其他同类产品的标志,又是消费者挑选产品时的主要依据,同时又是企业重要的无形资产。品牌的作用概括起来主要有以下几个方面:①便于消费者或用户识别、挑选和购买产品,引起购买欲望;②有了品牌和注册商标,能保护企业权益不受侵犯;③品牌是消费者识别产品质量的标志,促使企业不断提高产品质量;④便于保护消费者的利益,消费者在使用产品过程中受到伤害或产品出现质量问题时便于向生产厂家索赔;⑤便于国家对生产者进行管理。

二 品牌设计的原则

品牌设计要确定品牌名称、品牌标志,这是一项影响深远和意义重大的工作,绝不能草率行事,随便找个图案,定个名字就可以了。品牌一经注册,无特殊情况一般要使用几年、几十年,甚至上百年,所以品牌设计是企业的一项重要决策。精明的企业家,对品牌的设计是十分讲究的。如美国埃克森石油公司用了六年时间,花费 1.22 亿美元,从 55 个国家的 1 万多个商标设计中选定了 Exxon 这个商标,使该公司的生意兴隆。

品牌设计的基本策略包括以下几点。①新颖别致,引人注目。品牌是产品的"脸谱",好的品牌构思独特,新颖别致,能给消费者留下深刻的印象,并能激发强烈的兴趣,诱发购买动机。如上海洗涤剂五厂的"达尔美"商标,一个"D"字母巧妙组成一个女性头像,用于化妆品,含有"使您美丽"之意。②简洁明了,朗朗上口。品牌的主要作用是识别商品,在人们匆匆一瞥间,使人一见钟情。因此品牌设计切忌繁杂,而应图案清晰生动、符号简明、朗朗上口,易看、易记、易理解、易接受。如"可口可乐"拼作"cocacola",其英文解释虽无什么含义,却非常容易发音,使世界上不同语种的人们很容易读出来并留下深刻印象。③富有特色,表现产品。商标设计要考虑到能显示企业和产品的特色,使消费者通过商品认识企业及产品的形象和特点，联想到企业的业务性质和经营范围。如日本的三菱商标，简洁鲜明，即使不懂外文的人，也能对三个菱形的图案留下深刻的印象。④避免文化、民族、宗教与习俗的禁忌。由于不同国家、不同民族在文化、习俗、宗教信仰等方面存在较大差异，在设计商标时应避免使用忌讳的发音、图案、符号等。比如，同是绿色，在伊斯兰国家就受到崇尚，但在东南亚却被认为是疾病的象征；东方人用白色表示丧事，而西方人却以白色庆贺婚礼。又如，鹤在我国代表长寿，但在印度却将鹤视为伪君子的象征；乌龟一词，在我国常被用作咒骂别人的语言，而日本却把乌龟看作吉祥长寿的象征。在文字上由于翻译上的原因，在国际市场营销中引起许多误解。如"芳芳牌"化妆品的汉语拼音为"Fang Fang"，将汉语拼音转化成英语后，其意思是"毒蛇的牙"，看到商标的人望而生畏，还有谁愿意去买它往脸上擦呢？又如"三色紫罗兰"牌男子内衣，直译成英文是"Pansy"，"Pansy"在英语俗语中是同性恋者的意思，难怪没有人敢把它往身上穿。⑤要符合我国《商标法》的有关规定。《商标法》规定，商标的文字图案不能与国旗、国徽、军旗、勋章的标志相同或相近似；不能同"红十字"和"红新月"的标志、名称相同；不得有违反公共秩序或道德的内容；不能以未经许可的明星、名人肖像为品牌标志等。

三 品牌选择策略

企业是否给自己生产的产品取名，取决于产品本身的性质。一般地讲，农、牧、矿业初级产品，如粮食、牲畜等都是散装出售，无须使用品牌名称。另外，对于技术标准要求较低、品种繁多的日用小商品，也可不使用品牌名称。但是，随着市场竞争的日益加剧，随着品牌在消费者心目中的地位日益受到重视，企业为了促销和吸引顾客，正在更加广泛地使用品牌名称，甚至很多农牧产品，在缩小包装后，也使用品名出售。一个企业如果有几个产品或更多的产品，如何决定它们的品牌是一个极其重要的问题。可供企业选择的品牌策略有以下几种。

1. 统一品牌策略

统一品牌策略又称家族品牌策略，是指企业不同产品全部冠以一个名称，即使用同一品牌。如美国通用电气公司的所有产品都统一使用"GE"商标，瑞士"雀巢"商标也用于该公司的全部食品。采用此策略，有利于建立一整套"企业识别体系",即企业统一的厂牌商标,通过广告、包装、橱窗、路牌、霓虹灯、印刷品以及厂歌、厂徽等一系列活动,广泛地传播给用户,具有很强的识别性并给人以深刻的印象,从而提高企业的信誉和知名度。这种策略有利于企业利用业已取得的声誉和品牌将其他新产品带入市场,或将原有产品扩展到新的市场,有利于企业节约品牌的设计和广告费用。但采用此策略需具备一些条件:该品牌在市场上已获得较高的信誉,而且采用统一品牌的各种产品具有相同的质量标准;不具备这些条件,其中任何一种产品的质量不好,都会损坏该企业的所有产品的市场形象。

2. 个别品牌策略

该策略有两种形式:一是企业的每项产品都分别采用不同的品牌;二是不同产品线的产品采用不同品牌,同一产品线内的产品项目使用同一品牌。如德国著名的西门子公司生产的冰箱,三星级的使用 SIEMENS 商标,而特优四星级的则使用 BDSCH 商标。采用个别品牌有利于产品的自我发展,可把个别产品的成败与企业声誉区别开来,同时,由于严格区分高、中、低档产品,使用户马上识别,从而选购自己满意的产品,而且有利于维护和提高名牌产品的信誉。但是,采用这种策略,由于品种较多,广告活动频繁,会使人们随意遗忘曲线增大,而影响广告效果和企业知名度。

在个别品牌策略的基础上,企业还面临着品牌拓展策略和多品牌策略的选择。品牌拓展就是利用出名的品牌推出新产品或改良产品。如日本本田公司在创出本田牌摩托车之后,又推出本田牌割草机,利用本田之名,获得了显著成效。多品牌策略是指同时经营两个或两个以上不同的品牌,但相互竞争的同一产品。这种品牌命名方法是由美国普甘公司首创的。该公司在"汰渍"牌洗衣粉销售成功后,又推出"碧浪"和"快乐"两个品牌的洗衣粉。尽管"汰渍"的销售量因此受到影响,但三个品牌的洗衣粉的销售总量却大大高于只销售"汰渍"一个品牌洗衣粉的销售量。广州宝洁公司采用的也是这种策略,在洗发水系列上,它们推出飘柔、海飞丝、潘婷三个品牌,这样,消费者不论使用其中任何一种,都将增加该公司总的销售量。

3. 创新品牌策略

过去有一种传统的观念,认为牌子越老越好,而现代市场中,这已成为一种陈旧保守的观念了，现代企业的生命力在于创新的能力，不仅产品要创新，而且服务要创新、厂牌商标也要创新。企业要善于通过不断创造新的品牌，把企业新的精神及新产品的特点，有效地传播给用户，使用户也有创新的感觉，从而进一步巩固和提高企业的信誉及其在社会上的知名度。

4. 无品牌策略

无品牌策略指企业销售产品时不使用任何商标。采用此策略的条件是：产品本身不因制造商不同而具有不同的特点，如电力、煤炭、钢材等；消费者选择性不强，习惯上不认品牌购买的商品；临时性或一次性生产的产品；等等。美国现有一种专门出售无商标产品的超级市场，产品上只印商店而无制造厂的商标，由于质量相同而价格便宜，很受消费者欢迎。

5. 采用经销商品牌策略

采用该策略指生产企业的产品采用经销商的商标，或者由经销商指定的商标。此策略不仅可以节省大量的推销费用，而且还利用经销商的声誉，使自己的商品迅速进入市场，实力较弱的中小企业适用于该策略。其缺点是不利于生产者建立自己的信誉，扩大自己品牌的知名度。实力较为雄厚、有发展潜力的大型企业一般不宜采用此策略。

四 品牌保护与发展策略

以往人们仅认为品牌是企业的无形资产，通过品牌的使用，人们逐步认识到它是一种具有使用价值和交换价值的特殊商品。商标附属于商品而流通，这是它的使用价值，商标的信誉价值不是一种虚拟价值，而是可以计算的真实价值。信誉价值等于同类名牌商品与非名牌商品销售价之间的差价，乘以年销售总量。由于它具有真实的价值，所以它具有以下几种经济功能。第一，它是企业资产的一部分。如美国可口可乐品牌估算的资产价值为30亿美元。第二，它可以有偿转让，企业可以把自己的品牌卖给其他厂家，企业也可从其他厂家买来某品牌。第三，它可以以授权的方式让其他厂家有偿使用。第四，它可以作价投资入股，如"全聚德"烤鸭店与外商合资经营，其品牌作价100万美元，占中方投资额的35%。

正因为品牌有如此高的经济价值和巨大的商业意义，所以我们应以战略眼光看待品牌、保护品牌、发展品牌。

在品牌保护和发展方面，企业应采取的策略是：

1. 及时对品牌进行注册

《中华人民共和国商标法》第三条规定："经商标局核准注册的商标为注册商标，商标注册人享有商标专用权，受法律保护。"这个道理十分清楚，但有的企业却未加以重视，结果招来了不必要的麻烦。前两年，我国曾发生过这样一起事件，深圳一家对外贸易公司恶意抢注其他企业的商标，在短时间内就抢注了全国 200 多家企业的品牌，其中包括许多在我国享有盛誉的品牌，如"凤凰"、"白鸽"、"三枪"等，这些公司许多是上市公司，影响极大，这一事件发生后曾在国内引起了一场不小的风波，尽管通过多方努力这家公司恶意抢注的商标被取消，但它留给我们的教训是深刻的，它促使我们认识到商标注册的重要性。

2. 商标和商品应加以区别

要注意商标和商品的区别，不要把商标当商品名称使用。当一个商标出名以后，消费者容易把商标当商品名称使用，如果商标注册人对这种情况不加注意，任其发展则有可能使商标变成普通商品名称，从而失去商标的显著性。如深圳南方制药厂生产的"999"牌三九胃泰，企业为了突出三九牌，将药品名称冠以"三九"二字，使胃泰成了三九胃泰。而现在海南生产的"宝岛牌"三九胃泰亦合法地占有市场，使原先深圳的三九胃泰失去了其显著性。为了避免这种情况，商标注册人应该经常注意，是否有人将自己的商标当做商品名称在商品标签、包装上或印刷品上使用，如有这种情况，应予以及时纠正、制止。

3. 应注意保护商标

企业在工商行政机关注册完商标后，表明企业的商标已受国家法律保护，但这并不意味着该商标就不会有人故意侵犯，企业还要做好注册商标的保护工作，以防止相类似的商品出现同一商标或类似商标。如美国"红牛"饮料在我国非常畅销，其商标虽已注册，但有些厂家却使用与"红牛"类似的商标出售其产品，如近期市场上出现了"金牛"、"红金牛"、"金红牛"等在外观和图案都相似"红牛"的饮料，消费者如不细心观看很容易把它们混淆，这样不仅影响了"红牛"的销售，也影响了"红牛"的信誉。对付近似或仿冒商标的对策是，企业在多种产品类别上同时注册同一商标，或在同一产品上同时注册几种近似商标，以阻碍仿冒者侵害其权益。如江苏沛公泉酒厂的沛公酒打响以后，它们先后注册了沛公泉、沛公春、沛宫等作为保护商标，这样就防止了他人在酒这种产品上使用与"沛公"类似的商标。

4. 要保持商标的显著性

有些商标在刚刚注册时并不显著，随着产品知名度的提高，人们对商标的印象也逐步加深；当商标的显著性增加时，它的身价和地位也随之提高。这就要求企业商标应该具有长期性和稳定性，不要轻易对品牌标志随意变动修改。现在有的企业对此认识不足，为了使品牌标志漂亮就任意修改商标图案，这样就会冲淡消费者对商标的印象，降低商标的显著性，甚至使商标专用权丧失。

第三节 产品开发策略

一 产品开发的类型及其选择策略

产品开发的类型是依据企业所处的外部环境和内部条件而定的。以弗里曼（Freeman）和帕克（parker）为代表的学者把产品开发的策略划分为六种类型，目前，国际上较流行的分类方法也是这种方法。

1. 传统型

这种战略是在原有产品的基础上对产品作些改进、变型，并没有创新意向和宏伟的开发计划。采取这种策略的企业分为三种类型：一是拥有大量特定顾客、在行业内处于垄断地位的企业，如矿山、能源生产企业、公用事业企业，它们无须花大力气进行产品开发就能获得稳定的利润；二是依靠手工劳动的行业，随着时代的进步，个人技艺的发展，对原有产品略加变型和改进；三是生产转移产品和淘汰产品的企业，由于该产品前景不好，它们对这些产品的生产并不寄予厚望，只求眼前能取得较好的收益，当然对产品的改进也不感兴趣。

2. 仿效型

仿效是有偿利用别人的技术开发自己的产品。这种类型一般被技术力量较弱的中小企业所采用，它往往先向其他企业学习，仿效别人的产品并有一定的创新意向，然后形成自己的产品。仿效的形式基本上分为三种：一是"移植"，即引进成套或关键技术设备，供本企业使用；二是"嫁接"，即将引进的技术成果与本企业的有关技术相结合，使之融为一体；三是"插条"，目的是从外部引进初步研究成果，在本企业进一步培植生根。被人称为"小鞍钢"的安阳钢铁公司成功地运用了此策略，它们的仿效方式分为三步骤：第一步，发展引进兄弟厂的新办法、新技术；第二步，消化吸收使之成为自己的生产力；第三步，取长补短使仿效产品不断完善与优化。

3. 依赖型

依赖于大公司的子公司、中小企业以及分包商，它们受大公司的控制，具有较强的依赖性。这种经济地位决定它们只能按大公司的旨意进行产品开发，以适应大公司产品配套的需要。

4. 机会型

有些企业善于捕捉市场机会，根据市场来预测、观察和了解，一旦发现机会，就立即推出相应的产品。日本尼西奇有限公司，看到每年出生的婴儿很多，尿布需求量很大，而日本很少有企业生产尿布，即使生产尿布，也仍然保持传统方式，产品用后又湿又有尿味，必须勤换勤洗。这家公司经过对尿布用户的广泛调查，根据预测，开发生产了可吸潮、无臭味、清洁、一次性使用的婴儿尿布，价格便宜，经济实惠，很快就打入市场，销路极佳。目前，世界上70多个国家和地区都在销售尼西奇公司生产的无味尿布。

5. 防御型

采取防御战略的企业，一般不愿抢先开发新产品，而是当市场上出现成功的新产品时，立即搜集有关情报资料，着手仿制和改进，然后迅速进入市场，以防止竞争对手的新产品构成对自己的威胁。防御战略的着眼点，不是通过仿效掌握市场上的新产品，而是要达到后来者居上，克敌制胜的目标。日本松下公司就采取了这样的策略，当它发现索尼公司发明了"贝塔马克斯"牌录像机并取得成功后，它研制了性能更好、价格更低的录像机，其销售量很快超过索尼公司，占日本录像机市场总销售量的2/3。

采取该策略的企业必须具备的条件是：①有强大、高效的情报系统，能够了解竞争对手产品的信息资料；②有一支实力雄厚的科研队伍，具有快速吸收、消化新产品新技术的能力，并能在短期内研究出更好的仿效产品。采取这种战略的最大威胁是竞争对手的技术保密和专利保护，其次就是企业开发产品的速度，如果不能在有利的时机推出新产品，就会失去时机。

6. 进攻型

进攻型策略又称领先型策略，企业不以现有的技术为满足，全力以赴追求产品技术的先进性和最终用途的新颖性。日本著名的迪斯柯公司是专门生产刀片的，该公司奉行不断追求、精益求精的创造精神，使之登上了"切"的技术高峰，成为世界名牌刀片，销售量占全世界刀片市场的70%。自1937年公司创立以来，就与"切"字结下了不解之缘。从制造120毫米、专门给钢笔尖切缝用的薄刀片开始，随着工业的发展，迪斯柯公司制造的刀片也不断地变薄。晶体管发明之后，研制了切半导体材料的刀片；集成电路发明后，又研制了切割集成电路的刀片。刀片从100微米逐渐发展到15微米的超薄刀片。并试验成功了把许多刀片装在同一旋转轴上的全自动多刀片切割机，能在每分钟3万转的旋转状态下，迅速、准确地把坚硬的硅片切割成数以百计的小薄片，切缝的宽度仅是头发丝的几分之一，成为同行业中的佼佼者。迪斯柯刀片公司最突出的特点是，紧紧盯住日本工业发展的不同阶段要求，不断研制开发新产品。

采用进攻型策略，企业要有较强的研究开发能力，要有雄厚的资金，以及敢于冒险的气魄。采用进攻型策略，能够在技术上处于独占的领先地位，具有强大的竞争能力。

二　产品开发的指导战略

1. C－DPS 导向战略

C－DPS 系统，即以顾客（customer）需要为核心的开发（Development）、生产（Production）、销售（Selling）协同系统。该系统强调在产品开发中，要把开发、生产、销售三个功能结合起来，最大限度地发挥企业的整体功能。C－DPS 系统的特点是：①把满足顾客需要放在企业经营的核心位置上，企业的一切活动都必须以此为出发点和落脚点；②注重企业活动中开发、生产、销售三者之间的关联性，各个方面都要面向市场，形成一个多功能整体营销系统；③强调在建立开发、生产、销售各分支系统的基础上，必须加强三者之间的信息沟通，在对待市场的态度上形成共识。市场营销观念主张以销售部门为龙头，以顾客需要为中心，开展市场营销活动。C-DPS系统是对市场营销观念的补充和发展，它不仅肯定了市场营销观念的理论主张，同时还把开发、生产和销售三部门的作用协调一致，它们在以顾客为中心方面具有共同的价值观。

2. 产品整体化策略

市场营销对产品的理解不只是局限于具体的物质实体，还包括非物质形态的服务，即产品的整体化。产品整体化指一切能满足顾客某种需求和利益的物质产品和非物质形态的服务，具体分为核心产品、形体产品和延伸产品三个层次。

第一层次是核心产品。核心产品指向购买者提供的基本效用或利益。消费者购买某种产品并不是为了获得产品本身，而是为了获得能满足某种需求的效用。如人们购买牙膏不是为了占有某一装满某种化学物质的管状物体，而是为了获得牙膏能洁齿、防龋、止血的功效。核心产品是消费者追求的最基本内容，是产品整体化概念中最主要的部分。

第二层次是形体产品。形体产品是核心产品借以实现的形式，是企业向消费者提供的产品实体和服务的外观。核心产品是一个抽象的概念，需要有形物体使之具体化。产品实体的外观包括牌名、包装、款式、特征、形态等。服务的载体可以是人、地方、活动组织和观念等。如果我们觉得烦闷，可以到夜总会去听一位演员的演出（人）；或到海南去度假（地方）；或参加一个"孤独者之心"俱乐部（组织）；或接受一种新的生活哲学（观念）。产品在市场上呈现的外观，是产品存在的形式，是购买者选购的依据。

第三层次是延伸产品。延伸产品是指购买者在取得产品或使用产品过程中所能获得的一切利益与服务的总和，主要包括运送、安装、调试、维修、产品保证、零配件供应、技术人员的培训等。延伸产品来源于对消费者需要的综合性和多层次性的深入认识，它可为顾客带来一定程度的"额外"满足，使顾客享受到更多的利益。

在产品开发时，一定要以产品整体化概念为指导，要从这三个层次上去满足消费者的多种需求。我国的一些企业在传统的经营思想影响下，忽视产品整体化概念，它们所生产的产品尽管质量很高，但由于在外观、包装以及服务上不能满足顾客的要求，导致销量一直上不去。

3. 产品开发的时空策略

从产品开发的时间来看，关键是要把握产品开发的时间差和产品成熟期的开发策略。产品开发的时间差基本表现为"超前开发"和"滞后开发"两种。

超前开发必须具有超前意识，超前开发可满足消费者的潜在需求，引领消费者的消费潮流。滞后开发是当竞争对手率先推出畅销的新产品后，企业研究别人的构思，利用自己的技术，开发性能更好、质量更高、价格更低的新产品。

超前开发和滞后开发，就是军事上常用的"先发制人"和"后发制人"策略，只要能够运用得当，两种策略都能取得很好的效果。

对于处在成熟期的产品，在开发时便不宜按原有原理、思维方式行事，而应以一种新的原理、新的技术，设计出一种全新产品代替原有产品。如成都杨百万的蚊帐做工考究、款式新颖、色彩鲜艳，曾风靡一时，称霸市场。人们购买蚊帐的目的是为了避蚊，后来有人按新思维、新的原理设计了电蚊香、电子驱蚊片等新产品，使蚊帐销路锐减，更使那些仍致力于开发新型蚊帐的厂商蒙受重大损失。

从产品开发的空间来看，不同的国家或同一国家的不同地区，由于经济发展水平不一致，使得某些产品的推广和应用在时间上存在差异。在一个地区已处于衰退期的产品，在另一个地区可能刚处于成长阶段，企业可利用产品寿命周期阶段在不同区域市场的差异来延长某些产品的寿命，取得尽可能大的收益。如电子表和石英表，在发达国家20世纪70年代后期已达到了成熟期，销售增长率开始大幅度下降，逐步向衰退期过渡，但这些产品在中国内地却方兴未艾，香港商人抓住这一时机在大陆建立了几百家钟表组装厂，使中国的电子表和石英钟市场迅速成长，销售量直线上升，为这家企业赚取了大量利润。

第四节 产品寿命周期策略

一 产品寿命周期理论

产品寿命周期是指某一产品从构思、试制、投放市场,直到最后被淘汰退出市场所经过的全过程。具体分为导入期、成长期、成熟期和衰退期四个阶段。

这里首先有必要区分一下两个不同的概念:产品经济寿命周期和产品使用寿命周期。产品的经济寿命即产品的市场寿命,产品的经济寿命周期是指产品在市场上存续的时间,其长短由产品的质量、特性、价格、消费者认可程度、科学技术发展水平以及产品更新换代的速度决定。而产品的使用寿命周期指产品本身的自然寿命,即产品物质形态的变化和产品实体的消耗磨损,其长短由产品的使用强度、维修保养以及自然力的作用等因素决定。有的产品使用寿命周期很短,但经济寿命周期却很长;有的产品经济寿命周期很短,但使用寿命周期却很长。我们在本节中研究的产品寿命周期指的是产品经济寿命周期。

产品寿命周期是对产品在市场上销售变化进行的一种抽象研究,主要指某一特定产品或某一名牌的产品的经济寿命。如果就产品种类而言,很多产品如大米、食盐等,其成熟期可以无限长,似乎可以在市场上长期存在,直到有新的物质代替它们为止。

产品的寿命周期是以销售额和企业所获得的利润额的变化来衡量的。产品寿命周期一般经历四个阶段:即由导入期(亦称引入期或投入期)开始,销售额缓慢爬升;进入成长期后,销售额迅速增长;在成熟期,销售额虽仍有增长,但速度极为缓慢;最后进入衰退期,销售额开始急剧下降。销售额与利润额的变化趋势大致相同,但是变化的时间却不相当,当销售额还在上升时,利润额已开始下降了,这是由于此时竞争加剧而压低了售价所造成的。企图严格确定产品寿命周期的各个划分点是不现实的,它只是表示产品寿命周期可以划分为这些有差异的阶段而已。产品寿命周期的四个阶段各有其特点。

1. 导入期的主要特点

①生产批量小，制造成本高。因为此时常常只有一个或少数几个企业生产这种新产品，企业对市场的反应还在进行测试，产品的设计还在变动中，产品的性能还不稳定，以求改进。同时，产品的生产方法也没有最后确定，还不具备大批量生产的条件，因而也提高了制造成本。②广告费用大。作为新产品，市场上人们对它还不了解、不熟悉，为了向市场推荐这种产品，宣传其优点，使顾客乐于购买，必须做出很大的推销努力。广告及其他费用的支出，常常在导入期达到最高点。③产品售价往往偏高。这时由于产量少，成本相对较高，同时生产上的技术问题可能尚未完全克服，况且广告费用高昂。还有一个最有利的条件是此刻竞争者极少或几乎没有，使得企业能够以高价销售自己的产品。④销售量极为有限，企业通常并不能获利。由于在导入期之前企业花费了大量的资金用于产品的开发上，再加上这一时期广告及其他推销费用很大，因此，这一时期企业基本上没什么盈利，大多数情况下是负利润。产品在导入期的亏损只能由其他产品的利润来补偿。

2. 成长期的主要特点

①销售额迅速上升。这是因为，一方面，产品经过导入期，在大量的广告宣传及其他推销方式的影响下，消费者已逐渐认识了该产品，进而产生购买欲望，形成了相当大的市场需求；另一方面，产品也由于设计和制造方面已经定型，产品的性能和质量也逐步稳定，具备了进行标准化大批量生产的条件。与此同时，竞争者见到这种产品有利可图而纷纷进入市场提供同类产品，竞争开始加剧。②生产成本大幅度下降。这一时期由于采用了标准化产品生产，使产品的生产规模迅速扩大，由此带来了生产成本的降低，并且由于是大批量生产，从而分摊到每件产品上的广告费用大为降低。③利润迅速增长。生产批量大，成本降低快，虽然售价下降，企业利润仍然迅速增长。

3. 成熟期的主要特点

①由于市场需求量已趋向饱和，产品的销售量虽还会有所增加，但增长的速度趋于缓慢，一般情况下，大多数产品成熟期所持续的时间比其他阶段都要长。②产品销售增长率减缓的结果，使企业的生产能力发生过剩，企业间为了争取顾客，竞争的焦点也由成长阶段的质量、功能方面的

竞争转向成熟阶段的价格和服务方面的竞争。由于成熟期的产品质量和功能均已达到完美的地步，各厂家在这些方面已没有明显的优势可言，因而转向降低产品售价和提高服务质量上来。由于价格下降、广告费用增加、分销渠道广泛、推销人员增多等原因，使产品的成本上升，利润下降。因此，在产品进入成熟期后，即使销售仍有增加，利润量已不能维持增长的势头。

4. 衰退期的主要特点

产品的需求量和销售量均迅速下降，利润量迅速下滑。这是由于经过成熟期的激烈竞争，价格压到极低的水平；更为重要的原因是这一时期市场上已出现了性能或规格品种改进的新产品，消费者的需求发生了转移，转而消费其他产品。由于继续生产该产品已无利可图，企业会陆续停止生产，把资金从该产品上抽回，投入到其他更有发展前景的新产品上，该产品的寿命周期也就陆续结束，以致最后完全退出市场。

确定产品究竟处于寿命周期的哪个阶段是相当困难的，因为产品销售量的变化，除了遵循其长期变动趋势外，还要受季节变动、环境变动和各种随机因素变动的影响。因此销售额时间序列的图形总是表现为一条起伏不定的折线，常常很难从直观上发现其变化的规律，仅仅根据短期的变化趋势会导致错误的判断。常用的判断产品寿命周期阶段的方法有两种：第一种为计算判断法，是以销售增长率为标准。所谓销售增长率是销售量与基准期销售量之比，为了在计算时消除长期变动趋势以外的种种变化因素的影响，通常取年销售增长率。根据国外的经验，增长率小于10%为导入期，超过10%则进入成长期，成熟期的销售增长率大致在0.1%到10%之间，衰退期则呈负增长，即增长率为负数。当然国情不同、行业不同，经验数据不一定相同。第二种方法称为经验对比法，此法是和较早投入市场的同类产品作对比，以判断产品处于寿命周期的哪个阶段，并根据已掌握的信息，预测各阶段的延续时间和增长速度。例如，国产彩色电视机投入市场后，可以参考黑白电视机的销售历史，以及国外彩电的产品生命周期的演变过程进行判断。由于决定销售增长率的因素很多，而且不同的产品，在不同国家或地区，在不同的时期，其变化规律也不可能是完全相同的，因此，实际上常把上述两种判断方法结合起来使用，以便进行必要的修正。

二 产品寿命周期各阶段的营销策略

产品寿命周期理论，概括地描述了产品销售历史的阶段性及其变化趋势，有助于企业管理人员制定相应的营销策略，以推进企业的业务。这也正是该理论对企业营销实务所发挥的积极指导作用。

1. 导入期的营销策略

当企业的某些新产品正式上市，其导入期就开始了。对进入导入期的产品，企业总的策略思想应该是迅速扩大销售量，提高盈利，以尽量缩短导入期，更快地进入成长期。缩短导入期的主要途径就是运用四个营销因素，即产品质量、价格、分销渠道和促销手段，加以适当地组合。由于每个营销因素做出有利于扩大销售的变化都将引起成本和费用的增长，从而导致收益的减少，因而企业可以把四个营销因素分别设置高、低两种水平，根据面临的市场具体情况加以适当组合，以尽可能避免发生不必要的费用。如果只考虑价格和促销两个因素，企业经营者就可以在如下四个可能的组合策略中加以选择。

（1）迅速撇取策略

指采取高价格的同时，配合大量的宣传推销活动，把新产品推入市场。其目的在于先声夺人，抢先占领市场，并希望在竞争还没有大量出现之前就能收回成本，获得利润。适合采用这种策略的市场环境为：必须有很大的市场潜在需求量；了解该商品的人急欲购买，并愿意按卖主的定价支付；企业面临潜在的竞争对手，想快速地建立良好的品牌形象。

（2）缓慢撇取策略

这是以高价格和低促销水平推出新产品的策略，其目的在于获取尽可能多的盈利，及早收回投资。因为售价高故收入大，而降低促销水平又使成本费用减少。这种策略较适用于以下情况：市场规模有限；大部分潜在的消费者已熟悉该商品，他们愿意出高价购买；商品的生产和经营必须有相当的难度和要求，竞争对手不易进入。

（3）迅速渗透策略

这种策略的方法是，在采用低价格的同时做出巨大的促销努力。其特点是可使商品迅速占领市场，有效地限制竞争对手的出现，达到最大的市场占有率。该策略的适应性很广泛，其合适的市场环境是：商品市场规模大，企业可望在大量销售产品的同时逐步降低成本；消费者对该产品不太了解，对价格又十分敏感；有强大的潜在竞争力量。

(4) 缓慢渗透策略

这种策略的方法是，在新产品进入市场时采取低价格，同时不作大的促销努力。低价格有利于市场迅速接受产品；低促销又能使企业减少费用开支，降低成本，以弥补低价格造成的低利润或亏损。采用这种策略的条件是：市场规模大；市场上该产品已有较高的知名度，同时对价格又十分敏感；存在潜在的竞争对手。

2. 成长期的营销策略

产品的成长期是指新产品试制试销取得成功后，转入成批生产和扩大市场销售的阶段。在产品进入成长期后，有越来越多的消费者开始接受并使用，企业的销售直线上升，利润增加。在此情况下，竞争对手也会纷至沓来，威胁企业的市场地位。因此，在成长期，企业营销的重点应放在保持并扩大自己的市场份额、加速销售额的上升方面。企业可采取的成长期策略有以下几种。

①积极筹措资金，集中人力、物力和财力，进行基本建设和技术改造，以便迅速增加或扩大生产批量。

②改进产品质量，增加花色品种，改进款式、包装以适应市场需要。

③开辟新的销售渠道，增加商业网点。

④进一步进行市场细分，积极地开拓新的市场，创造新的用户，以便于扩大销售。

⑤改变企业的促销重点。例如，在广告宣传上，从介绍转为树立产品形象，以进一步提高企业产品在社会上的信誉。

⑥根据竞争形势在适当时机降低价格以提高竞争能力，并吸收新的购买者。

上述策略均有利于提高销售增长率，同时也必然会增加成本费用而影响利润。但是，如果销售量的增长大于成本费用的增长，则利润率不但不会下降，反将上升，从而延长了产品的成长期。

3. 成熟期的营销策略

产品进入成熟期后其销售量已达到最高点，销售增长速度缓慢甚至徘徊不前，生产能力过剩，市场竞争加剧，利润率呈下降趋势。企业对进入成熟期的产品所应采取的基本策略,就是延长产品的寿命周期,使已处于停滞状态的销售增长率和已趋下降的利润率重新得到回升。可供选择的延长产品寿命周期的策略有三种,即市场改革策略、产品改革策略和市场营销组合改革策略。这三种策略的采用都能使已处于成熟期的产品,甚至有些已进入衰退期的产品进入新的成长期,从而达到延长产品寿命的目的。

(1) 市场改革策略

市场改革策略就是开发新的市场或新的市场面,为产品寻求新客户。市场改革的方式有两种。第一,开发新产品的新用途。这里所说的新用途,是通过改变产品的特性或功能而获得的。如美国杜邦化学公司在20世纪40年代开发的新产品尼龙,最初用于军事方面,如降落伞、绳索等,销售量很快趋于饱和。公司的研究部门发现尼龙还可以用作衣料,于是尼龙进入了纺织品市场,开始出现了第二个急速增长期。以后这种产品又扩展到轮胎、帘布、地毯等市场,每一次新用途的开发都使尼龙由成熟期转入新的成长期,生命延续至今不衰。第二,开辟新的市场。新市场是相对于原有市场而言的,如果产品原有市场在城镇,则农村就是新市场;如果原有市场在本省,则外省、外国就是新市场。国外工业发达国家的通常做法是把已经处于成熟期甚至衰退期的产品向发展中国家推进,或者直接转移到国外生产,以更低的成本进入当地市场,提高产品的销售量和利润率。

(2) 产品改革策略

处于成熟期的产品,还可通过对产品作某种改进以吸引新的使用者,或者为现有使用者开辟新用途,以使趋于停滞的销售量获得回升。产品改革策略包括质量改良、特性改良和形态改良三种方式。

4. 衰退期的营销策略

(1) 衰退产品的辨认

产品进入衰退期的主要特征,就是销售和利润直线下降,就大多数产品品种和产品品牌而言,这种现象是必然会发生的。但是每一种产品出现销售和利润的持续下降,又会有各不相同的原因。例如:消费者偏好的变化;对消费者更有吸引力的替代性新产品的出现;受外部经济、政治环境的影响;等等。由于原因不同,销售衰退出现的方式也会不同,可能是逐步的、缓慢的,也可能是迅速的。虽然衰退产品的出现各有具体原因,但是衰退产品的出现事先是可以预测的,也是可以预防的。国外许多企业为了预测产品的衰退期，往往建有衰退产品的检查制度或称为商情制度。该制度是企业建立由销售、制造、财务和市场研究部门的代表组成的产品检讨会，该会根据本企业各项产品的有关资料，应用各种核算方法，列出可能成为衰退产品的名单，并向主管该产品的经理提出详细说明。在听取产品经营的意见后，再次进行全面审核，并对企业的最高决策层提出处理衰退产品的建议：不予干涉；变更市场营销策略；或放弃该产品。

（2）淘汰衰退产品的策略

淘汰衰退产品的策略有三种。第一，立即放弃的策略。如果企业在预测的基础上早在该产品进入衰退期之前或不久就已准备了替代的新产品，或者该产品的资金可能迅速转移，或者该产品的市场售价、销售量急转直下连变动成本也不能补偿，或者该产品的继续存在危害其他有发展前途的产品等，企业则应采取立即放弃的策略。第二，逐步放弃的策略。如果企业立刻放弃将造成更大损失，则应采取逐步放弃策略。安排一个日程表，按计划逐步减产，使资金有秩序地回笼，替代性新产品逐步扩大产量。第三，自然淘汰的策略。企业不主动放弃该产品，而是继续留在市场上直至完全衰竭为止。产品进入衰退期后，总有一些生产单位较早退出市场，而继续留存的企业就可以接受这些退出者的原有顾客而获得利益。采取这种策略的企业必须具有很好的竞争能力，同时也将面临较大的风险。

第六章 价格战略

任何产品的营销都存在定价问题。随着我国价格体系和价格管理体制的深化改革,价格战略和决策成为企业营销的重要手段。因此,如何根据市场供求关系自觉运用价值规律,制定出正确的价格战略和科学的价格决策,是企业在市场经济条件下增强企业活力,提高企业经济效益和开拓国际市场的一个迫切需要解决的基础课题。

第一节 价格战略的目标和类型

企业价格战略是企业在一定时期内带有全局性的价格规划。由于影响制定价格战略的主、客观因素极其复杂,既受国家政治经济形势的影响,又受竞争环境、竞争程度、消费观念及购买动机等因素的制约。因此,为使价格战略既符合客观规律的要求又能适应市场供求变化,必须树立价格战略的基本理念。

一 价格战略实施的条件

影响企业价格战略实施的因素很多,既有主观因素,也有外部条件。企业只有综合考虑这些因素,才能制定出适当的价格战略。

1. **必须有一个良好的经济环境**

实践证明,保持市场物价的基本稳定是企业正确制定价格战略的前提。商品价格的高低受商品价值、供求关系、市场竞争、国家政策等多种因素的影响,而这些因素常处于变化中。价格战略的制定要求保证市场物价的基本稳定,保持国民经济平衡协调发展,保持财政收支、信贷收支、商品供求的平衡，保持积累和消费的合理，也就是说，宏观上必须有一个良好的经济环境。如果国民经济比例严重失调，导致通货膨胀，物价上升失去控制，那么企业价格战略实施便失去了最基本的条件。

2. 必须树立定价的整体观念

价格不是一个独立的因素，它同企业的营销以及其他因素有着极为密切的关系。因此，价格战略的制定必须树立整体观念，要纵观企业全局。一方面，价格战略要考虑企业营销方面、经营目标、产品决策、促销手段等因素的要求，使之与其协调；另一方面，又要以一定的价格水平对企业的上述决策进行核算、分析、比较和选择，使价格战略对企业的经营活动产生深刻的影响。

3. 企业必须拥有一定的定价权和建立一套及时灵敏反映市场价格变动的反馈系统

拥有一定的定价权，即在国家法令允许的范围内，根据市场变化和价值规律的要求，充分运用国家赋予的定价权限，制定好企业价格战略。为了使企业价格战略更加符合实际，企业必须建立一套能反映市场价格变化的反馈系统，随时修订企业价格战略，使企业价格战略趋于科学、合理。

二 价格战略目标

企业作为商品生产者和经营者，其目标是获取尽可能多的利润。但是，企业这一目标的实现却不能寄希望于一直将价格定在一个尽可能高的水平上，如果这样，企业追求利润的目标反而难以实现。企业在每个特定时期，都会有一个或几个即时的价格战略目标，企业可供选择的诸多目标就构成了价格战略的目标体系。

1. 以获得满意投资报酬为目标

企业以投资报酬为目标，就是要求价格的制定在成本的基础上加上一个按一定的资金利润率确定的利润。投资报酬目标是企业的一种注重长期利润的价格决策目标，它体现出企业追求的是长期稳定的收益，这种战略目标一般适用于资金雄厚的大型企业或者合资企业。

2. 以获得最佳经济效益为目标

追求长期利润的最大化，是所有企业的共同目标，这是与企业的整个营销目标相一致的。利润目标分为三种情况：近期利润目标，其核心是，企业力求在短期内获得尽可能多的利润；远期利润目标，这一目标建立在对企业发展和产品前途充满信心的基础上，以至于可以不惜在初期采取低利、无利甚至亏损经营；均衡利益目标，这一目标既不追求一时的高利，也不冒低利甚至亏损的风险，而是力求保持长期稳定的利益，这是一般企业经常采取的稳妥的定价指导思想。

3. 以适应或避免竞争为目标

主要是不做竞争的"带头人"所采取的一种战略。随着市场经济的发展，新产品不断涌现，产品竞争的焦点突出地反映在产品的质量和价格上。企业的定价策略受国家计划价格的限制。国有企业常通过浮动价格策略或价格外附加服务方式进行竞争；私营企业则往往以略低于计划价格的形式争取消费者。为了在竞争中起导向的作用，自由价格将是企业定价的主要形式。

4. 以保持价格稳定为目标

主要是企业在一个较长的时期内保持相对稳定的价格水平，努力使价格水平不发生大幅度的变化，既可以提高企业的信誉又可以形成一个良好的经济环境，避免或减少竞争损失。但并不是所有的企业都能采用稳定价格目标，因为小企业的价格对市场的影响力很小，只有一部分居于领导地位的企业才有能力采用。

5. 以保持或扩大市场占有率为目标

主要是通过价格手段来调整企业产品在市场上的销售额。在价格不变的情况下，企业的总利润与其市场占有率成正比；市场占有率的增加，不仅会使企业的近期收益增加，而且对于企业长期利润目标的实现也有意义，因此，许多企业不惜牺牲部分短期利润而扩大市场占有率。但对大企业来说，维持一定的市场份额似乎更重要，市场占有率超过一定的限度形成垄断，这样反而会招致国家的行政干预。

6. 树立企业形象目标

企业形象是企业通过长期市场营销活动而给予消费者的一种感觉，它是企业的一笔无形财富，存在于消费者的心目中，同产品的销路、企业市场占有率的高低和竞争能力的强弱关系极大。如有的企业专以生产或经销高档产品而著名，有的则以生产或经营物美价廉的产品而称世；不同的企业形象，要求企业运用不同的市场营销组合。因此，企业形象的树立，也对企业价格的制定提出了特定的要求，有的要求将产品价格定得高，有的则要求将产品价格定得很低。价格既是塑造企业形象的有力手段，反过来它的制定也必须符合企业形象的要求，要有利于企业在公众心目中树立良好的形象而不是破坏它。

对企业来说，上述任何一个定价目标都可能占主导地位，但任何企业的定价政策并不总是取决于单一的定价目标。因此，企业只有根据自身的状况，分析各方面的影响因素，才能制定出切实可行的价格战略目标。

三　价格战略类型

由于企业不同、产品不同，价格战略类型的选择也有所不同。一般情况下，有以下三种类型。

（一）以成本为中心的价格战略

价格是商品价值的货币表现。作为产品价值主要表现部分的成本在产品价格中占有较大的比重，它是制定产品价格的最低界限。从长远利益看，企业产品的定价应该高于或等于生产、经销该产品的成本，否则企业就无法生存。如何搞好以成本为中心的价格战略，使企业产品价格合理，就必须对产品的成本构成有一定的了解，产品的成本包括固定成本和变动成本两部分。

固定成本是指不随产量或销量变化而发生明显上升或下降的成本。如机器、厂房、折旧、照明、保险费、广告费、新产品研制费等，这些成本在短期内是相对固定的；当然，经过一定时期，固定成本也会发生变化，比如企业扩大或缩小生产规模。固定成本从总量上看虽然不随产量或销量的变化而变化，但从单位产品分摊的固定成本看，则正好相反。产量或销量大，单位产品分摊的固定成本就少；产量或销量少，单位产品分摊的固定成本就多。降低固定成本的途径主要是提高利用率，扩大产量或销量，降低单位产品分摊的固定成本，及时转移可以流动的闲置资产。

变动成本是指与产量或销量密切相关的一些费用额，如原材料、包装材料、运费开支、销售费用等。从总量上看，变动成本与产量或销量在一定范围内呈线性关系。变动成本是企业产品定价的最低经济界限。降低变动成本的主要途径是降低单位产品的物质消耗，节约原材料费用，合理组织劳动力，充分发挥劳动者的积极性、主动性和创造性。

在正常的情况下，固定成本在生产过程中保持不变，而总变动成本却随产销量的增长而增加，同时也会导致总成本随产销量的增长而增加。如果企业以变动成本作为定价的最低限，则由此价格所实现的销售收入必定要等于或超过变动成本，越超过盈亏分界点，企业获利就越大。运用变动成本加固定成本制定价格战略，使得价格战略更加灵活和富于竞争性。总之，从长期看，产品定价必须高于总成本；从短期看，产品价格至少要高于变动成本。

（二）以需求为中心的价格战略

以需求为中心的价格战略主要是依据需求的特征，根据市场上消费者所能接受的价格水平出发，依次推算出批发价、出厂价的一种价格战略，也可以叫做需求导向价格战略。其基本原则是以薄利多销使企业获得最佳经济效益。在一般情况下，价格同产销量成反比，价格上升，销量下降；价格下降，销量上升。因此，价格的升降在一定程度上反映了消费者对价格的态度和产品销售量的变化。需求导向价格战略就是利用价格变动对需求影响的辩证关系，通过定性和定量分析，找到既能满足消费者需求又能不断提高企业效益的最优价格战略。

（三）以竞争为中心的价格战略

竞争是影响企业定价的一个重要因素，以竞争为中心的价格战略又叫竞争导向价格战略，它是根据不同的竞争环境和竞争对手的销售价格而制定的价格战略。这种战略既不随成本的变化而变化，也不随需求量的变化而变动价格，而是随竞争对手价格的变化而变动的价格战略；利用竞争对价格的约束作用，战胜竞争对手。在制定竞争导向价格战略时，要考虑企业所处的竞争环境以及本产品所处的市场竞争结构类型，依据不同的竞争特点做出正确的价格战略选择。

除了上述企业常用的三种价格战略类型外，还有习惯性价格战略、量本分析价格战略等类型。同样的产品，同样的资料，依据不同的定价方法，侧重点不同，运用条件不同，定出的价格水平也不尽相同，使得价格包含的内容相差极大。因此，企业应根据定价目标、定价政策及定价策略的具体要求，对各种定价方法加以合理取舍。

第二节　价格战略的选择

一　高档商品价格战略选择

消费水平要与生产力发展水平相适应。随着经济的发展，人们的收入也有了较大幅度的增长，高收入必然带来高消费。为了满足高消费阶层的需要，对于高档商品在按质论价、优质优价的基础上可区别不同情况采取高价战略，即产品的价格高于产品价值的战略，通常有以下几种情况。

1. 对供不应求商品的高价战略

商品的需求量是价格的函数，当商品供不应求时，采取合理的高价战略，一方面可以在一定程度上起到限制消费的作用，从而有利于促进供求平衡；另一方面还可以刺激该产品的生产加快速度，增加有效供给，最终缓解供求矛盾，使该产品的价格下降。从整体和长远利益来看，无论对生产者，还是对消费者都有好处。但值得注意的是，采取高价战略时必须考虑价值规律的需求和消费者的承受能力。

2. **垄断性商品的高价战略**

有些商品具有较强的垄断性，具有其他商品难以替代的优势，也可采取高价战略。但要分清商品的用途和性质，做到内外有别，区别对待，同时也要考虑市场的供求状况。如我国生产的"851"营养液和"101"毛发再生精就属于垄断性商品的典型事例。

3. **名优产品高价战略**

对一些名优产品，由于其选料精良、工艺独特、做工精细等原因，在国际、国内市场享有盛誉，也可采取高价战略。但必须考虑供需状况和价值规律的要求，如果产品价格与其价值严重背离，则会影响企业的长远利益。我国名烟、名酒因定价过高，导致价格一降再降的教训应当记取。

二　中档商品价格战略选择

中档商品种类繁多，同人民群众生活密切相关，对整个市场的稳定影响极大。从我国的国情和稳定市场、稳定物价的长远利益出发，中档商品应采取平价战略。

对于中档商品，正常情况下，其价格应当根据国家的价格政策以及价值规律的要求来制定。一般应考虑社会生产成本、正常利润和税金等因素，使价格战略符合实际情况，既有利于促进生产的发展，又有利于企业的经营；既有利于市场物价的稳定，又有利于安定人民的生活。

三 低档商品价格战略选择

低档商品一般是指价格低、价值小的商品，但多是人民群众的日常生活必需品。此类商品一般可采取以下战略。

1. 薄利多销战略

低档商品具有低值易耗的特点，从生产来说制造简单，从消费来说用量很大。此类商品定价过高不利于消费，定价过低不利于生产，从全局和长远来看，采取薄利多销是生产和消费双方都受益的战略，即以多销取胜，从多销中获取效益。

2. 低价竞争战略

低档小商品种类繁多，生产厂家也多，但销量也大，有着广阔的前景。为了保护和扩大企业的市场占有率，可以通过提高劳动生产率、节约原材料、技术革新等途径，降低生产成本，以成本低于竞争对手的优势，通过比较低的价格扩大市场占有率。采取这种战略时要考虑市场状况、竞争对手的情况以及本企业的实力。

第三节 产品定价策略

从企业市场战略的角度看，价格是一个十分重要的营销要素和竞争手段，价格决策是一项关键性决策。企业必须依据产品和市场的具体情况，在法律许可的条件下，制定出自己的定价目标，并在目标的指引下，确定适当的定价策略和定价方法。定价策略包括两方面的内容：一是指制定价格时应遵循的方针、政策，如定出高价还是低价；二是对制定出的价格怎样进行管理，例如，为了促进销售或对付竞争，在什么情况下价格可以有所变动以及如何变动等。

一　薄利多销与厚利少销策略

1. 薄利多销策略

（1）薄利多销的含义

价格作为重要的竞争手段，主要指的就是薄利多销策略，即以较低的价格争夺顾客和扩大销路。薄利多销之所以能够成为一种有力的竞争手段，是因为从买主方面看，大多数人都喜爱买价格较低的商品；从卖方看，价格较低就意味着每件商品带来的利润较少，但是由于薄利能扩大销量，所以总利润反而会增加。因为薄利多销对买卖双方都有利，所以被看成是产品定价的一大策略。

（2）薄利多销策略适用于弹性大的商品

薄利多销的一个前提条件是薄利能够多销，即需求对价格变化的反应相当灵敏，价格较低能够刺激需求和扩大销量，从而带来总利润的增加。而有些商品的消费是有限的，或者买主是有限的，价格较低也不会增加销量或扩大销路，对这种商品则不宜采用薄利多销策略。

在市场疲软的情况下，薄利多销策略应得到更大的重视，但应把薄利多销与盲目降价处理区别开来。薄利多销重视成本计算，力求提高效益，伴随着该策略的是成本策略，即在生产和经营的各个环节都力求把成本降到最低限度。盲目降价处理只是一种尽快处理积压商品的权宜之策，结果是多产多销不增收。

2. 厚利少销策略

（1）厚利少销策略的含义

厚利少销策略即对有些商品可以有意识地制定出高价的策略，从企业角度看，运用这种策略的主要意图是通过高价获取厚利，而不是为了少销，少销只是伴随策略的执行而出现的必然后果。

（2）厚利少销策略的适用条件

第一，厚利少销适用于需求弹性不足的商品，即适用于需求对价格变化反应不灵敏的商品。

第二，厚利少销适用于资源有限的商品。文物古玩是典型的资源有限商品。

第三，厚利少销适用于声望商品。字画、首饰和工艺品属于声望商品。

二　与产品生命周期有关的定价策略

从第五章的学习中我们了解到,产品的生命周期分为导入期、成长期、成熟期、衰退期四个阶段,下面就不同阶段的定价进行分析。

1. 导入期定价策略

产品刚刚投放市场,顾客尚不熟悉,因此销量低,没有竞争者,或者竞争者很少。在定价方面,根据不同的情况可采用高价进入市场的策略或低价进入市场的策略。

(1) 撇脂定价策略

撇脂定价策略是一种高价进入市场的策略。将新产品的价格定得较高,使企业在新产品投放市场的初期,就能迅速获得厚利,在短期内把利润扩至最大,以尽快收回投资,这就像从汤中撇取顶层的油脂一样,故称撇脂战略。这种策略主要适用于下述情况:一是需求旺盛,高价也能销得出去;二是生产能力有限,预料到在一定时期内竞争者难以进入市场。它能迎合消费者求新、求奇及显耀心理的需求。撇脂策略往往导致价格的阶梯式下降,伴随着生产能力的扩大,一边降价,一边转而面向新的市场部分。

如果企业对市场需求情况摸不清楚,也可使用撇脂策略探索需求,以高价开始,如遭消费者拒绝就降低价格。这比以低价开始由于脱销再提价做起来要容易得多,给人的印象也比较好。

(2) 渗透定价策略

这种策略与撇脂定价策略相反,是一种低价进入市场的策略,旨在以低价销给整个市场,这也是一种薄利多销的策略。其明显的优点是:能尽快打开市场、占领市场,从而能尽快扩大产量和企业规模。价低利薄挫消竞争者进入的积极性,有阻止竞争者进入市场的作用。渗透策略适用于以下情况:一是产品需求有较大的弹性,价低能够相应扩大销量,或者说存在着一个较大的潜在市场,能从多销中获得利润;二是扩大销量和生产规模能够获得规模效益,从而降低成本,增加利润。采取渗透定价策略要求企业有雄厚的实力,有较高的市场占有率和竞争优势,具有较大的风险性。

2. 成长期定价策略

产品获得成功，销量迅速增长；产品的成功引来竞争，竞争者开始进入市场；目标市场由少数求新者变成人数较多的早期购买者。随着销售量的迅速增长，利润迅速上升。本阶段的市场总战略是扩大市场，价格一般要定得高，以便利用需求迅速增加的好形势。

3. 成熟期定价策略

成熟期的市场呈饱和状态，销量已达顶点并开始呈下降趋势；竞争者很多，竞争激烈；目标市场由早期购买者转向大众。本阶段的市场总策略是保护品牌地位和稳定市场份额。在价格上视情况而定：如果可以成功地使产品具有明显特色，从而拥有固定的消费者，仍可维持高价；如果产品无特色，则可采用降价方法进行竞争，但要避免引起价格战。

4. 衰退期定价策略

在衰退期，销售量和收益均会下降，弱小竞争者纷纷离开市场，目标市场由大众转向少数落伍者；由于销售量下降和使用降价手段进行竞争，利润日益缩减。本阶段的市场总策略，除了少数名牌产品可以坚持到底之外，一般说应该及时撤出市场，在价格上通常采取如下策略。

（1）维持战略

对于因市场竞争激烈，供求处于饱和状态的产品，为了避免企业损失过大，可区别情况在提高产品质量、增加功能的基础上维持原定价格；减少对原有产品的生产经营；也可以选择时机，降价销售，使企业从困境中走出来。

（2）驱除战略

对于已进入衰退期或出现残次产品，为了避免给企业造成更大的损失，可采取降低产品价格的战略，达到迅速撤退的目的。

三 需求弹性定价策略

需求弹性是指市场商品价格的变动对商品需求数量的影响程度，也可以反映商品需求量的变动对商品价格的影响程度，二者之间的关系可以用弹性系数来表示，其公式为：

$$Ed = \frac{\Delta Q}{Q} \div \frac{\Delta P}{P} = \frac{\Delta Q}{\Delta P} \times \frac{P}{Q}$$

公式中：Ed 表示商品需求价格弹性系数；Q 为需求量；P 为商品价格；ΔQ 为需求变化量；ΔP 为价格变化量。

市场供求的一般规律是：商品价格下降，商品需求量会上升；商品价格上升，商品需求量会下降。由于商品价格变动而引起商品需求量有明显或大幅度变化时，我们称之为需求弹性系数大；当价格变动而需求量无明显变化时，我们称之为需求弹性系数小；当价格变动而需求量没有变化时，我们称之为没有需求弹性。有关资料统计显示，不同商品有不同的价格弹性系数，一般有以下几种情况。①用途宽广的商品弹性系数较大，而用途窄小的商品弹性系数就小；②生活必需品的弹性系数小，而非生活必需品的弹性系数较大；③可相互代替的商品的供求同价格变动互有影响，如牛肉价格上涨，羊肉价格不变则会导致牛肉销量下降，羊肉销售量上升；④社会消费者收入总水平的变化，也会对商品需求的价格弹性产生影响。

企业在制定价格策略时，应根据商品需求弹性的大小，采取不同的定价策略。如对需求弹性大的商品，因价格变动会引起销量的较大变化，在正常情况下提价不如降价有利。假设某商品原零售价为5元，年销售额为100万元，如果提价为6元则销售量下降30%，年销售额只有84万元；如果降价为4元，则销售量上升50%，年销售额可达120万元。对需求弹性小的商品，因价格变动对销售量影响较小，降价不如提价有利。假设某种生活必需品，原价同样为5元，如果提价20%，销量减少5%，年销售额可达114万元；如果降价20%，销量增加5%，年销售额反而减少16万元。

总之，企业在制定价格策略时，必须考虑价格变动对某种商品的弹性大小，对企业的经济效益和社会效益会产生什么影响。同时，要认真分析市场供需状况、竞争环境及竞争对手的情况，这样才能运用好需求弹性定价策略。

四 折扣价格策略

折扣价格策略是指企业向消费者或买方出售商品时，通过让利给消费者或买方，以此来稳定老客户、吸引新客户，加快企业资金周转，搞活企业经营的定价策略。通常企业所采用的折扣策略有以下几种。

1. 数量折扣策略

数量折扣策略，也可称之为批量折扣策略。一般是折扣幅度随购买数量的增大而增大。实行这种策略的主要目的是扩大销售，另外也可以获得运输和销售等费用的节省。数量折扣可以以购买金额为基础，也可以以购买数量为基础。实行这种策略时通常是给予顾客价格折扣，但有时也可以采用免费给予一定量商品的形式，即顾客的购买达到某一规定的量，就能免费获得一件或几件商品。

2. 功能折扣策略

功能折扣策略，也可称之为交易折扣策略。是生产者根据买方在流通领域的不同功能而给予不同折扣的策略。例如，一个生产者既向批发企业出售商品，也向零售企业出售商品，那么它就可以首先为其商品定出一个参考性的零售价格，然后给予批发企业30%的零售折扣价，而零售企业只能获20%的零售折扣价。

提供功能折扣是合理的，如果批零企业获得同样的价格折扣，就会导致批发企业及其零售顾客无利可图，那么批发的渠道将被阻塞，对于需要通过两种渠道来销售商品的生产者而言，这样做无异于自己打倒自己。

3. 现金折扣策略

现金折扣策略，也可称之为付款折扣。现金折扣是商业信用比较发达的西方国家流行的一种折扣策略，它是在允许买主延期付款的情况下，因买主迅速支付所欠货款而给予的一种价格折扣，意在督促买者尽快付清货款。例如，一个生产者将一种商品开价为100元，可延期付款30天，如果买主在10天内付款，就可得2%的折扣，如果在此期间没有付款，那么就损失2%的现金折扣，在其后的20天内付款，就要按发票上的开价支付。这种销售条件可写成2/10net/30，这就是说，这笔账在开发票后10天内支付有2%的折扣，净价是30天到期，过了这个期限就可能要支付利息。

4. 季节折扣策略

季节折扣策略是指企业对季节性商品在淡旺季给予买方或消费者一定的价格折扣的策略。折扣率的大小，一般取决于商品的价值和存储时间的长短。这种折扣实际上是一种季节性差价，鼓励消费者或买方旺季多进多销，储备资源，常年销售。目的是减少生产企业的资金占压和仓储费用。

5. 促销折扣或补贴策略

促销折扣或补贴策略，是指生产者给予中间商一定的促销或广告的价格折扣策略，这种折扣目的在于鼓励中间商对其产品进行积极推销；可以给予零售企业，也可以给予批发企业，但以前者为多。

有些生产者觉得，如果和著名的零售企业联合做广告可能效果更好，因此就和各地著名的零售企业达成合作的协议，并为联合广告支付费用。有些生产者为使其产品能在商店的橱窗和店堂内得到醒目的陈列，也向零售企业提供补贴。

促销补贴是为某种服务支付的费用，因此，促销补贴不必与客户的进货量有任何联系。一个零售企业可能大批进货而得不到促销补贴；而另一个零售企业，虽然进货量小，但因为所在地区是生产者希望做广告的地区，反而会得到一笔数目可观的补贴。

五 差别定价策略

差别定价策略是指企业根据不同地区、时间、对象、用途等情况，给予消费者或买方以不同定价，有以下几种情况可供选择。

1. 地区价格策略

不同地区由于运输费用不同，会造成较大的差价，为鼓励边远地区或新开发地区的买方进货，给予一定的价格照顾，以达到开拓市场、增强竞争能力的目的。

2. 季节价格策略

对于季节性强的商品，企业可以逐步改变消费者的消费心态，调节市场供求，减轻企业库存压力。

3. 用途价格策略

对于具有多种用途的商品，根据其用途不同，采取不同的定价。如抽水泵，为鼓励农村用户购买，以低于工业或城市单位的购货价格给予优惠。

4. 因人而异的价格策略

对于同一商品的不同购买对象，采用不同的价格，其目的主要是吸引新客户，巩固老客户，达到扩大销售，提高企业效益的目的。

六 心理定价策略

企业在制定或调整商品价格水平时，根据消费者心理因素和心理特点，采取使消费者乐于接受的价格，以达到满足消费、提高效益的目的，这就是心理定价策略。针对人们的心理特点，可采用以下心理价格策略定价。

1. 用小计价单位标价策略

计价单位的大小会导致消费者不同的心理反应。一般而言，购买者往往认为小计价单位更便宜，容易成交。例如，茶叶标价每 50 克 6.00 元与每公斤 120 元是一码事，只是标价的形式有些变化而已，然而其效果却不同，购买者更容易接受的是前者而不是后者，因此，有些商品采用小计价单位标价销售更为有利。所以像味精、散装化妆品等一般用"克"而不用"公斤"标价也是这个道理。

2. 零头价格策略

又称尾数定价策略。即将价格定在一个接近于整数的零数上的策略。例如，将价值 1000 元的商品，定价为 999.9 元；将价值 5 元的商品定价为 4.95 元等。对日用消费品采用尾数定价策略，会使消费者产生定价准确的心理感觉，对刺激购买有一定的作用。

3. 整数价格策略

整数价格与尾数定价正好相反，它是指商品标价的尾数不含零头；适宜这种定价方法的是优质、名牌商品或高档耐用品等。其心理依据是，人们往往以价格作为商品质量的象征，高档商品的定价过于零碎，容易造成质量不好的印象。

4. 习惯价格策略

市场上许多日用商品为消费者所熟悉，长期按一个固定价格出售，形成了人们认为的理所当然的价格，这就是习惯价格。其他企业如果制造出售同样产品，就按习惯价格定价，否则很难打开销路。一般情况下，即使产品成本上升，也不愿意贸然破坏这种习惯，而宁愿采取更隐蔽的方式让消费者建立新的习惯价格。假如要调价必须慎重，可采用变通的方法妥善处理。比如提高商品的质量以变价，改换型号以变价，改换包装以变价，但即使如此，也要尽量考虑顾客对该商品原来价格的心理印象。

5. 声望价格策略

某些企业以信誉好、产品质量高、服务周到而在消费者心目中享有较高威望，其出售的商品又属名牌或高档商品，根据消费者心理上的信任感，可采取高于同类产品的价格。一方面满足一部分消费者凭信任感来企业购买商品；另一方面满足一部分消费者以拥有名牌产品或高档商品而显示地位的心理。但运用此种策略必须慎重，不是一般商品都可采用的。

6. 其他方法

对商品进行定价还要考虑其他一些对消费者心理有影响的因素。例如，欧美的消费者认为"13"是个不吉利的数字，香港地区、台湾地区、新加坡的消费者认为"4"同"死"相谐音，这些数字都应在定价时尽量避免。而有些谐音在定价时却可利用。例如，香港及内地的消费者喜欢带"8"的数字及价格，因为"8"与"发"（表示发财）相谐音，带"8"的电话号码及手机号就特别俏销，商品价格的末尾数也多为"8"，如 1688 元，与"一路发"相谐音，1498 元，与"一世够发"相谐音，这些数字备受消费者欢迎。

七　特别廉价商品价格策略

生产或销售若干种商品的生产者和经营者，在给个别商品定价时，常常考虑这一价格对总利润的影响，倾向于追求如何才能获得最大限度总利润，而不是把个别产品的利润扩至最大。零售商店发现，通过给某几种商品定很低的价格可以吸引顾客进店，与此同时，可以扩大其他正常定价商品的销售，从而增加商店的总利润，这种策略叫特别廉价商品价格策略。特价品的价格可比正常价低 20%～25%，接近商品的进货成本。在有些大的百货商店中，特价品不止是一种，而可能是一个商品部的所有商品。如有的大百货商店设有食品部，整个食品部可以亏损经营，以便为全商店吸引顾客，招揽生意。

这种定价策略的目的是吸引顾客进店，而不是扩大特价品的销售，作为特价品的商品应该具备两个条件：一是有吸引力，二是不能进行大量购买和大量储存。

特价品不必一成不变，不断变化的特价品的策略称为"可变特别廉价商品策略"，新选的特价品不仅有别于本企业曾用过的特价品，也应该有别于竞争者使用的特价品，以便保持新鲜感和引起顾客的注意。

在现实生活中，可供企业采用的价格策略还有很多。例如：地域定价策略、价格灵活性策略、产品线定价策略、再售价格维持策略等。各种策略侧重于解决不同的问题，在选择价格策略时，应视市场状况、竞争状况、产品特征、消费者状况及企业自身状况而定。

第四节　产品价格调整策略

产品价格制定以后,由于市场环境的变化,经常需要进行调整。企业调整产品的价格,主要有两种情况:一种是由于客观条件发生变化,企业感到需要调高或调低自己产品的价格,这是主动调整;另一种情况是由于竞争者调整价格,自己不得不跟着调整,这是被动调整。两种调整各应采取不同的策略。

一　主动调整价格

企业对价格主动进行调整,采取的策略有两种:一是调低价格,二是调高价格。

1. 调低价格

这是指企业在市场经营过程中,为了适应市场环境和企业内部条件的变化,把原有产品的价格调低。调低价格基于三方面的原因:一是该产品供过于求,产品大量积压,占用大量仓库和流动资金,从而影响生产的正常进行,为了摆脱困境,在采用其他营销策略无效的情况下,则采用降价策略;二是因为在激烈的竞争中企业的市场占有率逐渐降低,为了夺回失去的市场,企业采取降价策略;三是由于企业的成本、费用比竞争者低,想通过降价来控制市场或希望通过降价提高市场占有率,从而扩大生产和销售量。企业主动调低价格的优点是容易摆脱困境,提高市场占有率,但也存在缺点,如调低价格会打破企业原有市场营销策略的协调,要花大气力去调整整个市场营销策略,同时可能导致同行业内竞争力加剧,有时降价不当反而会适得其反,给企业造成损失。

2. 调高价格

这是指企业在市场营销活动中,为了适应市场环境和企业内部条件的变化,把原有产品的价格提高。调高价格的原因主要有三方面:一是由于原材料涨价等原因使成本、费用不断增加,这是近年来我国商品提价的主要原因;二是因为产品供不应求,企业的生产不能满足市场需要,提高价格有利于实现供求平衡;三是因为通货膨胀的因素,企业为了应付通货膨胀,有时不得不提高产品价格。企业调高产品价格有明调和暗调两种形式。明调就是其他条件不变，把销售价格提高；暗调则是看起来商品标价不变，但实际上价格已经提高。常用的方法有减少使用让价与折扣；减少销售服务或对原来提供的服务计价；降低产品质量和减少特色等。调高价格的策略若选用得当，对于增加企业利润有明显的效果，但也容易引起消费者和经销商的反感，这样反而使利润额降低。因此，调高价格必须做到两点：一要限制提价幅度，不能提得太高，即不能超过消费者愿意承受的范围；二要及时向消费者说明提价原因，对于大宗购买的消费者还要帮助解决提价带来的各种问题。

二 被动调整价格

在竞争对手率先调价的情况下，企业在通常情况下，除了跟随竞争者变动价格，别无选择余地，这就是对价格进行被动调整。

在同质产品市场上，如果竞争者降价，企业也要随之降价，否则，消费者就会购买竞争者的产品而不购买本企业的产品。如果竞争者提价，其他企业也可能会随之提价，但是，如果某些企业认为提价没有好处，不随之提价，那么，最先发动提价的企业也将不得不退到原来的价格水平。在异质产品市场上，企业对竞争者价格改变的反应，则有较大伸缩余地，因为购买者采购时所考虑的不仅是价格，还要考虑产品质量、服务等因素。在这种情况下，企业可做如下选择：①根本不理睬，任凭消费者根据对本企业产品的忠诚度决定去留；②修正营销组合中的其他因素加以对抗；③采取完全的或部分的价格变动来应付。

为了保证企业对竞争者调价时做出正确的反应，必须对竞争者和本企业的情况进行深入的研究和分析比较。研究竞争者的情况，包括竞争者为什么要变动价格，是为了扩大市场占有率还是因成本太高？或是为了整个行业的共同利益带头涨价？变动价格是临时性的，还是长期性的？本企业对竞争者的调价做出反应后，竞争者和其他企业又会采取何种措施等。对本企业情况的研究包括本企业的经济实力，产品的市场生命周期以及消费者对这类产品价格的敏感程度；本企业如追随调价后，会对企业营销产生什么影响等。

第七章 产品质量战略

产品质量战略是现代企业战略中的一个重要组成部分。产品质量是企业提高竞争能力的重要支柱，在竞争十分激烈的市场中，谁的质量过硬，谁就能占领市场，就能长盛不衰。现代企业应以质量开拓市场、占领市场，以优质取胜。

作为现代企业家、经营者，不仅要牢固树立"质量第一"的观念，还应以战略的眼光不断地探索、研究本企业适合我国企业环境的产品质量战略模式。

第一节 产品质量的战略模式

所谓产品质量，就是产品适合社会和人们需要所具备的特性。工业产品质量特性，一般包括产品功能、性能、寿命、经济性、安全性、可靠性，还可延伸到外观和包装等。产品质量战略应围绕产品主要性能逐一展开。

一 产品功能战略

人们购买一件东西，总要先考虑一下买这种产品是派什么用场的。为此，任何一种产品都必须具有满足购买者需要的效用，这种效用就是由产品的功能来实现的，所谓功能，简单地说，就是指产品的作用或用途。例如，顾客购买电风扇是为了获得扇风这种效用，因此，任何电风扇都必须绝对保证这种效用的正常发挥。倘若一架电风扇外观十分精致美观，但不能扇风或扇了十几分钟电动机就出现问题，那顾客是不会购买的。另外，顾客为了购买扇风的功能，可以选用各种类型的电风扇，例如：台式的、落地的、吊扇；微型的、中型的、较大型的；不能计时控制的、能计时控制的、附带发光装置甚至音乐装置的；等等。企业生产者从扇风这一特殊效用出发，并兼顾这种效用在使用上的方便及其他附带功能，就会开发出各种各样的电风扇。可见，企业和生产者通过产品提供给用户所需要的功能，而用户则是通过购买产品来获得所需要的功能，因此，功能是产品的核心。

1. 产品多功能战略

从一定角度来划分，有单一功能产品和多功能产品。以手表为例，多功能手表除能报时外，还可以显示星期、日期、报时、断续测时、累计计时等。随着科学技术的日益发展，生产工艺的革新和社会需求的增长，多功能产品的生产不仅可能而且必要。

多功能产品有着很多的优点，从用户角度来分析，多功能产品：①可给用户带来方便；②可以减少占用空间；③可以提高产品性能；④可以相对节约开支。从生产企业角度来分析，其优点也是明显的。①企业开发多功能产品，符合市场的需求趋势，因而可提高产品的竞争能力。随着现代社会技术密集型工业的发展和人们消费习惯的改变，多功能产品越来越受到广大用户的欢迎。②企业生产多功能产品，无异于实现内涵扩大再生产。因为一件产品具有几种功能，就类似多生产几种产品，其生产规模和投资并不一定成倍数增加，所以也就相当于提高了固定资产的利用率。③生产多功能的产品，可以相对节约能源、原材料，减少资金投入，使单位产品成本相对降低，从而提高企业的经济效益。

由于多功能产品有以上诸多优点，因此企业应把开发和生产多功能产品作为长远的产品发展方向，从战略的高度来考虑这一问题。

企业在制定多功能战略时要着重考虑以下几个因素。①某一产品所增加的功能是否符合市场和用户的实际需要，是否是本产品的具体发展方向；②增加的产品功能在技术上可行性如何；③增加产品功能能否相对节约资源、降低成本；④增加产品功能后对价格的影响，如增加产品功能导致价格上升，要考虑用户能否接受，以及能否给企业带来长期的经济效益。

企业在采取多功能战略时，要综合考虑上述各因素，权衡利弊，慎重决策。

2. 增加单项功能战略和功能组合战略

任何产品按其功能的重要程度划分，具有基本功能和辅助功能；按功能特点划分，大多数产品都具有使用功能和美学功能。因此企业应详细剖析现有的产品，决定采取相应的战略。

①单项功能战略。即针对产品某一项功能采取战略性措施，以求改善局部功能，从而提高产品质量。例如，暖水瓶其基本功能是保持热水温度，但用户的要求并不止于此，还要求安全、使用方便和美观。生产厂家就可以根据用户的要求，细致地分析现有产品，针对某些功能加以改进。

②功能组合战略。即对本企业产品所具有的各项功能进行综合性功能分析，按照功能的要求，采取多项（或全部）改进功能措施的战略。这是比单项功能更为复杂的综合性战略，因此必须对产品功能系统全面分析，确定重点，兼顾其他，务求产品各项功能的全面改善和整体效果。

无论采用哪种功能战略，都必须从用户需求出发，找出本企业产品存在的缺陷，确定战略重点，系统加以改进。但要十分注意既要弥补功能不足，又要防止功能过剩。

二 产品性能战略

产品性能是产品各项质量特性中最基本的和首要的特性。所谓产品性能是指产品满足使用目的所具备的技术特性。产品技术特性优劣是产品质量优劣的决定性因素，因此，它是制定产品质量战略中重要的内容之一。

产品性能与现代科技发展有着密切的关系。一般来说，现代科技发展和新技术的开发，推动着产品性能的提高；反过来它又对产品性能提出了更高的要求。但具体到某一企业或某一种产品则要根据企业或产品的具体情况分别采取不同的战略。

1. 高性能战略

这是采用高技术从根本上提高产品性能，赶上、超过或接近当代世界先进水平，从而大大提高产品质量的战略。这种战略大多用于技术密集型产品，往往是我国技术水平的标志。例如，航空工业、航天工业、电子工业等。在飞机制造业，采用先进的电子技术、新材料、新工艺、新能源，大大提高了飞机的续航能力、飞行半径、飞行高度、适应气候变化能力等。

2. 适用性能战略

即采用适用技术对现有产品进行改造，使产品质量特性得到改善，以适应我国（或某一地区）在一定时期内的质量需求。

所谓适用技术，是指一个国家、地区或企业为了达到一定的目的，在可能采用的多种技术中，选择最符合本国、本地区、本企业实际情况，经济效益和社会效益最好的一种技术。采用适用技术提高产品适用性能的战略，最适合我国国情，对于大多数企业和产品来说是一项长期的改善产品质量特性的战略。采用任何一项技术都要受到人力、财力、物力以及自然条件、经济条件、社会条件、技术基础的限制，因而，在尚不具备采用先进技术的条件下，采用适用技术能够更有效地改进产品性能，使之发挥更好的经济效益和社会效益。例如，我国纺织工业的技术装备在20世纪80年代初曾经是比较落后的，后来我们引进了全自动的纺织机械，结果由于投资大、耗电多、减少劳动占用，虽然提高了纺织品的质量和劳动生产率，但对于我国资金短缺、能源紧张、劳动力丰富的状况，就很不适合。上海中国纺织机械厂、天津纺织机械厂等一些企业，采用了适用技术提高纺织机械产品的适用性能的长期战略方针，推出一批耗电省、操作方便、降低劳动强度、精度较高的产品，很适合当时我国纺织企业的需要。有的纱机和布机装上电子"单板机"，能够自动监控纺织品质量与数量，成本低、效益好，既保证了纺织产品的质量，又减少停台时间，是一举多得的好做法。

3. 产品可靠性战略

产品可靠性是指在规定的时间内，规定的条件下，完成规定功能的能力。从一定意义来讲，产品性能的完全实现必须由可靠性来保证，它是产品性能的延伸和实现条件。产品质量的优劣不仅要看它的技术特性，还要看它的可靠性如何。因此，企业在制定产品性能战略时必须包括可靠性的内容，具体来说，主要包括以下几项内容。

第一，提高产品在规定的时间和规定的条件下完成规定功能的概率。这对于一些高科技产品和工作母机尤为重要，如发动机、现代通讯设备等，往往因不能完成其规定的功能，造成巨大的损失。

第二，降低故障（失效）率和平均修复时间。如日本的小掇制作所生产的推土机，其故障率、无故障工作时间和修复时间曾高于美国生产的同类优质产品，该所瞄准美国产品，制定低于美国产品故障率的战略目标，在本企业推行"A作战"方针，对购得的美国样机进行详细的拆解、剖析，逐一进行研究改进，同时实行了全面质量管理。经过几年的努力，平均无故障工作时间由 800~1000 小时提高到 2000 小时以上，终于达到既定目标，使该所在强大的竞争对手面前立于不败之地。

除以上战略措施外，各企业还可根据不同产品的具体质量要求，在维修度、有效度等方面采取相应的策略，以保证产品可靠性的提高。

三　产品使用寿命战略

产品使用寿命长短是产品质量好坏的重要标志之一。同样一件产品，在其他条件大致不变的情况下，如能延长使用寿命也就相当于增加了产品产量。这对消费者来讲也就延长了使用时间，减少了购买次数，是企业产品竞争力的重要表现。因此，企业在制定质量战略时，要把延长产品使用寿命作为战略目标之一，尤其是对一些生产重要生产资料（如机械产品、交通运输工具等）以及耐用消费品的企业来说，更具有十分重要的意义。

延长产品使用寿命，一般可从不同的方面，针对不同产品的特点，采取不同的战略措施。

第一，改进产品设计和整体结构以延长产品使用寿命的战略。产品设计与整体结构是否合理从根本上影响着产品的性能和寿命。例如，老式皮带传动车床，由于传动性能差、易损坏，经改进为齿轮传动装置，不仅提高了切削能力，而且延长了机床的使用寿命。

第二，改善零部件质量以延长产品使用寿命的战略。某些产品常因其中一种零部件，特别是关键部件质量差、寿命短，从而影响整个产品的使用寿命。例如，一台彩色电视机，常常因为晶体管质量不过关而缩短了整机的使用寿命。

第三，使用优质材料，改进加工工艺，以延长产品使用寿命战略。产品制造所使用的原材料质量状况和工艺是否先进，是决定产品使用寿命的基础。杭州橡胶厂生产的朝阳牌自行车胎畅销的秘密，就是一个鲜明的例证。该厂原生产的车胎只是合格品水平，其耐磨程度与其他牌号产品基本相同，因而销路平平。后来，这个厂进行了多项技术改造，采用了新技术和新工艺，使轮胎平均使用寿命提高了 15% 以上，深受用户欢迎，有的用户在信件中写道"非杭州胎不要"，足见延长产品使用寿命对增强企业生存能力、发展能力和竞争能力的重要性，企业家应以战略眼光看待这一问题。

延长产品使用寿命战略，对大多数企业是适用的、有效的。但是对某些企业、某些产品来说，在一定条件下也可采用缩短产品使用寿命的战略。例如童装生产企业便可实行该战略。近年来，随着我国人民生活水平的逐步提高和计划生育政策的推行，独生子女日益增多；且儿童正是长身体的时期，因而童装淘汰率很高。在这种情况下，生产厂家不必在童装耐穿性上下工夫，而应制定相应的战略，不断推出穿着舒适、品种花色美、款式新的童装，有意缩短它的使用寿命，这样可以相应的降低成本、提高效益，也会为众多家长所欢迎。

四 产品经济性战略

产品的经济性是指产品寿命周期总费用（总成本）的大小，它包括整个产品寿命周期内的开发设计成本、制造成本和使用成本。

产品经济性战略的基本指导思想就是有效地利用资源，尽量以最少的资源消耗，满足用户对产品质量的需求。一项成功的质量战略，应该是既能改善产品质量，又能体现经济性的要求，这样才能提高社会效益和企业的经济效益。

1. 降低生产成本战略

降低生产成本战略贯穿了从构思、设计至产品制造的全过程。

第一，在设计时要尽量考虑采用先进技术（适用技术）和先进工艺，从根本上保证产品的先进性和适用性。如，现代产品大都朝着轻、薄、巧的方向发展，设计精巧、体积小，既减少空间占用、便于携带、方便使用又降低了原材料消耗。先进设计手段的应用也可以达到这些要求。例如，现代许多制衣厂普遍采用电脑系统设计服装，安排下料，一举改变了过去靠人工绘制图样，然后再放大样，甚至做出样品服装才能定型的落后做法。这不仅大大加快了设计速度，而且提高了面料的利用率，经济效益十分显著。

第二，在产品生产过程中，应努力提高机械化、自动化水平，制定职工技术培训计划，以提高工人技术操作水平和工效，从而减少产品的工时消耗，有效降低废品率，从而大大降低生产费用。

第三，有计划、有步骤地改善物资供应体系，降低物资采购、运输、保管费用。

2. 降低使用成本战略

产品的使用成本一般包括存储费、运转费、维修费等。随着科技的发展，产品技术性能越来越高，相应的使用成本亦不断提高。例如一辆人力车和一辆汽车其使用成本大不相同。因而企业在不断降低产品制造成本的同时，大大降低使用成本则可以提高产品的竞争能力，带来更多的效益。

降低产品使用成本可供选择的战略有以下两方面。

第一，降低能源消耗以降低使用成本的战略。例如，日本丰田汽车所以能够战胜强大的对手打入美国市场，其节油性能好是一个重要原因。特别是在20世纪70年代世界石油危机到来时，节省油耗的汽车更受到用户的欢迎。在我国，由于能源短缺，有关新能源汽车的生产在逐步展开，并开始投放市场，节省能源消耗的战略应放在产品经济性战略的突出位置上，以促进企业乃至整个国民经济的发展。

第二，降低维修费用，以降低使用成本战略。可采用一次性消费战略，使维修费用等于零。如，某些电子手表，从开始使用到报废为止，无须维修。企业亦可采用零配件更换战略。如，某些机器设备，生产厂家在产品出厂时将各种易损件作为随机装箱的备件，一旦磨损，用户便可自行更换。既方便了用户，又降低了维修费用。此外，对于一些储存费用较高的产品，企业可采取降低储存费用战略。如，对一些需要保鲜、防腐的食品，企业可选用保鲜袋、软罐头等包装，从而节省了冷藏、冷冻所需的费用。这些战略很受用户，特别是中间商的欢迎，使产品较容易占领市场。

在企业制定产品经济性战略时，可汲取价值工程原理，注意功能与成本的关系，不断提高产品的功能价值系数。

五 产品外观战略

产品质量从一定角度划分，可分为内在质量和外观质量。在产品内在质量大体相同的情况下，外观质量对于打开销售渠道、扩大销售量起着重要作用。产品外观精美无异于提高产品的附加价值,在市场上众多同类产品中,外观质量如何常常影响着购买者的决定。因此,产品外观质量也是产品质量战略的组成部分,这对于消费品来说尤为重要。

1. 改进产品造型战略

产品造型是产品外观质量的基础,一件傻大黑粗的产品,总不如精巧玲珑的产品更惹人喜爱。最近市场上销售的一种文具用品,集铅笔刀、橡皮、尺子、钉书器等于一身,可自由装卸,外形酷似一辆摩托车或小汽车,造型十分精美,既可当玩具,又可当摆设,而且具有实用价值,很受顾客,特别是小学生的青睐。

2. 改进产品色彩战略

俗话说"货卖一张皮",一件产品或色彩斑斓、或绘制精美、或凝重精练,都会受到不同顾客的喜爱。因此,企业应不断改进产品的外观设计,以适应顾客的需求。

企业在选择外观战略时,要特别注意时代特点、民族习惯、不同层次顾客的审美观点。对于一些出口商品,尤其要注意不同国家的风俗习惯。例如,北京友谊商店曾销售一种绘有蝙蝠图案的台布,当售货员向某外国顾客推荐时,这位顾客表情沮丧,扭头便走。这是因为西方把蝙蝠视为不祥之物,而我国则视为"福"的象征。

六 产品包装战略

"人靠衣裳马靠鞍",产品的包装是"无声的推销员",它是产品从生产领域到消费领域的"嫁衣"。有没有包装,会不会包装,对产品在市场上的占有率起着重要的作用。

1. **产品包装的含义与意义**

产品的包装是指包裹、保护货物的容器或包扎物。产品到用户手里,用户首先看到的是包装,而非产品本身,因此,消费者在决定购买产品的时候,包装起着最好的直接广告作用。当然,消费者并不可凭包装来判断货物的好坏,但包装却常常影响消费者的购买行为。

当然,包装并不仅仅指产品的装束,它还有以下功能:识别功能——消费者能在众多产品中很快分辨出来;便利功能——消费者在购买和使用时感到方便;美化功能——强烈的艺术设计可以激发消费者购买的欲望;

增值功能——良好的、具有特殊象征意义的包装，可使消费者获得某些名誉、地位和身份。

包装的种类很多，但无非包括"形状和结构"、"图案和色彩"、"商标和标记"、"附件"等要素。随着包装工艺的不断提高，产品的包装向着"保护功能、产品形象和广告宣传融为一体"的趋势发展，不但有"锦上添花"、"艺术夸张"、"吉祥如意"的意义，把艺术美带给消费者，还派生出"装饰品"、"实用性"的功能。

在竞争激烈的市场上，不同品牌的产品不仅比拼产品的质量，同时也涉及产品的包装，谁的商品包装设计得新颖精美、方便实用，对消费者吸引就大，它的产品就卖得快且价格高。近些年来，在我国国内市场上，超市的发展很快，一些原来的商店也纷纷模仿，实行开架售货，用户自由选购，这种销售方式的变化，又把包装的地位大大提高了。改进包装已经成为推销商品、扩大出口的一个重要手段。

2. 包装策略

从中外企业的实践情况看，常用的包装策略有如下几种。

（1）分量包装战略。变大包装为小包装，如我国出口欧美的面筋，开始是10公斤的大包装，出口到国外后，外商改为半公斤一袋，不仅销路好而且提高了价格。后我国出口企业亦改为小包装，效益大增。把商品分为不同量的包装，以适应不同顾客的需要，以便于推销。

（2）多次使用包装战略。例如过去我国平板玻璃，是使用木条框箱进行包装的，不仅是一次消耗，而且玻璃破损率高。近些年，有的厂家改用金属专用包装箱，不仅大大减少了破损率，还能够多次重复利用，大大降低了成本。

（3）类似包装策略。即同一企业所生产的各种商品，在包装物上采用相同的图案、近似的色彩等共同的特征，这种策略有利于节省包装设计费用，对名牌厂商和专业化制造企业比较适用。

（4）配套包装战略。即厂商依据人们生活中的组合习惯，将几种有关联的产品配套装在同一包装物内。例如，将旅行用的小牙膏、小牙刷、小梳子、小镜子等配套装在一个外观精致的盒子里，这种包装策略便于消费者组合使用。

（5）多用途包装战略。商品使用后，其包装物可做其他用途。如许多贩卖水果的超市用提篮作为水果的包装物，人们吃完以后便可当做装饰或购物篮用，顾客愿意购买。

（6）赠品包装战略。这是在产品销售不畅、竞争激烈时期常用的一种战略。例如，在方便面的包装外配些小碗、水杯等小礼品以刺激消费者购买。

（7）系统设计战略。即把产品设计与包装设计系统化，使其相互协调。比如有些花瓶，其包装物折叠后又可当做底座，既降低了成本，又方便了顾客。

上述这些包装策略，到底是单独使用还是综合使用，综合使用中又以哪种策略为主，这都要建立在消费者的爱好和需求的基础上来灵活运用。同时，无论采用哪种包装战略，都应力求方便、美观、实用和经济。出口商品还要特别考虑国际包装标准、消费习惯、集装箱运输等因素。

过去我国很多产品包装较差，特别是一些出口商品，常常因为包装不好，大大影响了销路和售价，形成所谓"一等商品、二等包装、三等价格"的局面，近些年来这种状况已经有了比较大的改观，大部分厂家都特别重视在产品包装上下工夫。从现实情况看，为了提高包装质量，企业应该着重解决以下三个问题。

第一，改进包装设计。过去搞装潢设计往往偏重美化和装饰，不太注意与产品本身的结合和市场的特点以及各个层次的消费者的心理。现代包装有一种"定价理论"，要求设计人员对商品的特性和销售因素进行综合分析，在此基础上再着手构思；设计的图案要突出品牌和产品特性以及消费对象，以达到吸引顾客的目的。因此，要从选用材料、计算抗力、标准化、通用化、市场条件、储运条件、消费要求等方面来综合考虑包装设计。

第二，发展包装技术，改良包装材料。要把历来沿用的木、竹、麻、草、玻璃等初级材料改用轻软的纸、塑等新材料，并要发展收缩、吸塑、浮性、真空、充气和软色等新技术。

第三，大力培养包装人才。包装涉及文学、美学、数理学、市场学、社会学、心理学等方面的知识，因而要通过各种形式的培训提高包装设计人才的知识水平和业务能力。

第二节 产品质量的战略管理

产品质量的战略管理,是整个企业全面战略管理的内容之一,在制定质量战略时必须与企业整个战略目标相一致,也就是说质量战略管理是企业整个战略管理系统中的一个子系统。本节只就有关质量战略管理的主要内容,作一简要叙述。

一 质量战略管理的基本模式

质量战略管理就是根据企业一定时期战略目标的要求,从企业内部条件出发,充分研究有关质量的外部环境,确定企业的质量目标这三个综合因素的动态平衡。其核心是质量战略的选择,关键是质量战略的实施。

1. 有关质量的外部环境研究

①社会环境,包括社会的政治经济形势,有关党和政府的方针、政策、法令和法规,经济发展趋势以及社会文化状况等。②有关的科技发展状况,与本企业产品相关的材料、工艺、技术等。③改善企业产品质量所需的原材料、能源、机器设备以及零部件等。④相关市场的调查研究。如最终用户的需求,竞争对手的产品质量状况,市场相关产品的供求情况及变化趋势等。

2. 有关质量的企业内部条件分析

①现有产品的质量分析。②企业生产分析,包括生产类型、生产规模、产品结构、生产技术水平等。③科技分析、科技手段、科技开发等对改进产品质量的能力。④全面质量管理的情况分析。

3. 质量战略目标

根据企业目标和企业有关质量、外部环境研究和内部条件分析加以确定。主要内容包括:①发展目标,产品质量的改善和长远性发展方向。②竞争目标,通过改进质量,提高产品的竞争能力,扩大市场占有率。③效益目标,提高产品质量所需投资与可能获得的收益相比较,预测企业经济效益和社会效益。

二　质量战略管理的基本内容

质量战略管理的基本内容，由战略选择、制定质量政策、调整组织结构和质量战略的实施四部分组成。

1. 战略选择

这是质量战略的核心，选择什么样的战略、达到什么样的战略目标关系着质量战略的成败。因此，在战略选择过程中，首先要搞好有关的市场调查与预测，通过详细分析研究，找出目前企业质量状况与应达目标之间的差异，制定两个以上可供选择的战略方案，并按照一定的评价标准，经可行性研究进行方案选优。

质量战略大致可以划分为以下几种类型。

（1）进攻型战略。

根据主要竞争对手的产品质量状况，找出本企业同类产品的质量差距，制定相应的战略措施，迎头赶上并力争超过，以期扩大市场占有率。如耐克（NIKE）运动鞋战胜阿迪达斯（ADIDAS）运动鞋，我国长城牌风雨衣市场占有率超过大地牌风雨衣市场占有率，主要就是采取了进攻型质量战略。

（2）防御型战略。

在企业大体保持原有产品质量水平和风格的前提下，为防止竞争者的进攻，根据市场需求变化和竞争者的策略变化，采取的灵活反应战略。例如，某些生产名酒的厂家为防止假冒，改进产品包装，加上"防盗盖"就是一种防御策略。

（3）领先型战略。

一些企业技术力量雄厚、研发能力强，生产的产品质量上乘，为保持其领先地位，不断在产品功能、性能、使用寿命、外观等方面进行改进。例如，日本的松下电器产品，我国一些优质名牌产品等。

此外，还有追随型、仿制型战略等，无论选择哪种战略（或选择综合性战略）都要根据市场引力、企业实力及竞争者的具体情况和变化趋势审慎决策。

2. 制定质量政策

政策一般是指实施战略的细则。质量政策可以使企业职工对质量战略的意图、含义有更具体的理解，并渗透到企业各部门的日常工作中去。质量政策是在企业质量战略的基本方向和措施指导下具体制定的。如有的企业制定生产高档产品政策，有的企业则制定生产中、低档产品的政策，并规定了实施细则。北京袜厂曾根据本厂情况，制定了生产中、低档针织领带的质量政策，并详细规定原料的选用、花布设计以及装饰卡子的质量等。因其物美价廉，适合一般民众需求，非常畅销。而金利来、皮尔·卡丹领带的生产厂家就是专门生产高档产品的。

3. 调整组织机构

战略和政策的执行必然通过各级组织来实施，因而，企业必须根据质量战略和政策的要求及时调整组织机构。例如，企业为保证质量战略与政策的贯彻落实，应推行全面质量管理，建立质量保证体系。这就需要调整、建立、健全各级质量管理机构和制度，充实质量管理人员；也可围绕质量战略目标，采用矩阵式组织机构，组成攻关小组等。

4. 质量战略的实施

质量战略的实施是质量战略管理的关键，再好的战略，如不能实施也会落空。企业要实现其产品质量的战略目标，必须有一套科学的内部管理方法和外部监督体制，企业产品质量战略实施的主要策略包括以下内容。

第一，推行 TQC 管理战略。

TQC 是全面质量管理的意思。TQC 最早由美国通用电气公司的费根堡姆（A. V. Feigenbaum）于 1956 年提出，它是对事后质量管理的否定。全面质量管理要求企业对产品质量从设计、试制、生产制造到售后服务的全过程实行全员的综合控制与治理。根据 TQC 战略，企业主要采取的对策有：①既要管产品质量，又要管产品质量赖以形成的工作质量；从提高工作质量入手，转变为以提高产品本身质量为主，以达到使顾客满意的目的。②防检结合，从事后检验转变为事前预防为主，实行从产品设计、试制、原材料采购、生产、包装运输，直至销售、使用的全过程事前控制与事后检查相结合的总体管理。③重视全员参与质量管理，对各级人员工作提出严格的质量要求，通过一定的组织形式（如群众性质量管理小组），把企业各方面人员吸收到产品质量保证体系中，充分发挥管理人员、技术人员和工人的积极性、主动性。④从系统理论出发，全面应用各种科学的质量管理方法，把数理统计控制质量的方法同改善组织管理、改革专业技术、推行 PDCA 循环等紧密结合起来。

第二，对产品质量信息反馈应采取的策略。

企业的产品质量在其设计、生产、销售、消费过程中，会有许多反馈信息。对反馈的信息，要研究、分析，制定出正确的政策和策略。①企业领导人要树立"美女补缺"的观念。企业的优质产品犹如美女，深受消费者的喜爱。但企业领导人应该知道，他们的有些产品还有许多不足之处。企业领导应该有"美女补缺"的精神，善于倾听职工和消费者的意见，去探索它的不足之处，采取有效的方法予以补缺。然而，有的领导人一旦企业的产品得了"优质"称号，便躺在"优"字上睡大觉，对过去的荣誉沾沾自喜，不求进取，以致使自己的靓女成为嫁不出去的"黄脸婆"。②建造玻璃房，增强透明度。征求意见，寻找问题，这种精神是可贵的。一个企业一旦发现了问题，应该怎么办？这里也有个态度问题和策略问题。一种是对抗的态度，极力掩盖事实真相。美国杜邦公司早期就是采取这种策略。因为是搞化工的，难免发生爆炸伤人之事，一碰到这种情况公司就关上大门，不让新闻媒体采访。封锁消息引起了更多的猜疑和传言，竟出现了"杜邦杀人"的消息，这种舆论几乎使公司无法生存下去。后来，他们改变了策略，遇到事情，请记者到场做客观报道，并说明化工与人类进步的关系，效果比以前好得多。有丑不遮丑，产品质量不好，承认它、改进它反而更能得到消费者的谅解。

一些管理专家认为，提高产品质量不单纯是企业的事，它同社会环境、人的思想意识和文化素质是密切相关的。为此，他们建议政府把质量管理从企业延伸到社会，使质量管理从单纯的企业内部的管理工作，变成更多人参与的遍布整个社会的质量运动。日本、美国等发达国家把这种发展看作质量管理的一场变革，这些国家的政府在这方面采取了一系列变革的措施：开展质量教育和质量宣传，传播质量文化；开展质量月和质量年活动，推广行之有效的质量管理经验；政府制定并实施"质量发展战略计划"，以此推动企业和整个社会的质量管理工作；制定质量认证制度，推行质量认证管理等。在整个社会的质量运动中，企业应该采取积极参与的策略，并接受社会对企业产品质量的评价与监督。如企业应该依据政府的"质量发展战略计划"，规定企业产品质量的发展战略和策略；企业应该借助国家推行的质量月或质量年活动的东风，在企业深入开展质量教育，学习其他企业的经验，进一步提高本企业产品的质量；在质量月或质量年活动中，企业应该为各级检查评估机构、新闻宣传单位的工作提供方便，特别是在事关企业产品质量出现问题不得掩盖不报、弄虚作假。对企业的不足之处，要敢于正视，不护短、不遮丑，认真整改，不断提高。在已经建立了产品质量认证制度的行业，企业要积极参加产品认证，减少商品检验的费用，为和国际贸易接轨创造条件。

  在我国产品质量活动中，政府和企业在这方面也创造了如下一些经验。①摘牌子，对名牌产品不搞终身制。甘肃省质量管理局宣布，90 项产品的省级优质产品称号被撤销，27 项产品被警告。河南省技术监督局也对 6 项省优产品摘牌。挂牌光荣，摘牌丢人，企业领导人对产品质量问题要警钟长鸣，切不可躺在名牌产品上睡大觉。②产品保险，一举两得。产品保险，即产品责任保险，是民事损害赔偿责任的一种。它的特点是：如被保险人所制造、销售的产品有缺陷，对消费者或他人造成人身伤害或财产损失，依法应由被保险人承担赔偿责任时，由保险公司赔付。早在 40 年前，产品责任保险就已在北美、西欧、日本等发达国家流行，目前，这种保险也逐步在我国众多企业中广泛使用。这种办法有两个好处：一是消费者在使用这种商品时若受到伤害或损失，可以直接从保险公司得到赔偿，不会产生令人烦恼的纠纷；二是保险公司为了保护自身经济利益，在对某项产品责任保险时，总是要对生产厂的信誉、产品的质量严格把关，并进行可行性研究后才予以承保。国家和政府应该大力宣传推行这种制度，并把企业是否投保作为竞争条件之一。从企业来看，特别是那些生产有可能产生危险的产品，如生产热水器、电风扇、电视机等产品的企业，应该积极尽快投保，以增强市场竞争能力。

第八章　财务战略

随着现代企业的发展，企业财务功能日益得到加强，许多企业的财务部和会计部实现了分离，一些大型企业集团还成立了财务公司。企业越来越多地从资金的来源渠道、资金的分配使用、投资方向的选择判断等方面统一考虑企业内外短期、长期资金的调配和使用，企业财务战略的地位不断提高，随着市场经济的发展和完善，其重要性越来越被人们所认识。

企业财务战略的主要任务就是在对现有的资金市场充分认识的基础上，根据企业实际财务状况，选择企业的投资方向，确定融资渠道和方法，调整企业内部财务结构，保证企业经营活动对资金的需要，以最佳的资金利用效果来帮助企业实现战略目标。企业财务战略的确定必须首先分析企业内外部的财务环境，它包括：①外部环境，即企业从外部筹集资金和参与投资活动的可能性与影响因素，企业和其他机构之间的资金往来关系或资金市场状况等；②内部环境，即企业内部资金流动和积累，企业财务结构和状况等。在此基础上，企业在总体战略的指导下制定出适合本企业特点的财务战略。

企业财务战略主要包括四个方面。①筹资战略。要选择有利的筹资渠道和方法，力求降低资金成本，提高借入资金的使用效果。②投资战略。在长期和短期间如何分配资金，发掘市场发展最有潜力的产品；同时为发挥资金效益而合理运用流动资金。③利润分配战略。根据市场金融状况和企业财务状况确定分配政策，处理好集体和个人的利益、短期和长期的利益。这是关系到企业兴衰的战略问题。④财务结构战略。结合企业的经营状况，拟定有利于企业长远发展的资本结构，并在安全性、灵活性和有效性中寻求最佳的结合点。

第一节　筹资战略

筹资战略主要是根据企业经营的实际需要量，针对现有筹资渠道，选择资金成本最低的筹资方案，即在筹资数额、期限、利率、风险等方面统筹考虑，选取最优方案。

一　资金成本分析

资金成本是使用资金所付出的税后代价。它是企业在一定时期内（通常为1年）使用一定量资金所负担的费用与筹集到的资金总额的比率。它通常以相对数来表示，因而也称作资金成本率。

随着我国资金市场不断完善，企业筹资的方式很多。企业无论采用何种方式筹措资金都要付出一定的代价。银行贷款要支付利息，发行债券要支付债息，发行股票要支付股利，即使是使用企业自有资金，也要承担机会成本，所以，任何一种筹资方式都有资金成本存在，只是因期限、风险和特点的不同，资金成本也会不一样。多种方式筹集资金，其资金成本等于各种资金成本的加权平均值。

资金成本是影响筹资决策的一个重要因素。如果某项筹资是直接为项目投资服务的，则此项目的投资收益率必须大于筹资的资金成本；如果某项筹资的直接效果是无法计量的，则应选择资金成本最低的筹资方案。总之，企业应尽可能降低资金成本，以提高企业经济效益。

资金的筹集还有一个风险问题。在不考虑占用资金的风险时，资金成本就是由无风险利率和资金的时间价值两部分组成。但占用资金通常是有风险的，因而，资金成本通常包括无风险利率、资金的时间价值和风险价值三部分。一般说来，经济形势的变化、通货膨胀、管理政策的改变和资金供求的变化等对资金成本都会产生一定的影响。

资金成本的计算，一般是由企业决策机构根据银行现行利率、证券投资实际利率、股东权益获利水平以及筹资项目所冒的风险程度等诸因素综合分析确定。其确定方法基本分两步：第一步是先就不同的资金来源分别计算资金成本；第二步是按风险大小调整资金成本。

1. 按资金来源计算资金成本

企业为筹集资金而发行股票、债券等，往往需要一些费用，如印刷费、宣传费、包销或代销费等筹资费用，企业筹集到的资金（即投资者的缴款）减去筹资费用后是企业净得的现金。筹到这笔资金以后，企业要在以后的年份里向投资者逐年支付利息、债息、股利和本金。我们将企业净得的现金按资金成本换算到未来年份，应该刚好支付企业对投资者在以后各年里的各种付款。也就是说，企业净得现金同未来年份企业向投资者的各种付款相等值的收益率或贴现率，就是企业的资金成本。其公式表示如下：

$$C_0 = \frac{C_1}{(1+k)} + \frac{C_2}{(1+k)^2} + \cdots + \frac{C_n}{(1+k)^n}$$

$$\text{或 } C_0 = \sum_{t=1}^{n} \frac{C_t}{(1+k)^t}$$

式中：C_0——企业筹集到的初始现金净额；

C_n——第 n 年末，企业向投资者的付款额；

n——企业向投资者付款的年份；

k——资金成本；

C_t——第 t 年末，企业向投资者的付款额。

这是一个通用公式，当运用于不同资金来源时，C_0 和 C_t 具有不同的具体内容。

（1）银行贷款资金成本

由于资金成本应考虑的是税后的成本，而银行贷款的利息是税前支付的。企业因向银行借款而增加了利息费用 I，但是如果考虑到所得税率为 T，则企业实际的税后成本只增加了 $I(1-T)$。若是进一步考虑到某贷款的支付利息周期可能比贷款利息计息周期（1年）要短，故还须将名义利率换算成实际利率。这样，贷款的资金成本的计算公式为：

$$K = \left[\left(1+\frac{r}{t}\right)^t - 1\right](1-T)$$

式中：K——银行贷款的资金成本；

r——银行贷款的名义利率；

t——年中付息次数；

T——企业所得税率。

如果某项贷款是按年计付利息，则 $K = r(1-T)$。

（2）债券的资金成本

企业筹措资金发行债券时，往往要开支一笔费用，如印刷、宣传、推销等，这与银行贷款不同。相同的是，债券利息的支付方式与银行利息的支付方式相似，通常都是每年支付利息，到期一次性偿还本金的。债券的资金成本计算公式为：

$$B_0(1-f) = \sum_{t=1}^{n} = \frac{I(1-T)}{(1+K)^t} + \frac{B_n}{(1+K)^n}$$

式中：B_0——债券发行价格；

T——企业所得税率；

f——债券的筹资成本率；

I——债券的年利息；

K——债券的资金成本；

B_n——第 n 年末偿还债券的本金数，即债券面额。

债券发行价格有三种：一是溢价发行，即以高于票面金额的价格发行；二是折价发行，即以低于票面金额的价格发行；三是平价发行，即以与票面金额相等的价格发行。不同的发行价格会影响债券投资者的收益，并会影响债券筹资的资金成本。

（3）股票的资金成本

股份公司支付的股利是税后支付的，因此，它不能像利息、债息一样减少应缴的所得税。发行股票像发行债券一样，也要支付宣传、推销等费用。假定股票每年的股利是相等的，由于股票是不还本的，所以，我们可以把股利视为永续年金。这样，我们便得到股票资金成本的计算公式：

$$K = \frac{d}{s(1-f)}$$

式中：K——股票的资金成本；

d——每年末支付的股利；

s——股票的发行价格；

f——股票发行时的筹资成本率。

（4）股东权益的资金成本

企业从不同的来源取得资金，其资金成本是不同的，于是可以通过加权平均的办法计算出总的资金成本。即，以各种来源的资金占全部资金的比重作为权数，将各种资金来源的资金成本加权平均计算出来。其公式为：

$$K = \sum W_i K_i$$

式中：K——总的资金成本；

W_i——不同来源的资金比重；

K_i——某种资金来源的资金成本。

2. 按风险调整的资金成本

按风险调整的资金成本要先确定无风险的资金成本和风险报酬率这两部分。然后相加得到其公式为：

$$K = K_0 + r$$

式中：K——按风险调整的资金成本；

K_0——无风险的资金成本；

r——风险报酬率。

这里，r 的确定通常具有很大的主观性。我们一般是以整个市场平均风险报酬率为基点，综合考虑资金使用方式的风险、期限长短的风险以及市场环境变化等因素来确定。由于 r 的影响因素很多，且很难定量，所以它一般要依赖于决策者的智慧、经验和风险意识。

二　筹资结构分析

筹资结构分析的重点是分析自有资金与贷款构成的比例对企业自有资金收益率和企业风险大小的影响。前者我们可以通过发行股票或使用留存收益；后者我们可以发行债券或向各种金融机构借款。一些大型投资项目往往需要筹措巨额资金，这靠某种单一的筹资渠道是根本无法办到的，必须多渠道、多形式地筹资。企业的筹资结构需要视企业期望自有资金收益率和风险大小综合而定。

假定某项投资在几种不同状态下取得的收益率是可以测定的，各种状态出现的概率也是可知的，那么，我们便可以求出期望的投资收益率和它的离差。公式如下：

$$期望投资收益率 = \sum (投资收益率 \times 概率)$$

$$离差 = \sqrt{\sum (投资收益率 - 期望投资收益率)^2 \times 概率}$$

投资项目风险的大小完全可以由离差来反映,离差大,风险大;离差小,风险小。

例如,某企业投资项目需筹资 500 万元,投产后产品销路有好、一般、差三种可能,其概率分别为 0.5、0.3 和 0.2。下面,我们对假定的三种筹资结构加以分析。

(1) 所需资金全部依靠企业自有资金,即贷款与自有资金的比为 0/500 = 0。企业的投资收益率和风险计算如表 8-1 所示。

表 8-1 企业的投资收益率和风险计算

单位:%

状态 i \ 指标	概率 p_i	投资收益	投资额	投资收益率 r_i	投资收益率×概率 $r_i p_i$
销路好	0.5	125	500	25	12.5
销路一般	0.3	50	500	10	3.0
销路差	0.2	-25	500	-5	-10

$$期望自有资金收益率\ \bar{r} = \sum (r_i \times p_i) = 12.5\% + 3.0\% - 1.0\% = 14.5\%$$

$$离差\ \sigma = \sqrt{\sum (r_i - \bar{r})^2 p_i} = 11.72\%$$

(2) 假定所需资金中,贷款数额为 200 万元,自有资金为 300 万元,两者之比为 200/300 = 2/3,年利息率为 5%。则企业的投资收益率和风险计算如表 8-2 所示。

表 8-2 企业的投资收益率和风险计算

单位:%

状态 i \ 指标	概率 p_i	自有资金	毛利	利息	自有资金收益	自有资金收益率 r_i	自有资金收益率×概率
销路好	0.5	300	125	10	115	38.33	19.17
销路一般	0.3	300	50	10	40	13.33	4.00
销路差	0.2	300	-25	10	-35	-11.67	-2.33

期望自有资金收益率 $\bar{r} = \sum (r_i \times p_i)$
$= 19.17\% + 4\% - 2.33\%$
$= 20.84\%$

离差 $\sigma = \sqrt{\sum (r_i - \bar{r})^2 p_i} = 19.53\%$

（3）假定所需资金中，贷款为250万元，自有资金为250万元，两者之比为250/250=1，年利息率为5%，则企业的收益率和风险计算如表8-3所示。

表8-3 企业的投资收益率和风险计算

单位:%

状态 i \ 指标	概率 p_i	自有资金	毛利	利息	自有资金收益	自有资金收益率 r_i	自有资金收益率×概率 $r_i \times p_i$
销路好	0.5	250	125	12.5	112.5	45	22.5
销路一般	0.3	Z50	50	12.5	37.5	15	4.5
销路差	0.2	250	-25	12.5	-37.5	-15	-4.5

期望自有资金收益率 $\bar{r} = \sum (r_i \times p_i)$
$= 22.5\% + 4.5\% - 4.5\%$
$= 22.5\%$

离差 $\sigma = \sqrt{\sum (r_i - \bar{r})^2 p_i} = 43.39\%$

上面的例子说明：贷款与自有资金的比例不同，自有资金收益率和其离差是不同的。投资资金中负债比重越高，期望自有资金收益率和其离差也越大，企业承担的风险也越大。换言之，投资资金中负债比重越高，如果企业亏损的话，亏损额也越大。因此，企业如果认准某投资项目具有很高的盈利性，应尽量负债经营；但是，如果该项目具有很大的风险性，保险起见，应尽量避免负债经营。

企业可以根据投资项目的预计收益能力、风险大小和企业承担风险的能力，选择适合的筹资策略，进行必要的筹资结构组合，以追求较高的投资报酬和较小的企业风险。在筹资手段上，选择股票筹资或是债券、贷款筹资以建立适当的负债比例；同时根据资金市场的状况，选择适当的筹资组合，以求资金成本最低。

三　筹资方法的选择

企业选择筹资方案必须有两个前提条件：一是假设所有企业都是有效经营的；二是要有比较完善的资金市场，即要有一个反应灵敏、调节有效、渠道多样、流动性强的资金市场。一般而言，筹资方法的选择大致有以下几种。

1. 比较筹资代价

企业在筹资活动中，为获得资金须付出一定的代价，比较筹资代价法有三个方面的内容。

（1）比较各种资金来源的资金成本。

（2）比较筹资条件。各种投资人提出的各种附加条件，如出资者给予投资，可能要求购置其设备或优惠供应某种产品等。

（3）比较筹资时间的代价。企业在筹资中，不同的资金来源所花费的筹资工作时间不同，而且不同资金来源在使用上的期限也有长有短，这都会引起在时间上的差别。

2. 比较筹资机会

（1）比较筹资的实施机会。企业筹资在迅速变化的资金市场上进行时机选择，主要有两个方面：一是比较具体筹资时间，就是确定在什么时候筹资最佳；二是比较定价时机，即对债券、股票的定价上也要作适时的选择。筹资的实施机会选择主要由主管财务人员在投资银行的帮助下，根据当时市场情况做出决定。

（2）比较筹资的风险程度。企业筹资面临两方面的风险：一是企业自身经营上的风险；二是资金市场上的风险。进行筹资决策时，必须将不同筹资方案的综合风险进行比较，选择最优方案。

3. 筹资代价与收益比较

筹资代价与项目生产的效益进行比较是筹资决策的主要内容。如果企业筹资项目的预计收益大于筹资的总体代价，则筹资方案是可以进行的。

四　筹资方法选择的平衡点分析

筹资方法总体来讲有两类，一是增资，即发行股票；二是负债，即发行债券或举债。不同的筹资方法对企业的每股盈余的影响是不同的。于是，需要找出这两种不同方法所导致的每股盈余（EPS）均相等时的息税前收益水平（EBIT）——即不同筹资方法的平衡点。

例如，某公司已发行了 10000 股面额 10 元的普通股（N_1），公司需再筹集 100000 元进行业务扩张。公司有两种方案：再发行 10000 股普通股（N_2），每股发行价 10 元，或发行 10% 票面利率的债券，每年付息 10000 元。公司所得税率为 40%。假定企业息税前收益为 48000 元。

发行股票方案的每股盈余为：

$$\frac{EBIT(1-T)}{N_1 + N_2} = \frac{48000(1-40\%)}{10000+10000} = 1.44 \text{ 元}$$

发行债券方案的每股盈余为：

$$\frac{(EBIT-I)(1-T)}{N_1} = \frac{(48000-10000)(1-40\%)}{10000} = 2.28 \text{ 元}$$

平衡点为：

$$\frac{EBIT(1-40\%)}{10000+10000} = \frac{(BEIT-10000)(1-40\%)}{10000}$$

解得，EBIT = 20000 元

EPS = 0.6 元

可见，当公司预计的息税前收益为 10000 元时，两种筹资方案无优劣之分，它们的每股盈余均为 0.6 元；当公司预计息税前收益为 48000 元时，显然应采取发行债券的方案，其每股盈余为 2.28 元，而发行股票的每股盈余为 1.44 元。因此，当预计市场状况好，销售额大，企业收益状况超过平衡点的收益时，应选择负债的方案，相反，则采取增资的方案。

五　租赁负债

租赁业务在国内外已经是相当普遍的一种筹资方式，发展相当迅速。租赁对象已由原来的不动产——土地和房屋扩展到许多种类的机器设备。

常见的租赁方式有以下两种。

1. 经营租赁

经营租赁一般由资产所有者（出租人）负责设备的维修、保养与保险，租赁的期限一定是小于资产的寿命期，出租人和承租人通过订立租约维系租赁业务，承租人有权在租赁期限内预先通知出租人后解除租约。这种形式，承租人不需要获得对租用资产的所有权，而只是负担租金来取得对资产的使用权，这样，承租人可以不负担设备过时的风险，对承租人来说相当灵活，可以根据市场的变化决定资产的租赁期限。

2. **融资租赁**

融资租赁的租费总额足以补偿全部财产成本，并且租约到期之前不得解除，期满后，租赁资产的所有权无偿转移给承租人，租赁期中的设备维修保养、保险等费用均由承租人负责。融资性租赁还有一些其他形式，如销售与租回是指企业将自有的资产出售给金融机构或租赁公司等，取得价款，同时签订租约，租回资产，每期支付规定的租金。它大多是在企业无资金添置设备时采取的一种方式。销售与租回也是相当普遍的一种租赁形式。该形式实际上相当于长期贷款，金融机构或租赁公司所付出的价款相当于长期贷款的总额，而承租人逐期支付的租金相当于分期还本付息。

企业使用资产，不一定要拥有它，可见，租赁为企业融资提供了一种新的思路。租赁对于使用者来说，一般是财务上不太宽裕的情况下采用的，但它使承租人灵活有效地使用资产。出租人也能从中得益，即除了补偿财产的损失之外，还有额外的收入。另外，与放债相比，风险较小，即如果承租人不能履行其义务，出租人对财产拥有完全的法律权利。出租人出租财产取得的所有收益的现值要超过财产的全部成本，包括财产的购置费用、保险费用和必要的维护保养费用。因此，评价租赁负债还是举债筹资购置，除了考虑经营过程的实际情况外，一般可以通过现金流量的折现分析进行判断。

租赁对于资产的使用者来说，有很多有利之处。

第一，租赁一般是在企业财力不足时采用的方式，这使得承租者在使用资产时，并不需要有相当于资产价值的一笔资金，而只需要逐期支付租金就可以了，因此对于小企业特别方便，因为小企业一般无力举债，也不够条件发行债券。

第二，当今市场竞争日趋激烈，产品生命周期也大大缩短，产品更新换代速度加快，科学技术突飞猛进，在此情况下，机器设备的技术寿命大大缩短，极易因技术落后而淘汰，机器设备在没有完成其使用寿命就提前报废了。因此，使用者采取租赁的方式，可以避免这种风险，比起购置使用来，主动灵活多了。

第三，购置资产往往需要长期保持一个维修力量，在企业维修任务少的情况下，效率就降低了。而采用由出租人负责维修的租赁方式，便可以降低维修费用的负担。

第四，通过借款或发行债券筹资购买资产，会增加企业的负债，减少营运资本，降低流动比率，降低权益比率，这样会损坏企业的形象，而采用租赁方式，则不会影响企业的上述比率。

当然，举债购置也有其独特的优点。

第一，资产若无形损耗较小，通过举债购置，在提足折旧后如果还能继续使用，也将给企业带来额外利润。

第二，举债购置的资产，折旧和利息费用均可以减少应税所得，从而减少所得税。

第三，由于逐期还款，借款余额前高后低，因此利息支出及其相应的税上利益也随之前多后少。虽然租赁方式支付的租金也可以带来税上利益，但这种税上利益是各期相等的，与借款购置前多后少的税上利益相比，借款购置较为有利。

总体而言，租赁与举债购置各有所长，在筹资决策时，应视具体情况而定。但是，由于租赁独特的优越性，使其成为企业筹资的一种重要方式。

回收投资所用的项目净收益从其内容上看包括每年获取的净利润和每年提取的折旧额。如果项目的投资是一次性发生的，而且项目所取得的净收益额每年都相等，我们可用更为简单的公式计算：

$$P_t = \frac{P + D}{I}$$

式中：P——投产后每年净利润；

D——生产期每年折旧额；

I——全部投资额；

P_t——投资回收期。

第二节 投资战略

投资就是将资金物化为资产的一种活动,它是为了获取资金增值或避免风险而运用资金的一种活动。它包括决定企业基本结构的固定资产投资和维持生产经营活动所必需的流动资产的投资。

投资战略的制定是基于下列假定:各种备选的投资方案是可以预见的;各种投资方案预知的内容是分析决策的依据;决策的目标是最大限度地增加企业收益。

一 投资战略决策方法

1. **投资回收期法**(Period of Payback)

投资回收期是指以项目的净收益抵偿全部投资所需要的时间。它是考察项目的投资回收能力的一种静态指标,并不反映项目的整个盈利能力。其表达公式为:

$$\sum_{t=1}^{Pt}(CI-CO)_t=0$$

式中:P_t——投资回收期;

CI——现金流入量;

CO——现金流出量;

t——时间(第几年)。

投资回收期的计算一般可根据累计净现金流量计算而得。计算公式为:

$$投资回收期(Pt)=A-1+\frac{|B|}{C}$$

式中:A——累计净现金流量开始出现正值的年份;

B——上年累计净现金流量;

C——当年净现金流量。

2. **净现值法**(Net Present Value)

净现值是指按行业的基准收益率或设定的折现率,将项目未来各年的净现金流量折现到投资初始的现值之和。它是考察项目盈利能力的一个动态指标。

由于项目的投资支出与未来收入发生在不同时期,只有按资金的时间价值,将收入和支出换算到统一的时间基础上,才能正确反映投资效果。如果项目的净现值为正数,说明项目的投资报酬要高于计算净现值所用的折现率,一般是可考虑采纳的投资方案;如果净现值为零,说明项目的投资报酬刚好是所采用的折现率;如果净现值是负数,说明项目的投资报酬低于所采用的折现率,一般应放弃该投资方案。

现值的计算步骤是:(1)计算投资项目各年的净现金流量;(2)采用适当的折现率,查表或计算得出各年的折现系数;(3)将各年的净现金流量乘以相应的折现系数求出现值;(4)对各年净现金流量的现值求和,得到投资项目的净现值。

净现值的计算公式为:

$$NPV = \sum_{t=1}^{n} \frac{(CI-CO)_t}{(1+i)^t}$$

3. 内部报酬率法

内部报酬率是指一项投资方案在其寿命期内,各年净现金流量现值累计等于零时的折现率。它也是考察项目盈利能力的一个动态指标。

内部报酬率的计算一般可用"先试差,后插值"的方法进行。具体步骤是:①估计一个折现率,并据以计算该投资项目的净现值。②若上一步计算出来的净现值大于零,则再估计一个略高一点的折现率,进一步计算项目的净现值;若上一步得到的净现值小于零,则估计一个略低一些的折现率,用以计算项目的净现值,如此反复,直至较小和较大的两个折现率所确定的净现值分别是正值和负值,且在零的附近。③在较小和较大的折现率之间适用插值法求得净现值为零的折现率,即为所求的内部报酬率。

假定我们用 i_1 为折现率,求得 NPV_1 略大于零;再提高折现率,用 i_2 试算,求得 NPV_2 略小于零,则内部报酬率 i 的计算公式为:

$$\frac{i-i_1}{i_2-i_1} = \frac{0-NPV_1}{NPV_2-NPV_1}$$

得:$i = (i_2 - i_1) \dfrac{-NPV_1}{NPV_2 - NPV_1} + i_1$

内部报酬率同资金成本比较，如果内部报酬率大于资金成本，则可接受该投资方案。也可以拿内部报酬率和我们的期望目标相比，若高于目标利润率，则接受该方案。

二　固定资产投资策略

1. 市场导向投资策略

市场导向投资策略是指固定资产投资随着市场的变化而适时地变化。由于固定资产投资对未来的影响时期较长，在这样一个较长的时期里，市场环境不可能不发生变化，如市场需求、原料供应、生产技术等都会有一定的变化。企业要生存发展，就必须适应市场环境，掌握市场发展的前景，这是决定固定资产投资成败的关键。

然而市场环境的变化是不断进行着的，而固定资产投资却不可能随之不停地变化。资产投资的量很大，反映了企业的规模，并着眼于一定时期。所以，在不断变化的市场环境中，适时地抓住固定资产投资的时机，使之既不会使原有投资浪费，又尽可能发挥新投资的效益，是使用这一策略的关键。

有一家造纸企业，在南方有一座工厂，正面临纸浆原料价格不断上涨的困境。它们通过对原料市场的仔细研究发现，北方的松木价格相对比较便宜，且对本企业生产的高品质纸张很合适。经仔细测算，公司认为最佳的战略方案是将工厂迁移至原材料的产地附近。于是，该企业不再对南方纸厂进行固定资产投资，而对它采取维持甚至收缩的策略，只允许维持现有设备运转的必要开支，其他一些重要开支在南方厂的前途未定之前，须经过特殊批准。

上海有许多企业针对国家要把上海建设成国际金融、商业中心的预期，纷纷将工厂迁至郊县，充分利用市区内的级差地租和城市产业结构的调整，调整企业的生产布局和投资方向，实行战略大转移。这种策略可以使企业保持灵活机动的特点，充满青春的活力。但是，不同规模和不同行业的企业采用该策略的程度和方法会有所不同。企业应根据自身特点，制定出符合未来市场要求的固定资产投资策略。

2. 最低标准收益率策略

这种策略是指在决定某项固定资产投资之前，首先制定出投资项目最低标准的投资回收率，只有高于此收益率的投资项目才会被采纳。

这一策略为固定资产投资提供了一个直观的标准，使投资活动成为一种带有预期目标的活动。例如，既定固定资产投资活动必须每年取得除折旧、税收之外达到15%的净收益。如果某设备投资1万元，预计在其使用寿命期内，平均每年可创造1200元的净收益，那么，这项投资应该被取消，原因是它的收益率只有12%，低于预定的最低标准。

为使该策略切实可行，企业应明确最低标准收益率的具体内涵，以便在计算项目投资的实际收益率时采取相同口径，以方便比较。例如，前面所提到的内部报酬率，其主要用途就是与最低标准收益率作比较，比预期目标高，则采纳，否则就放弃。

从理论上讲，可行的最低限度收益率应该是企业的资金成本。但从实践上看，企业往往不会仅仅满足于资金成本，从企业发展的愿望出发，企业对风险的估计，企业对利润的追逐都要求项目的投资收益要高于资金成本。但由于这一部分很不确定，很难有明确的标准，所以，实践上常常以行业的平均收益率或社会平均收益率作为标准。这样能保证项目投资有"比上不足，比下有余"的竞争力和应付风险的能力。

三 流动资产投资策略

流动资产是企业生产经营活动的必要条件，其投资的核心不在于流动资产本身的多少，而在于流动资产能否在生产经营中有效地发挥作用，即流动资金的周转与企业经济效益能否一致。流动资产投资策略主要涉及下面两个方面的策略，其决策目标是节省流动资金的使用和占用，最好地实现企业利润。

1. 合理的存货投资策略

存货的规模和组成，应首先按经营业务的需要作安排，并综合考虑以下情况：连续性的生产经营活动所需的最低限度的存货量，采购订货和生产的经济规模，为市场特殊需求而生产的库存品，提前购买以获得季节性折扣，预料价格变化和供应短缺的情况等。

存货在采购、生产和销售之间起着缓冲器的作用。存货投资太少，不足以平衡原材料供应速度、生产速度和销售速度，会影响企业生产经营活动的连续性，但是，存货投资太多，说明产品或原料积压太多，造成资金大量闲置而不能作其他用途，从而影响企业经济效益。因此，在流动资产投资时，需要有合理的存货投资。

建立合理的存货投资的办法之一是逐期预算整体规模。通过对企业生产经营条件的分析和对原料、半成品和成品等不同存货形态的特点分析，对每个时期的存货规模做出预算，并与实际运行结果进行比较，发挥预算的指导和控制作用。这种方法对于经营有规律的，特别是处于季节性变动的企业，是行之有效的。比如，春节年货供应商品存货投资，生产出新品种后对老产品的存货投资等，采用预算控制往往能起到有效的指导作用。相反，对于市场变化大，且企业很难把握的存货投资问题，采用此法则收效不大。

合理的存货投资的方法之二是预先定出某时期的存货周转率。例如，某零售商店可以把存货周转率定为每年周转四次作为期间目标。周转标准过低，会使存货陈旧，增加企业处理滞销商品的压力。存货周转是外界的信贷分析家们所非常关注的，高速的存货周转率是企业良好的经营状况的反映。存货投资在此情况下可以高些，但其销售额更高。

从内部管理角度看，分别对原材料、产品以及不同种类产品实行不同的周转率，比整体周转率更为实用。周转率往往是按月份来表示，这可避免对存货使用价值的不同意见。该策略的基本目的是促使存货管理的经理们正确地决策，少犯或不犯错误。

2. 应收款投资策略

应收款是企业对外经营活动中与客户发生的赊账，它是一种商业信贷，必然要占用一定资金。在商业信贷中存在着利润与风险两个对立的因素。应收款投资多，增加了资金占用，坏账风险也增大，但同时还可以刺激销售，增加利润。相反，如果应收款投资较少，虽然减少了资金占用，减少占用资金的机会成本和坏账风险，但同时也会损失一些客户，降低销售额，从而减少利润。因此，合理的应收款投资必须取得利润与风险之平衡。

应收款投资策略包括两方面的内容。

（1）确定信用条件。信用条件包括信用期和现金折扣两部分。我们常见的信用条件是 $2/10$，$n/30$，它表示如果在 10 天内付款，可享受 2% 的现金折扣，所有款项必须在 30 天内付清。这里的 30 天便是信用期，10 天内付款有2%现金折扣便是我们的折扣。一般来说，延长信用期会吸引客户，增加销售额和利润，但同时会增加收账费用和坏账损失。因此，放宽信用期取得的收益增加应大于增加了应收款投资额所能取得的平均收益。提供现金折扣的目的是加速回收应收账款，因此，提供现金折扣的条件是加速回收的应收账款（即减少资金占用额）所能取得收益比折扣损失更大。

（2）收集信用资料。企业可以对与其有固定往来的客户的信用进行评价，从而决定其信用条件。对信用好的客户采取较为宽松的信用条件，而对于信用较差的和新客户，可以少提供甚至不提供这种信用条件。

分析客户的信用状况的资料来源主要有：客户的财务报表和信用评级机构评定的信用等级与信用报告。企业还可以对其少数主要客户建立信用档案，根据推销员和其他途径收集到的各种信息汇总积累，反映其信用状况。

四　产品投资策略

产品投资策略主要是根据产品的具体特点分析，从而确定对产品应该采取的投资策略。它主要有以下两种方法。

1. 产品分类法

产品分类法是20世纪70年代美国波士顿咨询公司发明的。该公司是世界一流的管理咨询机构，该方法在美国甚至世界上被广泛采用，成为制定企业投资战略的主要方法。它是根据一个企业在某一特定行业所处的竞争地位和企业的销售增长情况，把一个企业产品投资的战略选择浓缩为四个方面，相应的产品按选择战略的不同分为四种类型：明星产品、金牛产品、疑问产品和瘦狗产品。如图8-1所构成的四个象限。

图8-1按市场占有率和销售增长率将企业产品划分为四个象限，每个象限代表一类产品，企业针对不同类型的产品s。

第一象限，市场占有率低而销售增长率高，称为疑问产品。它表示该产品属于新产品刚入市，销售增长率较高，但是市场占有率较低，如果发展好了，会有很大的发展空间，但如果发展不好，可能到此为止了。这种产品的未来发展趋势表现不明显，因此，投资具有较大风险。是投入大量资源使其发展成为拳头产品，还是应该放弃该产品而把资源投入公司的其

	市场占有率	
	高	低
销售增长率 高	明 星	疑 问
销售增长率 低	金 牛	瘦 狗

图 8-1　产品分类模型图

他方面，取决于企业对市场竞争对手的分析、市场需求变化趋势的判断和对企业自身实力的估计。该投资而未投资可能会丧失较大的发展空间；相反，不该投资而投资会造成资源的浪费。

第二象限，市场占有率高且销售增长率高，称为明星产品。它表明该产品所处的行业属于迅速发展的行业，产品处于成长期，该企业的这种产品在市场上竞争力很强。企业应进行重点投资，并确定长期的利润目标，即使以损失短期盈利为代价也在所不惜。如果错过投资时机，则损失巨大。

第三象限，市场占有率高而销售增长率低，称为金牛产品。这表示企业该产品已进入了成熟期，这时该产品已没有多少发展空间了。它表明企业进入了收获的季节。当企业在一个增长缓慢的行业中占优势地位时，应该尽可能多地回收利润，最多留下一定的资金以维持其竞争中的领先地位，没有必要再进行大量投资了。

第四象限，市场占有率低且销售增长率低，称为瘦狗产品。它表明产品已进入了衰退期，基本没有发展前途了。对待这种产品的策略是当机立断，淘汰这一产品，任何投资都无济于事，必须彻底放弃。

2. 投资分类管理法

投资分类管理法主要是在企业现有的资金条件下，为实现企业战略目标而进行投资优化，把有限的资金用在"刀刃"上。

这种方法是对企业的产品按市场吸引力和企业实力两方面进行分析。市场吸引力是指产品的市场发展潜力，包括该产品的市场容量、市场竞争状况、市场发展趋势、产品寿命周期、产品的平均盈利水平、投资报酬率等外在因素。企业实力包括企业人才、科技、管理、设备、资金实力等内在因素。企业可以将各种产品按市场吸引力和企业实力的大小进行综合评定，并按高、中、低三个等级划分，这样，我们就得到了按市场吸引力和企业实力划分的九种类型。如图 8-2 所示。

	低	中	高
高	产品7	产品8	产品9
中	产品4	产品5	产品6
低	产品1	产品2	产品3

市场吸引力

企业实力

图 8-2　投资分类管理法示意图

产品 1：市场吸引力低且企业实力弱，企业一般不应再进行投资，硬撑着去做无用功的结果必定是损失和失败。

产品 2：市场吸引力低且企业实力中，这类产品企业比较有能力，但市场前景不妙，所以不宜再作投资。

产品 3：市场吸引力低而企业实力强，这类产品一般是企业的老产品，先应采取措施尽量提高市场吸引力，如果该产品确已走到了尽头，应当机立断，把企业实力转移到其他产品上去。一般不宜再作投资。

产品 4：市场吸引力中而企业实力低，这类产品一般不适合企业投资，除非是特殊需要或特别时期，企业一般不作这方面的尝试。

产品 5：市场吸引力与企业实力均为中，企业应尽量选择几个目标市场，适当地进行一定的投资，以保证企业获得一定的利润。

产品 6：市场吸引力中而企业实力强，这类产品主要是要加强促销，提高市场竞争能力，确有前途就进行投资。如无法提高竞争能力，企业还有其他更好的产品，就应作适当的转移，以免因生产过剩而造成损失。

产品 7：市场吸引力高而企业实力弱，企业可以探索性地进入市场，如果产品销售增长率高，可以投资，增强企业实力；反之，则不宜投资或撤回投资。

产品 8：市场吸引力高而企业实力中，这类产品可以大量投资，尽快提高企业实力，以获得更大的利润。这类产品一般发展前景良好。

产品 9：市场吸引力和企业实力均高，这类产品是企业的拳头产品，企业应集中力量，优先投资，以保证企业取得良好的经济效益。

第三节 利润分配战略

企业的税后利润按道理是归股东们所有的,但这并不意味着股东们要按他们的股份分享所有的利润,原因是股东大会或董事会有权决定利润部分或全部留在企业。有关利润分配政策,不同企业之间差别很大。它是企业眼前利益和长远利益的矛盾所在。

一 利润的再投资

把利润用作新增资本是国外许多企业常用的办法。盈利的公司一般都是增长较快的企业,它们需要额外的资金去满足发展的需要。许多企业都清楚地认识到,与其分享利润再煞费苦心地谋求其他资金渠道,不如直接把利润作为资本的来源,这样既方便又节约,还可能使企业摆脱许多长期负债的苦恼。

不把利润作为股息的方式全部分光,而使其成为资金的来源之一,这在许多企业的实践中被证明是行之有效的。一些企业为此定出股息发放不得超过利润的一半的政策。这种政策当然增强了企业的财务实力,但是,这种资本的积累必须和企业面临的投资机会相结合,否则,会造成资本的闲置和浪费。

二 通货膨胀与股利

利润与股利之间的关系,在通货膨胀期间最为敏感。通货膨胀导致利润带有"水分",这势必会带来许多困难。这是因为:一是错误地表明了企业的实际利润,会引起企业所得税增加和增加企业资本外流;二是会错误地引导管理部门的定价和一些经营利益转移到企业外部;三是前面两条的组合结果,可能会造成企业维持日常运作所需资金的短缺。

因此,在通货膨胀期间,应考虑现有利润是否能保证给股东实质性的回报,即股东所得的股利能否高于通货膨胀率;还要弄清较高的利润可否作为投资的来源,即新的投资机会的投资报酬应能达到弥补通货膨胀以后的期望利润。

三 合理的利润留存

许多企业都希望保留有一定的利润，而不把利润全部分配掉。一方面，企业形成的利润要用于分配股利，给股东以一定的回报，这是企业生存的基本目标之一；另一方面，企业的利润还必须留存一部分，目的一是为新的投资机会准备资金，二是防止经营方面的亏损和必要的股利补贴，做到"以丰补歉"。而如果股利超出利润形成的数目而产生资金赤字，是不合法的。

四 利润分配政策的制定

利润分配问题是一个非常敏感的问题，它涉及面很广，影响因素也很多。企业在制定利润分配政策时，不应只考虑企业内部的意见，还要顾及外界的环境和要求。一般而言，制定利润分配应采取的原则有以下三方面。

第一，力图维持稳定的股利回报率。稳定的股利，不仅增加了现有股东的收入，还吸引新股东入股。同时，还有利于树立企业良好的形象。因为股息是从企业取得的利润中分配给股东的现金收入，是决定股票价值的主要因素。

第二，保持合理的利润留存，以弥补现有和未来股利的减少或经营亏损。强有力的利润留存，将影响企业信用借贷的定息标准，同时增加了企业获得长期贷款的能力。因利润留存是不用付息的低成本的资本，它是提高企业资本总值，提高股份价值的重要手段。

第三，综合考虑市场现状和发展前景、企业技术潜力、通货膨胀情况。当然，也不要忘了高额所得税对大股东的影响。

五 股利政策

企业的股利政策是企业的重大决策之一，它决定了利润的分配流向，即纯收益分配给股东作为投资回报或是留存作为再投资的资金来源。股利的分配是维护公司形象、增强股东信心、提高股票市价的重要措施；而留存收益是公司扩大再生产的主要资金来源。两者之间的关系是矛盾的，前者多了，后者必然就少。总体来说，公司的股利政策必须根据企业总体目标，选择最能提高公司价值的股利政策。即企业应根据市场投资机会、企业的融资渠道、发展规划、股东心态、股市影响等因素综合考虑。

企业可以考虑的股利政策一般有以下几方面。

1. 剩余股利政策

剩余股利政策是指企业优先考虑可选择的投资机会，在留存收益满足了这些投资机会之后，如有剩余，则作为股利发放给股东。

这里，股利政策仅仅是一种筹资决策，即只要这些投资项目的报酬超过了资金的成本，企业就使用留存收益进行项目投资。如果所有可接受的投资机会所需资金都满足之后，留存收益仍有剩余，才可分配给股东作为股利。如果没有剩余，则分配给股东的股利也没有了。

采用该政策，企业发放的股利数会随着企业可采纳的投资机会所需投资数额的变动而变动，如果投资机会很多，则股利发放率为零，如果没有投资机会，则股利发放率为百分之百。

2. 稳定的股利政策

稳定的股利政策是指不论企业的利润如何波动，企业都尽可能地维持较为稳定的每股股利。即在企业利润有很大增长时，分配给股东的股利并不马上跟着增加，而是在增长的利润稳定一段时间之后再增加股利。同样，在利润减少时，也并不急于减少股利，而是等利润无法恢复提高时再减少股利。

稳定的股利政策实质上是把富裕年份所创造的利润截留一部分，作为股利基金，而不理会额外的资金要求（如利润再投资）。这样，企业即使在不景气的年份，分配股利也有了保障。

实行这种政策，关键是要考虑好萧条时期和鼎盛时期的股利平衡，以及萧条时期股利与留存之间的关系和鼎盛时期的股利的基金和投资机会所需的新增投资之间的关系。

稳定的股利对于绝大多数投资者来说是很重要的。首先，它传递了管理层的意图。当企业净收益下降时，企业不减少股利，市场信心的支撑力比减少股利要强得多。它向投资者传递了企业管理层对企业未来的信心，这样至少比净收益下降所预示的情况要好。当然，管理层不可能永远欺骗市场，如果企业净收益趋于下降，即便是稳定的股利也不过是昙花一现，难以持久。但至少显示企业有信心有能力提高税后净收益，否则，企业也无力发放原有水平的股利。其次，期望得到一定期间收益的投资者宁愿投资于有稳定股利的公司，而不愿投资于股利动荡不定的公司，尽管这两家公司的收益水平和长期的股利发放率是相同的。虽然投资者可以在股利不能达到其要求时，在市场上出售一部分股票来取得收益，但一般来说公司的股票价格会因此下跌而使投资者不忍出售，因为公司减少股利往往意味着公司净收益下降，并导致股票市场价格下跌，因此，有收益观的投资者往往看重稳定的股利。最后，稳定的股利还有利于吸引机构投资者。原因是稳定的股利能树立良好的企业形象，象征着企业能长期稳定地发展。公司给股民更多的回报和保持这种回报，并不因经营业绩的暂时变化而变化，可作为公司的管理目标之一。

3. 固定的股利发放率政策

固定的股利发放率是指企业预先制定一个股利发放率，并在一个较长的时期里固定不变地按此比率发放股利。股利发放率是指向股东发放的股利占税后净收益的比率。显然，该政策会因为企业经营业绩的波动而波动，虽然股利发放的相对数不变（发放率），但其绝对数会因企业税后净收益的变化而变化。因此，该政策适用于经营业绩相当稳定的企业，它能给股东带来一种稳定的投资回报，有助于树立投资者的信心。但是，如果企业经营成果变化不定，则会导致股利的发放丰薄无常，容易挫伤投资者的投资热情，给投资者以巨大的风险感。所以应该慎重使用该政策。

4. 常规加额外股利政策

常规加额外股利政策是指企业在常规的股利发放的基础上，根据特定时期企业的经营业绩，灵活地宣布发放额外股利的政策。常规加额外股利政策一般是在企业繁荣时期为增加对股东的回报而采取的。该政策是为了消除投资者对增加现行的股利发放率的奢望，额外的股利只是对抱有这种想法的投资者的一种补偿。它适用于净收益经常波动的企业。

该政策既可以使企业保持一种稳定的常规股利，又能在企业繁荣时给投资者以额外的回报。这样能降低投资者的期望值，使得企业在不太景气时仍有较好的声誉。

5. 股票红利

股票红利只是向股东赠送红股，企业的股本数额做了调整，但股东的持股比例没有变化。例如，企业原有的资本结构如下：

普通股（面额5元，400000股）	2000000
资本公积	1000000
留存收益	7000000
股东权益总值	10000000

现在，企业按5%的比例送红股，即增加股份20000股，该股票的市场价值是40元一股。增加的20000股股份价值800000元，这部分资金由留存收益分别转入普通股股本和资本公积。新的资本结构如下：

普通股（面额5元，420000股）	2100000
资本公积	1700000
留存收益	6200000
股东权益总值	10000000

由于股票面额不变，所以股本价值只增加100000元，剩下的70000元，转入资本公积，全部800000元价值则减少留存收益，股东权益总值不变。

由于股本增加了5%，每股盈余便同比例降低了。如企业税后净收益为1000000元，送红股前的每股净收益为2.50元，送红股后的每股净收益则为2.38元，下降了4.76%。因此，股东的股份多而每股净收益少了，但对整个股东权益拥有的比例保持不变。

理论上讲，红股政策使股东什么也没有得到，只有一张股票数额增加的证书。因为增加的股本不可能兑现，股东对权益的拥有比例也无任何变化，即使是市场价值，也会因送红股而使该股票价格下降导致股东无任何得益。例如，某股东拥有100股，股票市价是40元，他所拥有的全部价值是4000元。送股之后，股票的市价变成了38.10元，下降1.90，即$40 \div (1 + 1 \times 5\%) = 38.10$元。虽然股票数量增加了5%，变成了105股，他拥有的全部价值仍然是4000元，即$38.10 \times 105 = 4000$。

该政策最适合于业绩不断增长的企业。首先，送股后企业如能维持原有的股利发放率，则能给股东带来更多的回报。例如，某人拥有100股，每股派发红利1元，送股比例为10%，则送股后他拥有股份110股，所派发到红利110元。这必须要有业绩增长为前提。即经营业绩能补偿送股对每股净收益的稀释。相反，如果企业业绩不能增长，则会导致每股净收益下降，股息发放率也会随之降低。而每股派发的股利太低则带来一系列不良的后果。其次，红股政策能给股东以心理作用，即手中的股票多了。他可以有更为灵活的处理方法，或者抛售一部分股票，保持原有的股数以得到实惠，避免风险；或者对企业未来看好，持有股份以期获得更多的股利回报。然后，它可以使股票的市场价格维持在一个容易交易的范围内。如果价位太高，对市场交易很不方便，为方便中小投资者，必须使价位降低。最后，红股政策对企业来说最大好处就是保持现金。对于业绩不断增长的企业，往往有许多有利的投资机会，红股政策恰好能避免这种可能的财务困境，以股票红利代替现金红利。

经营不善的企业应绝对避免这种政策。红股使企业每股净收益降低，如没有业绩的提高作保障，必然会使日后每股现金红利越发越少，造成极为不好的市场影响，使股民认为企业是因拿不出钱而采取的安抚措施。更为严重的是企业因业务不佳而在财务上相应紧缩，可能产生现金的相对过剩。

六　股票拆细政策

股票拆细是将股份按一定比例增加而使得股票面额同比例减少、变细。比如，股票按 1:2 拆细，原面额 5 元的 40 万股股票便变成了面额为 2.5 元，共 80 万股，资本公积和留存收益不变，股本总额也不变。

股票拆细是在股票市场价格较高的情况下，通过拆细，使市价降低到一个合理的范围，以有利于交易，增加对中小投资者的吸引力。所以，股票拆细主要通过增加市场吸引力，吸引更多的投资者，给股民以回报。它通常也表示企业业绩将会增长，否则，股票市价会自然下落，而不必通过股票拆细。

与之相反，企业还可以通过股票反拆来提高市价。它一般是企业面临了财务困境，效益下降时采用。股票几股合一股，使股票的每股盈余上升，企业也有能力提高每股的现金红利了。

七　股票回购政策

如果企业有多余的现金或没有合适的投资机会使用企业资金时，企业可选择用这些资金发现金红利或从股市中购回股票，对于企业来说，这两种方法都可以，对于股东来说，也只是略有区别。现举例说明。

企业税后净利	2000000 元
股份总数	500000 股
每股盈余	4.0 元/股
除息前市价	60.00 元/股
市盈率	15 倍

假定企业考虑用 1500000 元发放现金股利或购回股票。若发现金红利，则每股可得 $15000000 \div 500000 = 3$ 元，这样，股票除息前的价值为 63 元，即（60+3）。如果资金用来购回股票，则可购买 $1500000 \div 63 = 23810$ 股，每股盈余为 $2000000 \div (500000 - 23810) = 4.20$ 元/股。如果仍然按原市盈率 15，股票的市场价格则为 $4.20 \times 15 = 63$ 元。此例中的购买价格，我们按对股民有利的价格 63 元计算。如果按 60 元计算，则可购回 25000 股，新的每股盈余为 4.21 元/股，按同样的市盈率，股票市价为 $4.21 \times 15 = 63.15$ 元。这样，对于股民来说，他的得益额均为每股 3 元，只是从股息的分派得到，还是从股票市场上得到的区别。

许多国家对股息收入征收的所得税比对资本得益征收的所得税税率要高，因而，股民更希望通过出售股票来获得利益。另外，股票购回，使得持有股票的股东对股东权益的占有比例提高，加之每股盈余提高，易使市场对该股票的信心增加，引起市价的更大提高。

但是，由于该政策实际上使股本减少，实施时必须先向股东通报，并办理规定的手续。在我国，该政策在 1993 年颁布的《公司法》中是被限制采用的。

第四节 财务结构战略

财务结构是指企业全部资产的对应项目，即负债和权益的具体构成，它们相互之间及其内部之间各种比例关系的总和。

财务结构战略主要是在对企业当前财务结构有正确估价的基础上，结合企业的经营现状，通过调整各种比率、杠杆，确定最有助于企业战略目标实现的财务结构。

在进行企业分析时，不仅要注意销售额、利润额这些项目在总额上的变动，而且要研究盈利与销售、资金总额、流动资产等项目之间的重要比率及其变化趋势。常用的财务比率一般有"四类九种"，具体如下。

一　流动性比率

1. 流动比率

流动比率是全部流动资产对全部流动负债的比率，它可以衡量企业偿付债务能力。公式是：

$$流动比率 = \frac{流动资产}{流动负债}$$

流动比率表示每1元流动负债有多少元流动资产作为后盾。

短期负债的债主特别关心该比率。他们注重的是近期的财务情况，不像长期投资者那样更注意企业长期盈利能力。

流动资产通常包括现金、有价证券、应收账款及存货等，流动负债包括应付账款、短期应付票据、一年内到期之长期负债、应付工资、应付税金等。由于流动负债要靠流动资产来偿付，因此，流动比率越大，表示企业短期偿债能力越强。但是，流动比率如果过高，则表示流动资金积压太多，不能充分利用。传统经验认为，流动比率为2∶1是比较适中的。当然，对这一比率的分析不能孤立地看待，而必须结合其他多种比率，以及企业经营活动的特定时期、特定情况一起来分析。

2. 速动比率

速动比率是指速动资产对流动负债的比率。速动资产是现金、有价证券和应收账款的总称，它不包括存货和预付费用，因为这些资产不能迅速变现。其计算公式如下：

$$速动比率 = \frac{速动资产}{速动负债}$$

速动比率表示每1元速动负债有多少元速动资产作为保障。一般认为，较为合适的速动比率应在1以上。如果太低，表示债务得不到应有的保障；如果太高，表示企业被过多的资金以不生利息的现金和应收账款，或投资报酬率不高的有价证券形式占用，这虽然可以提高短期偿债能力，但资金利用效率很低。

二　资产管理比率

资产管理比率主要反映企业内部某些资产项目的利用效率，它主要包括应收账款周转率和存货周转率。

1. 应收账款周转率

应收账款周转率是以赊销净额除以期初期末应收账款平均余额而得。但由于人们有时无法将销货拆开，分为赊销和现金销货两类，因此，计算时便以销货净额来代替赊销净额。

其计算公式为：

$$应收账款周转率 = \frac{赊销净额}{(期初应收账款 + 期末应收账款) \div 2}$$

它表示在多少元的销货净额中有1元钱尚未收回，同时也表示应收账款在全期中平均收回的次数。

该指标也可以平均收账期来表示应收账款的平均周期，公式如下：

$$应收账款平均收账期 = \frac{360}{应收账款周转率}$$

2. 存货周转率

存货周转率是销货成本除以期初期末存货的平均余额而得。

其计算公式为：

$$存货周转率 = \frac{销货成本}{(期初存货 + 期末存货) \div 2}$$

它表示每1元存货平均每期可产生多少元的销售。周转率高表示周转快，积压少，效率高。可是，此比率如果过高，也可能表示持有的存货偏低，不足以应付顾客的需要，结果可能丧失部分客户。

该指标也可以平均存货账龄表示商品存货自入账之日起到售出之日为止平均天数。公式为：

$$平均存货账龄 = \frac{360}{存货周转率}$$

三　获得能力比率

获得能力比率是反映企业持续经营与发展的条件和潜力的重要指标。

其主要指标有：销货纯收益率（销售利润率）、每股盈余和资产报酬率三种。

1. 销货纯收益率

销货纯收益率是以税后纯收益除以销售净额而得，主要用来衡量销货利润的高低。其计算公式为：

$$销货纯收益率 = \frac{税后纯收益}{销货净额}$$

2. 每股盈余

每股盈余是以普通股可得的税后纯收益除以普通股股数而得。其计算公式为：

$$每股盈余 = \frac{税后纯收益 - 特别股股利}{普通股股数}$$

3. 资产报酬率

资产报酬率是反映企业资产总额中平均每元所能创造的税后纯收益，它可以衡量企业适用所有投资资源所产生的经济效益。其计算公式为：

$$资产报酬率 = \frac{税后纯收益}{(期初资产总额 + 期末资产总额) \div 2}$$

四 保障比率

保障比率是反映企业长期偿债能力的指标，它主要包括利息保障比率和负债总额保障比率。

1. 利息保障比率

利息保障比率是以税前利息前纯收益除以利息总额而得。其计算公式为：

$$利息保障比率 = \frac{税前利息前纯收益}{利息总额}$$

利息保障比率越高，表示债权人每期收回的利息就越有保障；反之，则表示债权人每期利息的保障程度越小。

2. 负债总额保障比率

负债总额保障比率是以业主权益除以负债总额而得。它反映了企业的综合偿债能力，其负债总额为短期、长期负债之总和。计算公式如下：

$$负债总额保障比率 = \frac{业主权益}{负债总额}$$

该指标越大，表示债权人的债权越有保障；反之，则表示债权人的债权受到的保障越小。

第九章 企业科技战略与人才战略

第一节 企业科技战略

一 企业科技战略的概念及其意义

1. 企业科技战略

现代科学技术正经历着一场深刻的革命,并对人类生活的各个方面产生广泛而深刻的影响。从世界范围内的综合国力竞争到各个企业之间的竞争都表现为科学技术的竞争。科技竞争已成为企业竞争的重要方面,越来越多的企业开始从战略的角度来认识科学技术。所谓企业科技战略,是企业根据自己总体经营战略的要求,在科技发展预测和环境分析的基础上,对企业的科学研究和技术开发的方向、重点、发展目标和实施手段等方面的总体谋划。

科学技术是企业发展的重要支柱,也是获得竞争优势的主要手段。企业只有顺应科技发展的潮流,及时研制、开发新技术、新产品,把科学技术迅速转化为生产力,才能够适应市场,在竞争中处于有利的地位。

2. 科学技术是生产力

科学技术是生产力,这是马克思和恩格斯首先提出的。马克思曾指出:"劳动资料取得机器这种物质存在的形式,要求以自然力来代替人力,以自觉应用自然科学来代替从经验中得出的成规。"于是,生产过程成了科学的应用,而科学反过来又成了生产过程的因素。恩格斯在指明了自然和人这两个生产要素之后写道:"还包括经济学家想也想不到的第三要素,我指的是简单劳动这一肉体要素以外的发明和思想,这一精神要素。"这些论述表明,"科学技术是生产力"是马克思、恩格斯的一个基本论点。

进入 20 世纪 80 年代,邓小平在继承了马克思关于科学技术是生产力这一观点的基础上,总结了人类社会发展的历史经验,特别是近几十年来科学技术和生产力迅速发展的实践经验,他在 1988 年创造性地提出了科学技术是第一生产力的科学论断。这一论断指明了现代生产力已不再是生产力三要素的简单总结,而是多因素、多层次的有机复合体。劳动者、劳动资料、劳动对象是生产力的实体性因素;科技、信息、教育和管理是非实体性因素。同实体性因素相比,非实体性因素的地位越来越突出,其中科技已上升到第一位了。

科学技术是生产力的作用是通过劳动者、劳动资料和劳动对象三个实体性因素表现出来的。

(1) 人们掌握了科学技术就能在物质资料的生产过程中发挥更大的作用。一般来说,人们的劳动能力及作用的差别,在其他条件不变时,主要是文化素质的差别。人的科技知识越丰富,劳动技能也就越高,创造的社会财富也越多。邓小平同志指出:"我们国家国力的强弱,经济发展后劲的大小,越来越取决于知识分子的数量。一个 10 亿人口的大国,教育搞上去了,人才资源的巨大优势是任何国家比不了的。有了人才优势,再加先进的社会主义制度,我们的目标就有把握达到。"

(2) 科学技术物化在劳动资料上,就能创造出先进的、高效能的机器设备,使劳动生产率成倍地提高。马克思和恩格斯曾就蒸汽机和机器的应用对经济增长的作用作了系统的研究,指出由于科学技术的发展带来了 18～19 世纪资本主义国家的工业革命,"资产阶级在它的不到 100 年的阶级统治中所创造的生产力,比过去一切时代创造的全部生产力还要多,还要大"。科学技术的进步意味着生产过程中大量采用新技术、新工艺、新材料;意味着生产的机械化、电气化、自动化。在当代,由于电子计算机控制论和自动化技术的发明和广泛应用,劳动生产率能够几十倍乃至成百倍地增长。

(3) 科学技术进步对劳动对象起着越来越大的作用。科学技术物化在劳动对象上,就能增加劳动对象的数量,提高劳动对象的质量,扩大劳动对象的使用空间。如海洋技术和宇宙技术的发明,可以使人类从占地球 70% 面积的海洋和众多的星球上获取取之不尽、用之不竭的资源。

3. 科学向生产力的转化

科学技术是生产力，是就它进入生产过程生产使用价值的现实力量来说的。科学技术与生产力的其他诸因素一样，在生产过程以外还不是现实的生产力，只是可能的生产因素。如同马克思所说，劳动者和生产资料"在彼此分离的情况下只在可能性上是生产因素。凡要进行生产，就必须使它们结合起来"。因此，处在生产过程之外的科学技术不能说就是生产力。科学技术转化为现实生产力有一个过程，这一过程通常可分为以下几个阶段。

第一阶段：哲学指导基础科学研究。科学是关于自然、社会和思维的运动形式与发展规律的知识体系。这种知识体系的最高层次是马克思主义哲学，它是作为世界观和方法论来指导人们从事社会实践和科学研究的，是自然科学、社会科学和综合科学的概括和总结。以哲学为指导对这些学科进行研究，使其顺利发展，可以认为是朝着生产力方向的第一级转化。

第二阶段：基础科学向技术科学转化。自然科学、社会科学、综合科学各自又都是一类科学知识体系，它们也不是生产力。这些类别的科学知识体系，一般地说还要转化为技术科学即应用科学。这可以说是向着生产力方向的第二级转化。

第三阶段：技术科学向生产科学即工程技术转化。技术科学是联系基础科学与生产科学的中介和桥梁。根据基础科学的一般原理，进一步研究通用性的技术，深入考察某一类技术的特殊规律。但技术科学还不能直接解决生产中迫切需要解决的各种实际问题，只能解决比较远期的生产方向问题。因此技术科学还得再向生产科学即工程技术转化，这是第三级转化。

第四阶段：工程技术向生产过程转化。工程技术的主要特点是实践性强、专业性强、服务对象具体，但内容庞杂、学科繁多。工程技术要转化为生产力，首先还需要向两个方面转化：一方面它们要物化在生产工具、机器设备、劳动对象之中，即成为"硬件"；另一方面它们被劳动者掌握，变为劳动者的实际操作技能、技巧等，一般以工艺流程、生产的具体方式与方法、配方等形式出现，可称为"软件"。"硬件"系统和"软件"系统有机结合置于生产过程，就产生现实的生产力。

二 企业科技战略的内容

企业科技战略内容,即企业科技战略要回答的几个问题。

(1) 本企业所属行业属于哪一种技术类型?采用的是稳定型技术还是高度型技术?

(2) 预计本企业所处行业长期内有没有革命性的技术突破?如果有,那么最可能发生在哪些方面?

(3) 近期本行业的科学技术会有哪些革新?

(4) 竞争对手的科技战略是什么?它们目前正在开发哪些技术?其前景预计如何?

(5) 企业是否有足够的力量实施自己的科学战略?

(6) 是否要立即推出本企业已开发或已获得的新技术产品?

三 企业科技战略的类型及选择

1. 企业科技战略的类型

企业科技战略可以按不同方法进行分类。

根据企业在本行业科技发展中的角色和地位,可将企业科技战略分为三种基本类型。

(1) 科技领先型,即企业在本行业科技发展中保持领先地位。这种类型需要较强的科技实力和雄厚的资金,一般适合于大型企业或企业集团。

(2) 科技追随型或尾随型,即在科技领先型企业采用某种新的技术后,本企业立即进行跟踪研究,对这些新技术进行消化吸收,并运用于本企业的产品上。

(3) 科技模仿型,即本企业不进行新技术的开发研究,而是靠购买其他企业的技术专利进行仿制,一般适用于中小型企业。

根据企业科学技术的不同来源,可将企业科技战略分为以下几种类型。

(1) 独立的科技开发型,即企业完全依靠自己的力量进行新技术、新产品的研究开发。独立的科技开发型战略一般要经历基础研究、应用研究和开发研究三个阶段,适合于大型企业或企业集团。

(2) 技术引进型,即通过引进技术进行新产品的开发。这种战略可以较快地掌握新的技术，缩短新产品投放市场的时间，还可以降低风险程度。

（3）引进与革新相结合型，即以上两种类型的结合，以便取长补短，发挥优势。

根据企业的科技装备手段，可将企业科技战略分为以下几种类型。

（1）技术密集型。这一类型的技术需要具有较高科技和文化水平的劳动者，需要具有先进水平的装备。

（2）劳动密集型。它的特点是要集中地使用劳动力，有效地减少物化劳动在产品成本中所含的比重。

此外，还有一些国家和企业是劳动—技术密集交叉结合的类型，这是一种过渡的类型。

根据企业选择的科技水平，可将企业科技战略分为以下几种类型。

（1）初级技术型。是以传统手工业为代表的、使用简单工具为特征的手工劳动技术。

（2）中间技术型。是具有比手工业劳动高得多的劳动效率和经济效益，是以机械化、半机械化武装的技术。但是，它们污染严重，资源消耗高。

（3）先进技术型。它是一种与尖端技术装备相关的技术类型。它的特点是科研费用高、劳动生产率高、员工知识水平高、产品附加值高，而原材料消耗少、废品少。这种类型投资大，风险大，一旦成功，经济效益也高。

（4）先进适用型。这是一种从企业的条件出发，采用适用的先进技术达到理想的经济效益和社会效果的类型。

由于各个企业之间的情况不同，企业在确定科技战略时，必须对其模式（类型）进行分析和选择。企业进行科技战略选择时应遵循以下原则。

（1）企业的科技战略必须与企业的性质和特点相结合。不同的企业具有不同的性质和特点，主要包括技术密集度不同、技术水平不同、技术来源不同、企业所处地位不同、供给与推销优势不同等。企业要根据自身的特点选择合适的科技战略。

（2）企业科技战略必须与企业所在地区和部门的技术及其发展水平相吻合。现代科学技术发展的趋势之一便是科技合作，任何一项新技术的开发，都离不开企业外部力量的支持与配合，尤其是重大科技项目的开发更是如此。

（3）企业科技战略要与市场需求相吻合。企业选择科技战略，进行新技术、新产品的开发研究，其目的是进行市场销售，满足消费者的市场需求。可以说，市场是企业科技开发的出发点和归宿点。

（4）企业科技战略必须与国家的科技政策和经济政策相吻合。国家的科技政策和经济政策是国家科技开发的总原则，也是企业进行科技开发应遵循的一项基本原则。

2. 企业科技战略目标的确定

在企业科技战略制定的过程中，其战略目标的确定是一个核心问题。目标的确定为企业科技的发展指明了方向；确定一个科学合理的目标，对于促进企业的发展具有十分重要的意义。

（1）总目标的确定。企业科技战略总目标的确定要根据国家和企业的总体战略和科技发展的现状与趋势，规划出科技发展的总水平，确定企业科技发展的总目标。在确定总目标时，既要注意目标的先进性，又要注意目标的可行性。同时，在选定目标时还要考虑到企业的外部、市场、社会的期望和企业的责任。

（2）具体目标的确定。企业科技战略总体目标的确定，仅仅为企业科技发展提出一个概括性的原则要求；这个总的要求要具体实施，还必须分解成适应不同层次结构的具体目标，构成一个目标体系。

企业在制定具体目标，构成目标体系时，要分别对企业的产品结构、材料结构、设备结构、工艺结构、人员结构及科技管理等，提出明确的发展目标，并针对不同企业的特点，选择具有决定意义的部门和层次作为战略重点。

3. 企业技术结构的设计

企业技术结构是指企业不同水平、不同层次的技术手段之间的数量比例及其相互关系。它包括：①要素结构，即企业技术的各种技术要素之间以及各要素内部不同成分之间的质的组合与量的比例关系。②层次结构，即先进技术、中间技术、适用技术等不同层次、不同水平之间的组合与比例关系。③相关结构，即企业主体技术、共有技术、相关技术之间的比例关系。这里主体技术是指生产某种产品的骨干技术；共有技术是指企业所在行业的通用技术；相关技术是指与企业产品生产有依赖关系的一些技术。④序列结构，即产品的开发技术、设计技术、测试技术、制造工艺技术、推销技术、操作运行技术、保养维修技术等各种技术之间的比例关系。⑤来源结构，即企业不同的技术来源之间的比例关系。一个企业的科学技术结构是经常变化的，并有一个由低级阶段向高级阶段发展的过程。

企业技术结构的先进程度是指在企业技术结构中，不同水平、不同层次的技术手段之间的数量比例及其相互关系。企业技术结构的先进程度，一般从以下几个方面衡量。

（1）按企业的技术装备程度可分为：自动化、半自动化、机械化、半机械化、手工工具。

（2）按企业技术结构的现代化程度可分为：尖端技术、先进技术、中间技术、初等技术、原始技术。

（3）按生产社会化程度划分，就工业企业来说，主要是以生产的专业化协作水平来区别。

（4）按生产文明化程度划分，主要是以环境净化和生态平衡程度划分。

（5）按技术熟练程度划分，主要的划分依据是职工的平均技术等级和职工的平均文化水平。

在一个企业里，往往是几种不同等级的技术装备，几种不同级别的技术同时存在。不同等级所占的不同比重，形成了不同技术结构，大体有如下几种。

（1）尖端技术所占比重很小，而初级和原始技术所占比重较大，形成了一个金字塔形结构。

（2）尖端技术比重有所增加，而原始技术所占比重仍很大，形成了一个梯形结构。

（3）尖端技术比重有所增加，原始技术有所减少，但两种技术都占较小比重，形成两头小中间大的梭形结构。

对一个企业来说，选择最合理的技术结构，要坚持这样几个原则。

（1）要坚持以改善产品结构为中心。企业的一切科技活动都必须直接或间接地有利于生产出适销对路、物美价廉的产品。

（2）要有利于较大幅度地提高劳动生产率。企业的技术革新、技术改造必须能够大幅度地提高劳动生产率，否则将失去它的积极意义。

（3）要有利于较明显地节约能源和原材料等。我国的能源、原材料供应比较紧张，因此，在技术革新、技术改造、技术结构的选择上，必须要强调节能、节料的原则。

（4）要有利于节约资金，提高资金利用效果，做到投资少、回收快、效果好。技术改造是企业技术进步的主要途径，要做到投资少、回收快、效果好，关键是选准项目。

（5）要有利于净化环境和生态平衡。根据我国政府的规定，超过环境保护规定指标的任何项目一律不批准投产。因此，在选择技术结构时必须坚持减少生态破坏和避免环境污染的原则。实践证明，一个好的净化环境的技术改造计划，不但可以消除污染，而且可以取得较好的经济效益。

（6）要尽可能多地提供社会就业机会，维持社会稳定。

企业通过科学技术结构的设计，使企业的科学技术结构合理化；企业科学技术结构合理化，对企业技术进步的速度和经济效益的高低都将产生深远的影响。

第二节 企业人才战略

企业从事生产经营活动，需要具备两个最基本的条件：一是占有资金；二是拥有掌握专业技能、从事管理和操作的人员。在这二者之中，人的因素更为重要。一个企业，其人才的开发使用状况，对它的经营与发展水平具有决定性的作用。企业要想在市场竞争中取得优势，就要重视人才的开发、培养和使用。

一 人才战略的重要作用

企业的全体员工在生产经营活动中，按照内部分工，结成具有一定的组织结构和管理指挥系统的整体，只有把各个部门、每个员工的活动有效地统一于企业生产经营的目标之下，才能充分发挥企业员工的整体效能。而能否做到这一点，主要取决于企业内部的各个重要环节和岗位，是否配备所需要的人才。作为一个现代企业家，必须树立重视人才、依靠人才的意识和观念。

1. 企业人才的定义

企业的人才是指哪些人？或者说，什么样的人可以称为企业的人才？要回答这个问题，首先涉及关于人才的定义。

一般而言，人才是指有某种特长的人，德才兼备的人。我国从事人才学研究的学者，将人才的定义表述为：以其创造性劳动，为社会发展和人类进步作出一定贡献的人。这个定义包含着相互联系的三个方面的内容：①人才最突出的特点、最主要的特征是具有创造性；②这种创造才能的应用有益于某项事业的发展，符合社会进步的方向；③产生了客观效果，即做出了在一定范围、领域内得到承认的实际贡献。"创造性"被摆到人才定义中的突出地位，表明当代社会对于"人才"，从内涵丰富的概念中提炼出了更高层次、更具有普遍意义的本质特征。

根据上述定义，企业的人才，就是指那些在企业的生产、经营、管理活动中，具有一定的专业知识与技能，能够创造性地发挥专长和才干，为企业的发展和社会进步作出突出贡献的人。

从企业人才的定义可以看出，我们所讲的企业人才，不仅仅局限于专家、学者，也包括那些勤勤恳恳、兢兢业业，在自己的工作岗位上取得优异成绩的实干家。凡具有一定知识，具有一技之长，对社会、企业尽职尽责，在自己的岗位上作出较大贡献的人都是人才。

2. 企业人才的基本要素

企业人才的基本要素，是指构成企业人才的最主要的因素，概括地说，企业人才的基本要素包括德、识、才、学、体这五方面的内容。人才的德、识、才、学、体与通常所说的又红又专、德才兼备的精神实质都是一致的。

德，指政治立场、政治素质、政治品质、道德、信念等，包含政治观、道德观、人生观，还包括事业心、爱国心、民族自尊心、自信心和正义感等。

识，指见识，包括认识事物的能力、科学预见能力等。

才，指才能，包括掌握的技能和办事的能力等。

学，指学问、知识，既包括书本上的理论知识，又包括实际工作经验等。

体,指身体,包括身体的素质和强度,脑力的素质和强度等。

对于企业人才来说,德、识、才、学、体诸要素是互相联系,不可分割的。德是企业人才的政治方向,人才的灵魂,是人才的识、才、学、体发展的内部动力;识、才、学是人才的智能、本领,是人才发展和成功的基本条件;识是以学和才为基础的,同时,学和才要有识作指导;而体是识、才、学的物质基础。因此,德、识、才、学、体之间是相互促进、相互制约、相辅相成的关系。

3. 人才是企业的宝贵财富

企业发展的潜力、实力增强的一个必备条件,是努力形成和发挥自身的人才优势,这已为国内外众多企业兴衰存亡的历史所证明。

新技术革命在近几十年的发展,给社会经济生活带来了多方面的深刻变化:科研成果大量涌现,而且与产品开发直接结合;向应用转化的过程明显加快;不同领域之间的渗透与连锁式变化频繁发生。科学技术的快速发展与知识传播方式、媒介的现代化所带来的历史性变化,必然要对企业的发展产生影响和作用;企业普遍面临着新的机遇和挑战,开发和创新成为企业发展的主旋律;而立足于开发与创新,实现企业发展不可缺少的一个基本条件,则是人才的占有及其有效利用。

国外很多大企业,都把发挥员工的创造性作为企业经营哲学的主旨,注重选择和培养"能向变化挑战的人",把"人"的发展视为企业成功的关键因素,这类经营思想与经验概括反映出现代企业发展方式的重大变化。最主要的一点,是企业发展的主导因素,已由资金(物质)的占有转向了人才的占有;企业的管理方法、生产经营活动的组织方式与结构,不仅要以物质工艺流程的合理性为确定的依据,而且要考虑到有利于发挥人的主动创造性,合理调整企业内的人际关系。

随着我国市场经济体制的不断深入发展,人才在企业发展中的作用,更为充分地显示出来。注重人才的作用,发挥人才的优势,是一些企业迅速发展起来的主要原因。同时,我们也应该看到,面对国内外市场的竞争,人才不足或人才作用不能充分发挥等问题也相当普遍,构成了制约不少企业进一步发展的主要障碍。邓小平同志曾指出:现在我们国家面临的一个严重问题,不是四个现代化的路线、方针对不对,而是缺少一大批实现这个路线、方针的人才。道理很简单,任何事情都是人干的,没有大批的人才，我们的事业就不能成功。企业要发展，必须有知识，有人才。在现代经济发展过程中，企业的资金拥有量已不具有决定性的意义，离开了高水平的管理和各方面的人才，企业的资金再多、设备再好，企业也难免要走向衰败。人才，已成为企业生存、发展最宝贵的资源和财富。

4. 企业家要树立正确的人才观

企业家的人才观，包括以下两个方面。

一方面，企业家要有开发人才、依靠人才、重视人才的意识，并且坚持正确的用人之道。

企业的人才开发是指为充分发挥人的才能而进行的一系列活动，包括广泛地选拔人才，积极地培养人才，合理地使用人才，科学地管理人才，充分发挥各种人才的积极作用。

（1）广泛地选拔人才。企业应从本单位的实际情况出发，充分发掘企业现有人才的潜力，广泛地选拔人才。现在，有些企业放着现有的人才不用，说单位里没有人才。企业领导者必须深入群众，把各种人才选拔和发掘出来，使他们在自己的岗位上充分发挥作用。

（2）积极地培养人才。人才培养的基础在教育，从我国大多数企业目前的情况看，加强培训教育尤其重要。

（3）合理地使用人才。使用人才时要做到人尽其才，才尽其用。根据人才自身的情况和特点，用其所长，避其所短，使他们各得其位、各尽其责、各施其能，为企业发展服务。同时，在使用人才时还必须坚持"任人唯贤"，要克服"论资排辈"、"任人唯全"的思想，不能搞"任人唯亲"，防止"妒贤嫉能"。

（4）科学地管理人才。要建立健全的人才管理机构，制定人才管理的规章制度。建立一套科学选拔、合理使用人才的管理体制。

另一方面，在人才的开发、培养和使用上，企业家要有战略意识和整体意识，注重总体规划与组织实施等方面的科学性及与企业发展目标要求的一致性。

（1）制定和实现企业人才战略，是企业实现发展战略的客观要求。企业要实现所确定的发展目标，需要有与其相适应的人才来具体组织实施，需要通过人才的充实、提高及结构调整来配合。

（2）制定和实施企业人才战略，是现代企业人才发展规律的内在要求。人才的成长与其作用的发挥，涉及多方面的因素，需要多项措施的配合。比如，要真正形成一种制度化的选优机制，需要综合考虑干部人事制度、考核管理、分配制度、职权划分等方面的配套措施；提高人才的素质，不仅要制定业务培训制度与计划，还要有发展企业文化、思想教育等多方面工作的配合，这样才能使有组织地培养与人才的自我开发相互促进。现代企业发展的一个新特点，是十分强调人才开发的整体性，注重人才的群体功能。国内外一些大企业在进行人才开发时，不仅考虑到人才的数量、质量，而且十分重视对人才结构、层次的规划，重视通用型人才的培养。企业人才的开发与培养，已从过去的随机选择，根据某一岗位的需要选拔人才，发展到"人才是一个群体"，强调系统功能的新阶段。进行整体开发，必然需要一个全面的组织实施方案。

（3）制定和实施企业人才战略，是现代科学知识和教育的客观要求和发展趋势。知识更新的速度在加快，这是现代社会发展的一个显著特点。一个人在学校里所学的知识已不可能终身受用，教育的时空概念在扩展，由学校教育向社会教育发展，由职前教育向终生教育发展。为了使人才跟上社会发展、企业发展的进程，有计划地进行在职培训、继续教育已成为不可缺少的手段。

二　企业人才战略的制定与实施

企业的人才战略是关于企业人才全局的谋划，它包括相互关联的三个方面的内容，即人才的开发、培训和使用。人才战略的制定与实施，就是采用一定的手段和方法，确定并实现企业由这三个方面内容构成的中长期总体目标。在实际发展过程中，人才的开发、培训和使用战略的实施并不是截然分开的，而是有机地结合在一起。

企业人才战略所要解决的，不是个别岗位的人才选用或一些偶然变化带来的人员安排使用问题，其基本着眼点，是根据本企业中长期发展的需要，从总体上考虑、规划人才队伍的发展目标，制定相应的实施方案与措施，有计划地逐步实现。

1. 制定实施企业人才战略的指导思想和基本方法

在指导思想上，应遵循"科学、可行、配套"的方针。"科学"包括两方面的含义：第一，战略的基本内容要有科学性，符合人才发展的客观规律和时代特点，并积极借鉴、采用现代组织人事管理的新成果；第二，方法上要有科学性，要有一个比较完备的程序，如对相关因素进行调查分析，选择科学适用的考核评价方法等。"可行"就是坚持从实际出发，具有可行性。一方面，人才战略的制定，要以全面分析本企业人才占有及其素质、结构、作用发挥状况为依据，针对所存在的问题与薄弱环节，确定符合自身发展需要的人才战略目标；另一方面，所制定的战略目标与实施方案要切实可行，具备实施的内外条件。"配套"，即对相关方面的组织实施都要有所考虑和安排，不能"铁路警察，各管一段"。否则，人才的开发、培训和使用难以统一于战略规划的目标；配套的另一重要方面，就是要把人才战略与深化企业内部制度的改革结合起来考虑，在可选择的范围内，对原有制度与发展需要不相适应的方面进行改革。对于大多数企业来说，这是通过改革推动企业发展不可缺少的一项重要内容。此外，还要适时落实组织领导、资金等方面的保证条件。

2. 人才开发与培训战略

人才选拔是人才开发的重要前提。选拔人才，要善于发现和识别人才，掌握选拔人才的标准和方法，广开门路，不拘一格地发掘和选拔人才。

人才的开发与培训，是企业人才战略的基础环节，是紧密相关的两项内容。人才开发的核心是能力的开发、提高和挖掘人的创新精神，而能力开发的主要途径，是通过多种形式的培训，提高企业干部职工的素质、知识水平和专业技能。

人才开发战略的基本内容包括两个方面：①确定企业人才开发的中长期目标，对未来发展所需人才的类型、数量、结构等做出总体规划；②开发方式的选择和确定实施计划。根据内外条件，确定组织体系、开发计划、培训目标以及改革有关制度、考核评价人才等各个方面具体措施。

人才的培训战略，主要是根据人才开发战略所确定的总体目标，有计划地培训企业各类人才，包括对管理人员、专业技术人员的专门培训和对企业广大职工的培训、教育。人才培训战略并不是脱离企业日常培训工作的特殊事项，但它又不同于一般培训计划，它的主要作用在于从战略角度对企业中长期培训工作的目的做出选择，把企业人才战略作为确定培训目标的前提和依据，采取有效的培训方式，提高人才的素质和能力，保证人才开发战略的如期实现。

（1）制定人才开发与培训战略的程序。人才的开发与培训，涉及企业内部与其相关的多部门、机构，在制定战略时，应注意各方面职能、业务与综合规划的协作和配合。企业可根据自身的条件，在以下三种方法中选择制定企业战略规划的工作方法。第一，在有专门负责战略规划工作机构的企业，可由专职机构提出方案，然后请有关部门共同研究，把各项内容具体化；各有关部门按照统一的战略规划，对自身的工作计划进行必要的补充和调整。第二，由企业主管领导负责，组织一个各有关部门人员参加的专项工作小组，在共同研究的基础上，分项制定出各部门的内容，再进行统一协调、规划，形成一个完整的方案。第三，聘请企业外的专业规划人员，主持或参加规划小组的工作，承担综合规划方案的拟订。不论采取哪种规划方法，都要注意让有关方面经常交流情况、意见，这是提高方案可行性的基本保证。

（2）战略模式的选择。制定企业人才开发与培训战略，需要考虑基本模式的问题。应把处理好目的与实现途径、方式的关系作为模式选择的出发点。目前，除少数大型企业外，大多数企业的培训、教育的能力还不能完全适应人才开发的需要，如果只是从自身条件考虑，企业的人才开发工作就难以适应发展的需要，人才战略与总体战略也会出现矛盾。因此，在制定和实施企业的人才战略时，要充分考虑如何借助企业之外的条件。根据开发与培训的主导方式，企业在一个时期内的人才战略，可以选择下述两种不同类型的模式。

第一种，主要依靠社会条件的模式。这种模式的主要特点是根据企业外部可利用的社会条件，确定本企业人才在数量增长、结构调整、培训教育等方面的战略目标。在开发方面，把招聘专业技术人才、招收一定数量的大专院校毕业生作为改善人才结构的主要途径。在培训方面，主要采取选派人员参加社会上举办的专业培训、文化学习，聘请兼职人员组织企业培训教育，鼓励职工参加社会上举办的专职培训和业余学习，输送职工到大企业在岗培训、跟班学艺等方式。这种以社会条件为导向的模式，对大量中、小企业更为适用；采用这种模式的企业，应把如何增强导向作用作为战略规划的一个重要内容，制定能够增强企业对人才的吸引力，鼓励员工参加专业学习和培训的具体措施。这种模式的特点，在于企业的人才开发与培训战略的目标及实现过程易受外部条件的影响、制约。

第二种，主要依靠本企业条件的模式。采用这种模式的前提，是企业自己具有一些必备的条件，如人才占有数量相对较多，自身培训能力较强等。这种模式的特点，一是在人才开发方面，主要是从现有人员中选择，对结构上短缺、层次上不合理的环节，主要依靠在总体素质提高的基础上，有计划地通过培训、调整等方式来解决；二是在人才培训方面，以企业内的专门机构组织的集中培训、专业人员培训为主，按照人才战略的总体规划，有步骤地组织实施多种形式的培训和教育。这种模式的优点是企业自主选择、设计的余地大，如培训的课堂设置、实习、设计等都能够与企业的生产活动相结合，可以提高人才战略规划的整体性、连续性和配套实施程度。大型企业或者企业集团可以选择这种模式。

当然，上述两种类型模式，在实践中并不是互相排斥的，只是以哪方面条件为主导的差异，即类型上的差异；不论采用哪种模式，都应坚持多形式、多渠道地开发与培训人才。

针对我国企业在人才开发培训工作和人才结构上普遍存在的一些缺陷，企业在制定和实施人才开发与培训战略的过程中，要重点做好以下三个方面的规划。

第一，企业发展趋势对人才结构、素质变动方向的客观要求。在现阶段，企业人才开发与培训的一项战略性任务，就是根据这一历史性变化的要求，打造使企业适应环境转变的人才基础。如原有的管理人员普遍需要掌握、提高经营方面的决策水平；对市场变化趋势做出预测，需要有从事市场调查分析的人才；经销产品需要有熟悉国内外市场情况、善于推销产品的人才等。这是从企业发展的总体趋势的变化来看的，具体到某个企业，还要根据自身的现状和发展战略，根据产品市场的特点，确定企业的人才结构及开发培训重点。

第二，针对不同层次、不同类型人才构成的特点，进行能力、素质的综合开发和培训。人才的层次有两方面的含义：一是级别上的差异，如公司、工厂、车间的各级管理人员；二是同一部门内的纵向结构，如从事技术开发的高、中、低各级专业人员，部门内人才的年龄结构等。不同类型的人才指人才与不同专业技能有相对固定的联系，如经营管理、技术开发、质量检测、成本核算、劳动人事管理、市场预测与开发等各类人才。

对于同一类型不同层次的人才，同一级别不同专业的人才，能力开发的重点应有所不同，培训工作的内容、方式也是如此。只看专业，不讲层次，或只按级别安排，不考虑专业特长，内容和方法单一化，都会影响开发培训工作的效果。在综合规划中，要处理好级别教育与职能教育的关系。

第三，全面开发、提高人才的能力和素质还应注意一点，就是在内容与方式上要综合、全面地考虑。一般而言，人才开发的内容包括知识教育、技能教育、态度教育和创造教育四个方面。对于不同层次、不同类型的人员，这四个方面的教育在各个阶段需要有所侧重，但不可顾此失彼，把培训工作局限于某一方面。在培训方式上，要把多种形式结合起来运用，使在职培训、集中培训和人才的自我开发相互促进，避免培训与使用脱节或使用中不注重培训的倾向，以取得综合培训的效果。

3. 人才使用战略

人才是在实践中锻炼成长的，人才使用战略是企业人才战略的一个重要组成部分。企业的生产经营活动，为人才的锻炼和成长提供了广阔的舞台，在使用中进行人才的开发与培训也是企业培养人才的一个重要途径。

制定企业人才使用战略的目的，是把企业人才的使用、管理纳入发展战略规划的指导之下，将现期需要、工作安排与实现人才战略目标的要求相统一。同时，要按照人才成长的规律，把使用作为开发培训的主要方式之一，为人才提供必要的实践机会。

人才使用战略的基本内容包括以下三个方面。

（1）根据企业发展的需要，制定各类人才的使用规划及考核制度。一方面，应对各个部门及专业岗位上的人才使用配置做出合理的规划。要从组织功能的角度，通过使用上的合理配置，形成人才的互补效应。所谓互补效应，就是使具有不同特点、不同专业的人才，能够在知识、能力等方面相互补充，发挥人才的群体功能。如在从事新产品开发的小组中，不仅应有技术工艺设计、材料、成本核算的专业人员，还应有从事装潢设计、消费心理研究等专业人才参加，这样既能提高所开发产品的成功率，也有利于人才之间相互启发和学习。对于今后发展所需要的备用人才，如何为其创造实践锻炼的条件，也是人才使用战略规划需要考虑和解决的问题。另一方面，要确定使用过程中的考核管理制度。作为一种测量工具，人才考核方法的发展趋势是从定性向定量发展。企业人才的考核有多种方式，不论采用哪种方式，都要力求使之制度化、公开化，并在实践中逐步完善和发展。日常的考核工作主要是靠组织人事部门承担，具体方法可采用以日常考核为基础，适当增加内容，如对管理人员决策分析能力、处理人际关系能力的综合考评和记录。此外，还可以采取一些特殊的考核方式，如采取专项任务目标管理的方法，要求管理人员全面承担企业发展中的一项阶段性任务，对计划、组织、实施到完成的整个过程全面负责，在此过程中，对管理人员各方面能力进行全面考察。

（2）根据人才成才的特点和需要，调整各类人才的使用方式和使用规划。人才使用战略的目标之一是进行通用型人才的培养，对此需要做出综合的规划和安排。在一个大企业内，部门之间的专业化分工明确，企业内某一专业系统内"直线式"上升的人才，往往具有对全面情况缺少深入了解的弱点。而且，仅有在同一类职务工作积累的经验，易于形成固定的观念，抑制创新意识的发展，这不仅不利于人才的全面培养，对企业的发展以及各方面工作的配合协作也会带来消极影响。培养通用型人才的基本方法，就是在使用过程中，有目的地进行横向的岗位变换。对管理者的横向调动，不宜简单采取定期的方式，最好是在某一工作岗位上取得了一定的业务成就后及时进行。

（3）根据培养人才的需要，制定企业组织管理方式的调整计划。人才的使用，总是在一定的组织系统中进行。根据人才战略目标对企业的经营管理体制进行调整，采取有利于发挥人才创造性的组织管理方式，也是制定使用战略时应予以考虑的一项内容。如在企业内部，采取分权制的管理模式，使一些生产部门成为相对独立的经营单位，为管理人员创造全面锻炼的条件。此外，也可以通过逐步扩大某些部门的业务管理范围的办法，为人才潜在能力的开发创造实践机会。

对于企业的广大职工，发挥其创造性的一个重要途径是鼓励、引导职工参与决策和管理，为企业发展献计献策。从人才使用战略的角度来看，这不仅有利于企业的发展，而且也是培养职工主人翁精神，使职工把企业作为"人生舞台"的主要途径。在提高人的能力的同时，向全体职工传播企业的经营思想，增强企业的凝聚力和向心力。

4. 人才战略的组织实施

人才战略的实施需要多方面工作的相互配合，因此，要想达到确定的目标，取得较好的效果，必须要有相应的组织实施手段作为保证。

（1）建立组织体系，加强有关方面工作的相互配合。人才战略在实施过程中，涉及的部门较多，只有各个方面的工作相互协调、配合，人才战略才能顺利实施。因此，企业内需建立必要的组织领导体系及工作制度，组织有关部门定期沟通情况，研究问题及对策、措施。人才战略的目标主要着眼于未来，在实施过程中，难免与现期工作发生一些矛盾。如按照培训计划抽调干部职工进行集中培训，有关部门可能因生产任务重而拒绝，或用别的人去替代，使培训目标不能如期实现；横向调动管理者，也可能给所在部门的工作带来一些影响，会遇到阻力。因此，人才战略的实施，一方面需要由企业主要领导负责，要有强有力的组织领导保障；另一方面要建立在分工负责各项任务基础上，协调、衔接有关管理制度，明确责任和考核方法。只有这样，才能使之顺利实施，使近期需要服从长远目标。

（2）改革组织人事管理方面不利于人才成长和发挥作用的有关制度。多年来所形成并长期存在的一些企业内部管理制度和管理方式，产生了一些不利于调动人才积极性、压抑人才的主动创造精神的弊端。如能上不能下、论资排辈、考核管理制度缺乏科学性，等等。这些弊端及与之相联系的一些旧观念，严重束缚了人才创造能力的开发，限制着人才的成长。积极推进企业内部制度的改革，是全面改善人才成长环境不可缺少的手段，也是人才战略取得预计效果不可缺少的保障措施。及时进行组织结构、人事管理方法的变革与创新，是现代企业发展的普遍特征。在我国近几年的改革实践中，不少企业进行了卓有成效地探索，实行了公开招聘、公开考评、择优选聘、招标聘任、目标责任制考核管理等措施。这些做法取得了良好的效果。总之，要靠改革内部制度和多方面工作的配合，创造出有利于鼓励员工成长，发挥主动创造精神的内部环境。

（3）根据实施效果与环境的变化，调整、充实企业的人才战略规划及实施手段。我国企业外部环境的变化以及内部经营机制的发育都会为其发展带来一些新的有利条件和因素，为企业人才战略的制定和实施提供新的有利条件。作为企业，要善于在变动中把握机遇，积极执行、落实好鼓励员工成长、调动人才积极性的有关政策，充实自身的实施手段，加快人才的开发与培养，充分发挥人才的作用。

客观地看，我国的大多数企业，特别是中小企业，一方面存在着缺少人才、人员素质低等问题，另一方面又存在着缺少总体战略规划、开发能力弱等问题。已有人才战略规划的企业，实施的时间一般也比较短，有待在实践中积累经验，不断提高实施的能力和效果。因此，在制定企业的人才战略时，应把实施方式、措施列为重点。在实施人才战略过程中，要根据客观效果及时总结经验，调整组织管理方式，在实践中充实、完善人才战略规划的内容和实施手段。

　　企业是在复杂多变的环境中生存和发展的。在某一时期所确定的总体发展战略，需要根据环境的变化不断进行一些调整。人才战略作为企业总体发展战略中的一个组成部分，有时也要进行一些相应的调整和变动。因此，在实施过程中，人才战略的规划应具有一定的应变能力和灵活性。这样，人才战略才能在经常变化的环境中取得良好的效果。

第十章 企业文化战略

企业文化和企业文化战略作为一种新的管理观念和管理战略，正日益受到世界各国企业管理理论界人士的重视。本章将在全面分析企业文化的基础上，分析企业文化战略的发展大趋势、企业文化战略的制定与实施等问题，供企业领导者在制定和选择企业战略时借鉴。

第一节 企业文化战略概述

一 企业文化的概念、内涵与特征

1. 企业文化的概念

企业文化是 20 世纪 80 年代初期在对当代管理理论（管理科学和行为科学）与文化学理论的综合研究和探索中逐步酝酿提出的。它是一种基于对企业综合系统分析的理论，是管理思想和管理方法发展的新阶段，体现了现代管理与传统管理的重大区别。国外企业管理经历了几个发展阶段，即经验管理阶段（或传统管理阶段）、科学管理阶段和现代管理阶段。

如何看待人，特别是如何看待员工是这几个管理阶段的重要区别之一。20 世纪之前的管理基本属于经验管理阶段，经验管理的指导思想认为人的本质是倾向于偷懒，对其管理就必须是强制式、家长制的管理。这一阶段的管理方式因而也是独断专行，不尊重工人和工人的技术专长；管理者凭记忆和经验进行管理，工人也是凭师傅传授进行生产，没有统一的操作规程和统一的质量标准。经验式管理和生产是这一时期的主要特征。进入 20 世纪之后，科学管理之父泰罗认识到了经验管理的弊端和科学管理的

重要性。他在遵循客观规律的基础上，概括出社会化生产的特点和规律，制定了对生产过程中的规章制度、操作规程；同时还制定了定量作业，规定工人的工作定额，提出了专业分工和等级工资等管理方法。这些工作对粗放型的经济增长起了很大的推动作用，大大提高了劳动生产率。但科学管理的出发点是效率，主要依靠制度，依靠数量分析，靠加薪、提奖金刺激工人的积极性。将人仅看作是一种经济因素，是和资金、设备处于同等地位的生产要素之一，忽视了人的社会作用，特别是忽视了精神力量的激励作用。到了20世纪40年代后期，企业管理开始进入现代化管理阶段。在这个阶段，随着科学技术的飞速发展，企业规模扩大，机械化、自动化，特别是电子技术的应用，使得生产效率大大提高，社会对产品的需求已从量的需求转向质的需求，工人的就业目的已从单纯养家糊口转向对成就的追求，工人本身受教育的水平越来越高，个人素质有了本质的变化。现代化管理的著名学派——行为学派强调管理不仅是僵硬的技术和制度，更是一种艺术，强调依靠人的积极性，在企业中，人才是决定性因素。现代化管理的主要特点之一是强调实行以人为中心的管理，并注意改善人际关系，注重协调人的需求、动机，使人产生良好的行为，从而更加有效地实现企业目标。现代管理的一个重要内容是建立企业文化。鉴于历史的经验教训，西方的企业管理从偏重于"大棒"，即制度等强制手段，开始把制度与对人的关心结合起来。企业家纷纷注重对企业文化的管理，把建立具有本民族、本企业特点的企业文化作为自己企业的发展战略予以高度重视。

任何企业都有自己的企业文化，这是一种客观存在的现象，但作为一个专有名词和研究对象，企业文化这一概念则是美国《商业周刊》于1980年秋在一期以"公司文化"为封面题材的报道中首先提出的。该刊物认为，企业文化主要指价值观，这种价值观"为公司的活动、意见和行动树立一种榜样……通过经理的实践逐渐灌输给职工，并传至接班人"。美国当代管理学家彼得斯和沃特曼把企业文化定义为：汲取传统文化之精华，结合当代先进的管理与策略，为企业职工构建一套明确的价值观念和行为规范，创设一个优良的环境、气氛，以帮助企业整体地、静悄悄地进行经营管理活动。美籍日人威廉·大内认为："一个公司的文化由其传统和风气构成。此外，文化还包含着一个公司的价值观，如进取性、守势、灵活性——即确定活动、意见和行动模式的价值观。"

西方学者所说的企业文化,主要是指在一个组织(企业或公司)内,在长期的生产经营中形成的特定的文化观念、价值体系、道德规范、传统、风俗、习惯和由此相联系的生产观念。而企业正是依赖于这些文化来组织内部的各种力量,将其统一于共同的指导思想和经营哲学之下。

我国企业界和理论界对企业文化的定义大体有以下几种意见。

第一种意见,企业文化是企业的物质文化与精神文化的总和,即硬件和软件的结合。它分为两大部分:一部分是企业的外显文化,其中包括厂房设施、原材料、产品等等;另一部分是企业的隐形文化,是以人的精神世界为依托的各种文化现象。企业的精神文明建设和思想政治工作乃是企业文化建设的组成部分。

第二种意见,企业文化是企业在物质生产过程中形成的意识形态、心理特征、知识素养,以及与之相适应的规章制度、组织结构。它是除企业物质文化之外的企业精神文化和制度文化的总和。培植企业文化,也就是把企业的精神文明建设、思想政治工作同企业科学管理结合起来,融为一体。

第三种意见,企业文化是一个复合概念,它是由企业的"外显文化"与"内隐文化"两部分构成的。"外显文化"指企业的文化设施、文化教育、技术培训和文娱、联谊活动等。"内隐文化"是指在企业内部为达到总体目标而一贯倡导、逐渐形成、不断充实并为全体员工所自觉遵循的价值标准、道德规范、工作态度、行为取向和生活观念。

第四种意见,企业文化有广义、狭义之分。广义的企业文化是指一个企业所创造的独具特色的物质财富和精神财富的总和。狭义的企业文化是指企业创造的具有本企业特色的精神财富:思想、道德、价值观念、人际关系、传统风俗、精神风貌,以及与此相适应的组织与活动等。这种观点把企业内部的物质文化、观念文化、政治伦理文化及科学技术文化的总和称为企业文化。

上述种种见解,对企业文化内涵的分析和界定,都从不同的角度进行了透视,揭示了它的若干的、主要的或基本的内在特性。那么,什么叫企业文化呢?透过这些现象,剖析出其背后的本质,我们即可发现,所谓企业文化是指处于一定经济文化背景下的企业,在长期的生产经营过程中,逐步形成和发育起来的日趋稳定的独特的企业价值观、企业精神，以及以此为核心而生成的行为规范、价值标准、经营哲学、管理制度、思想教育、行为准则、道德规范、文化传统、风俗习惯、企业形象和在此基础上形成的企业经营意识、经营指导思想、经营战略等等。

2. 企业文化的内涵

企业文化的内涵十分广泛，它既包括内容的多层次，又包括形式的多样性。企业文化的内涵包括企业精神、企业文化行为、企业文化素质和企业文化外壳等四个方面的内容，其核心是企业精神。

企业精神是企业在长期生产经营活动中形成的并为全体员工所认同的理想、价值观和基本信念。企业精神主要体现在三个方面：第一是对社会、国家、民族做出贡献的理想追求，如日本松下电器产业公司前最高顾问松下幸之助强调的"企业与社会的责任与义务"；第二是企业的价值观，企业的价值观是指导企业行动的思想和观念，是企业活动的宗旨，如顾客至上、用户第一、服务一流等；第三是企业精神的信念，即把职工个人利益和企业决策融为一体，激发职工为企业尽职尽责的群体意识，如命运共同体、和为贵等。

以企业精神为核心，企业文化由企业的物质文化层、企业的制度文化层、企业精神三个层次构成。企业的物质文化层包括企业生产经营的物质基础，诸如厂容，厂貌，机器设备的整齐、清洁和先进性，以及生产经营产品的造型、外观、质量等等。这些有形的，具有物质特性，构成企业的硬文化，是企业精神文化的物质体现和外在表现。企业的制度文化层包括企业的领导体制、人际关系及其为开展正常生产经营活动所制定的各项规章制度，它是企业物质文化和精神文化的中介，企业精神是通过中介层转化的物质文化层。企业精神属于企业文化中的软文化，是企业文化的内核。

物质文化、制度文化和精神文化从不同侧面反映了企业文化的丰富内涵。由此可见，企业文化实质上是企业内部的物质、制度和精神诸要素间的动态平衡和最佳结合。它的精髓是提高人的文化素质，重视人的社会价值，尊重人的独立人格。

3. 企业文化的构成要素

企业文化是由企业环境、价值观、先进模范人物、典礼和仪式、文化网络五个因素所组成的,这五个因素的作用又各不相同。

(1) 企业环境。企业环境是指企业在生产经营过程中所处的极为广阔的社会环境和业务环境,它包括市场、顾客、竞争对手、技术状况等等。企业环境是塑造企业文化的最重要因素。

(2) 价值观。价值观是指企业中人们共同的整体价值,即企业目标、企业方向。企业的价值观是企业文化的核心或基石。一个企业的价值观越鲜明,即一个企业的信念越是强烈,就越能吸引企业中每个人的注意力,使大家的力量都集中到企业的目标上来;反之,企业的价值观越含糊,即企业的信念越是薄弱,大家的注意力则会越分散。企业的价值观一般都通过具体的、简练的语言表示出来。如凯特皮勒拖拉机公司把价值观表示为"无时和无处不有的服务",杜邦化学公司表示为"为人们创造最美好的环境"等等。

(3) 先进模范人物。先进模范人物是企业价值观的化身,是人们所公认的最佳行为和组织力量的集中体现,是企业文化的支柱和希望。通过先进人物,可以将企业的价值观"人格化",为企业职工提供具体的楷模。如大庆油田的王进喜便是艰苦创业的典型。

(4) 典礼和仪式。是企业日常工作中例行的习惯和规矩,诸如升旗仪式、年度表彰大会、现场巡视以及节日聚餐等等。它是传播企业文化,提高企业成员共同认识的重要方式。

(5) 文化网络。是组织内部的重要、非正式联系手段,这种网络以人际关系为基础,以部门机构为补充,对各种文化起传播作用。

4. 企业文化的特征

企业文化作为观念形态具有共同的特性,是现代管理理论与文化理论的综合,一般呈现如下特征。

(1) 整体性。整体性是指企业文化涉及企业、员工、外界环境三者的关系,追求一种整体的优势。其中包括:一是企业作为社会整体的一部分,必须具有社会责任感。企业的社会责任就是以其生产经营的产品和提供的服务,来满足社会的特定需要。以此树立对社会和用户负责的思想意识,就可产生强烈的使命感和工作动机。二是职工的企业意识。职工作为企业整体一员的企业意识一旦树立,就会产生和企业命运息息相关的命运感,从而达到集体情绪和观念的和谐一致,将个人的思想、行为统一到企业的整体目标上来，为实现企业目标作出各自的贡献。

（2）稳定性。任何一个企业的企业文化，总是与企业发展相联系的，企业文化的形成是一个渐进的过程，它一经形成，并为全体职工所掌握，就具有一定的稳定性，不会因企业产品、组织制度和经营策略的改变而立即改变。1945年，井深大创立索尼公司。他以1600美元起家，应该先做什么呢？他把主要精力都放在了一件重要的事情上，即为公司制定"理想"。随着索尼公司的迅速壮大，这套理想只是略有变化。40年后，公司总裁盛田绍夫在"索尼的开拓精神"中，重新陈述了索尼的理想："索尼公司永远是先驱者，从来不会落到别人后面。索尼公司希望为全世界服务。它将永无休止地探索未知领域。"索尼公司向来尊重和鼓励个人能力，总是努力地使每个人最大限度地发挥才智，这是索尼公司最重要的力量。

（3）开放性。企业是整个社会的一部分，不断地和社会发生各种各样的交往和交换。而优秀企业文化可积极吸收其他企业文化中的精华，促使自身发育成长、不断完善。企业文化的开放性必然产生外来企业文化与本土企业文化，现代企业文化与传统企业文化的冲突与交融，也正是建设具有自身特色企业文化的契机。

（4）可塑性。企业是一个有生命的有机体，它的活动是一种动态的过程。随着社会和经济的发展，各种先天的素质、历史的积累、后天的培养以及现实的环境因素等，都会对企业文化产生影响。能动地对优秀文化进行吸收，有意识地创造出一种适应新环境的企业文化，实际上就是利用企业文化的可塑性，不断改进企业文化。企业文化的塑造过程实际上就是企业所倡导的价值观念被全体职工认同、接受的过程；这也是企业积极主动地制定企业文化战略的客观依据。

（5）独特性。世界上没有两个相同的企业文化，每个企业都有自己独特的文化，任何企业都有自己特殊的品质。从生产设备到经营品种，从生产工艺到经营规模，从规章制度到企业价值观，都各有各的特点。即使是生产同类产品的企业，也会有不同的文化设施、不同的行为规范和技术工艺流程。所以，每个企业的企业文化都具有其鲜明的个体性。疯狂英语"以最短时间帮助最多人用知识改变命运，用英语创造人生"，西安杨森制药公司"公司最高宗旨：忠实于科学，献身于健康；我们的行为准则：止于至善"，惠普"为人类的进步和幸福提供技术"。

(6) 流变性。在企业里，生产力是最活跃的因素，它每时每刻都在创新、变革。企业的内在矛盾运动和外部因素的影响促使着企业文化不断地革新；这种变革表现为企业文化的增量或减量。企业文化的这一特征，要求企业家及时地、科学地去把握它。一方面，能超前地捕捉住并及时培育、扶植起那些同新生产力、新体制相对应的新文化；另一方面对那些行将过时的，已开始成为生产力进一步发展阻力的僵化文化进行选择、淘汰。在总的流变过程中，不断地调整着企业文化的组合结构。

(7) 时代性。任何企业都是置身于一定的时空环境之中的，受时代精神感染，而又服务于社会环境。企业的时空环境是影响企业生存与发展的重要因素，企业文化是时代的产物。因此，它的生成与发展，内容与形式都必然要受到一定时代的经济体制、政治体制、社会结构、文化、风尚等因素的制约。由后者众多因素构成的时代精神在企业中反映出来，即构成了企业文化的时代特征。

企业文化是时代的产物，又随着时代的前进而不时地演化着自己的形态。一方面，不同时代有不同的企业文化；另一方面，同一个企业在不同时代，其文化有不同特点。每一个时代的企业文化都深刻地反映了那个时期的特点和风貌，反映了它们产生的经济条件和政治条件。当前，我国的经济、政治体制改革日益深入，市场经济日趋成熟，改革开放、开拓进取、竞争、效率等观念、文化都必然成为目前企业文化的主旋律。可见，时代特点感染着企业文化，企业文化反映着时代风貌。

企业文化的以上特征及其在管理上的影响，使得企业可按照自身的特点去进行有效管理，每个企业只能根据本企业的具体情况，因时、因地、因人创造出适合本企业的、具有自己特色的企业文化。

5. 企业文化的机能和作用

企业文化作为一种观念形态，是企业中长期形成的独有的、共同的价值观念，是创造企业精神活力的经营哲学。它对企业生存发展的机能和作用已经被国内外许多企业的实践和成功所证明。

企业文化的机能有四点。

第一，有作为共同的思维和行为方式的机能。当企业处在一种不确定的状况时，明确的经营思想将作为人们决策和实际行为的基准发挥作用。此时，由经营思想体现出的企业共同的价值观就成为职工思维和行为的基本规范，引导企业成员朝着同一个目标努力，并为人们开拓新局面提供思考线索。

第二，有作为消除企业内部矛盾与冲突的调节器的机能。一方面，由于企业文化给了人们以共同的价值观和思维、行为方式，因而它将促进企业形成凝聚力和一体感，消除内部矛盾和冲突；另一方面，由企业文化形成的软硬管理的统一，把企业的管理控制深入到了职工的思想深处，与单纯由规章制度和组织体制所形成的约束相比，它是一种柔性的潜移默化的约束。

第三，有作为支持职工满足自我实现愿望的机能。由于经营思想明确了企业在社会中的作用、社会责任以及企业的目标等，使企业职工理解自己工作的意义，在总的目标一致的情况下，找到了满足自我实现愿望的途径，因此促进了人们的自觉行动。此时人们的动力不是来自纪律制度的约束和奖励的诱惑，而是来自对理想目标的自发追求。

第四，有作为企业对外形象的机能。成熟的企业文化决定企业的外部形象，是一企业区别于他企业的重要标志。

企业文化的作用主要表现为：

（1）整合作用。当代管理理论一般是从不同侧面研究企业运行的规范，而企业文化是综合、整体、全方位地研究企业，并力图阐明企业内部子系统之间的内在联系。这是企业文化较之企业管理理论的优势所在。也正因为如此，企业文化的这种作用体现为企业管理的新发展。

（2）导向作用。企业文化的导向作用主要表现在两个方面：一是通过确立企业价值观体系对企业成员个体的心理、行为，即个体的价值取向起导向作用。通过企业文化信息的传播和企业文化的教化，把企业系统的价值观和规范标准灌输给群体成员，使群体成员都自觉按照这一标准去感觉、思考，去判断是非曲直，从而统一思想，统一行动，以达到统一的目标。如果企业个体成员在价值观取向和行为取向方面出现与企业系统价值观的悖逆现象，则企业文化将发挥其调适和排异作用，以保持企业文化的统一性。二是企业文化对整个企业的价值取向和行为起导向作用。不同的企业文化有其不同的价值取向，企业整体对周围的环境和各种文化信息也会作出不同的反应。一旦周围环境和文化信息发生变化，影响和危及企业生存和发展时，它将通过调整自己的价值取向，以引导全体员工的思想行为朝着新的正确方向发展。总之，良好的企业文化可以为企业的经营决策提供正确的指导思想和健康的文化氛围，可以把企业职工的思想、行为统一到企业所确定的目标上来，使全体职工朝着一个共同的方向努力。

（3）激励作用。企业文化的核心是价值观。它的作用，首先就在于它能使企业成员的价值观同企业组织的价值观统一起来，形成共同的价值观，较大限度地激励企业职工为企业的生存和发展而奋斗。企业作为经济实体，在任何时候，其战略目标都是为了生产经营的效率和效益。但企业作为职工工作和生活的场所，又必须为人的发展和人的潜能的发掘创造良好的条件。企业文化所研究的正是这个问题，它认为利润是重要的，但人比利润更重要。所以成功的经营者把企业的发展归结为：第一是人，第二是人，第三还是人。这种企业文化的价值观，给人以导向和无形的驱动力，激励人们坚定信念，奋发向上，充分发挥体力和智力潜能，为企业的目标顽强地工作和努力地创造。

（4）凝聚作用。企业文化是一种无形的"黏合剂"，它微妙地把人的感情紧紧地联结在一起；企业文化也像磁铁，具有无形的吸引力。由于企业文化注重人的价值，所以，特别重视培养人的感情，通过人的感情把企业的每一分子联结起来。其感情建立的基础是尊重、理解和信任；其感情建立的手段是通过正式的和非正式的途径，建立起领导和职工，职工和职工之间信任、和谐的关系。这种关系的建立，能使职工感到企业"家庭"的温暖，增强为企业的生存和发展作贡献的责任意识。具有这种意识的企业成员，对企业目标有深刻的理解，能自觉地约束个人行为，使自己的思想感情和行为同企业整体联系起来，凝聚成企业活力的源泉。

（5）设计作用。企业文化不是保守封闭的，而是改革开放的。优秀企业的文化以其独特的价值观念和风格，占据着该企业管理领域的统治地位，具有很强的创造和进取精神。这些价值观念代表了企业存在的意义，它要求人们在遵循的前提下，大力提倡职工在工作中自我设计、自行创新。它还特别注意发现、培养和宣扬改革、创新中为企业发展作出贡献的模范人物。这样的企业文化自然有利于职工的个人发展，更有利于企业的自我设计、自我实现。企业文化的这种设计创新作用，能使企业的组织结构适时调整、保持企业适应外部环境变化的敏感性、灵活性；能使企业打破僵化趋势，不断进取，健康稳步前进；能使企业成功时有新的突破，挫折时奇迹般地渡过难关。

（6）规范作用。规范人们行为的基本方式有两种：一种是通过命令、纪律和制度，采取监督、奖惩等方式，使人们的行为符合组织规范；另一种则是企业文化。企业文化是职工在长期交往中的精神、风格、习惯、心理的沉淀，一经形成，又反过来对企业职工的思想和行为起着规范作用。它通过共有的价值观念，把职工引导到确定的目标上来，使他们自觉地按既定模式思考、交往和工作。企业文化的规范作用具有整体性，对企业整体的价值取向和行为起规范作用。企业文化不仅对职工，而且对企业的各部门、各方面都产生积极影响，从整体上规范企业的行动。企业文化的规范作用还具有排异性，对企业职工个体的心理、性格、行为起规范作用。一旦某个成员违反了组织规范，就会引起内疚、不安、自责，并会受到群体意识的压力，促使其自动修正自己的行为，这种效果比来自企业管理系统的正式观念更具有持久性。企业文化不是通过权力和强制，而是从价值观念上提出了一种非理性的自我约束，通过微妙的暗示，通过职工的自我意识，达到控制和管理企业的目的。

（7）辐射与渗透作用。企业文化一旦形成，不但会对本企业产生越来越大的影响，也会对社会产生重大的影响，这就是企业文化的辐射作用。这是由于，企业是社会的组成部分，企业文化自然也是社会文化的一部分；不仅社会文化对企业文化起着影响和渗透作用，成熟、先进的企业文化也不可避免地对整个社会、社会文化产生影响。谁也不能说可口可乐仅是一种饮料，它更代表了一种文化；而汽车在美国文化中，代表着一种自由的价值观。正是企业利用产品、广告、公共关系、业绩对全社会的每一成员起着辐射作用，用户在接受产品与广告的同时，也接受了一种消费方式。当消费者购买到一件精品时，就会受精品高雅的设计、超群的品质所影响，就有可能对自己的工作逐渐精益求精。而真正精品的产生，只能出自那些具有追求卓越目标的企业。同时，一个优秀企业的企业精神、企业道德、经营管理思想、发展目标、价值观念和行业准则，都会对其他企业产生很大影响。国外的日本松下公司文化、美国 IBM 公司文化，国内的大庆的铁人精神等都被众多的企业树为楷模。所有这一切表明，企业文化对整个社会的辐射作用是不可低估的。

企业文化的渗透作用表现在对内融合上，能潜移默化地影响职工的思想、性格、情趣和行为，使老员工不断接受新人，使新的员工进入企业后自然而然地融合到集体中去。

二 企业文化战略及作用

企业文化战略就是依据企业的总体战略，对企业文化的发展目标及发展方向所制定的基本谋划与活动纲领，是企业文化建设在较长时期内应遵循的依据。企业文化战略是企业发展战略的一个重要组成部分，其目的就是在充分了解企业文化现状的基础上，用建立共同价值观和精神激励的方法调动企业成员的积极性，规范企业成员的行为，并形成一种自觉遵守的作风和氛围，从而获得企业长远发展的精神动力。

企业管理作为一种手段，从管理性能上看，可以划分为"软"与"硬"两个子系统；若从管理战略上看，可以划分为"软战略"与"硬战略"，它们同样构成企业战略系统的两个子系统。企业家应从企业发展战略的角度，对于"软战略"与"硬战略"给予应有的重视，不可厚此薄彼、顾此失彼，它们作为企业战略的组成部分都是不可缺少的。企业家对"软战略"的选择与否，或如何选择，反映出企业家的战略意识，同时也反映了企业家的经营水平，反映了企业家理论素质的高低。

从我国的管理实践看，成功的企业不仅有完善的管理制度和技术人员，更重要的是具有优秀的企业文化，这些企业的管理者们以这种文化为黏合剂，形成对企业整体的强大凝聚力，去克服困难，走向卓越与辉煌。

企业文化战略的作用主要表现在以下几方面。

（1）企业文化战略对实现企业经营战略起着重要的保证作用。它通过打破传统观念，树立与发展战略相适应的新观念，使职工理解经营战略，通过价值观体系的建立和调整，形成强大的实施经营战略的精神动力；通过组织制度的调整，提供战略实施的组织制度保障；通过科学文化技术培训，使职工胜任战略实施的职责。如前所述，企业文化的内涵十分丰富，但其精髓是提高人的文化素质，重视人的社会价值，尊重人的独立人格。其功能也是多元化的，而且具有相对的稳定性和连续性，优秀的企业文化一旦建立，就不会因人事变动而立即衰落。因此，它是一种持久连续起作用的因素，对企业总体经营战略，特别是长期发展战略，起着极大的稳定作用。

（2）有利于企业生存与发展，增强凝聚力和活力。企业的凝聚力与活力来自广大员工对共同事业的追求与理解，来自共同信念与价值观。企业形成了一种利益共同体，职工群众在日常经营活动中很自然地用共同行为准则约束自己的行为，并以此调节人与人之间的关系。建立并实施企业文化战略，有利于思想观念的逐步统一，使得员工自我约束，自觉遵守，变被动遵守为积极创造，变外力推动为内在推动，消除人际关系中的不利因素，最大限度地发挥人的潜能，为企业目标服务。

（3）有利于树立良好的企业形象，提高企业的知名度，增强企业的竞争能力。在当今市场竞争激烈的情况下，企业形象好坏，知名度大小，对企业的产品推销、经济效益具有重大影响。而要树立良好的企业形象，提高企业的知名度，自然要靠做广告、搞宣传，但最重要的还是要有优质产品和售前售后的优质服务；缺少了后者，再好的广告和宣传也是不能奏效的。要实现这两条，就必须培育优秀的企业文化，这是因为，只有确立了正确的企业价值观和经营思想，才能制造出一流的产品，对用户负责，为社会服务，为社会服务，对用户负责，从而逐步树立企业的良好形象。微软的文化是"让每张桌面上和每个家庭里都有一台电脑"。

（4）有利于加强精神文明建设，通过制定并实施企业文化战略，把精神文明建设与物质文明建设有机地统一起来，使意识形态方面的工作由短期走向长期培训。过去在"左"的思想影响下，过分强调"精神万能"，使企业文化与企业的生产经营管理脱节，否定企业和员工的物质利益，因而成为假、大、空的说教，收不到应有的效果，反过来又对企业的生产经营造成不良影响。只有制定切实可行的企业文化战略，确立企业价值观、企业经营思想、企业精神、企业道德，倡导职工忠于企业、坦诚相见、讲究信誉、礼貌待人，才能从根本上改善企业的精神状态。

企业文化也有优劣之分。优秀的企业文化对生产力的发展起促进作用，落后的、陈旧的企业文化对生产力的发展则起阻碍作用。

三 企业文化战略的特点

企业文化战略具有以下特点：

1. 柔软性

相对于企业的设备和产品具有刚性的特点，企业文化却具有柔软性的特点。所谓刚性是指企业的生产资料和劳动产品等不因外力作用而改变其形态的属性,人们称它们为"硬件"。而企业文化是一种精神上的东西,是企业在长期经营活动中逐步形成的人们共同的价值观、企业成员行为的准则,它使每个成员都能做到自我约束。这种共同的行为准则是长期以来与每个成员个人的行为逐渐合拍起来,逐步形成企业的作风和精神;这种共同价值观和共同的行为准则,虽然不像"硬件"那样具有"不可伸缩性",但却有自己柔中带刚的特点。它的柔软性只是形式上的,本质上却具有一种无形的力量,使人们内心感到有一种紧迫感、压力感。尤其是在企业文化形成的初始阶段,企业文化战略的巧妙运用更具有强制性和自觉性的两重性,柔性与刚性两重性。

2. 渐进性

企业文化战略的制定和推行,是一个过程,必须经过多年的培育而逐渐形成起来。IBM公司,已有近90年的历史,年销售额达数千亿美元,每年净收入达数百亿美元。它之所以能发展到今天的规模,主要是创办人托马斯·沃森为公司确定了"以人为核心,向用户提供最优质服务"的宗旨,并将这一宗旨在几十年中始终如一地坚持下来。在长期的经营活动中,美国IBM公司逐渐形成了独具特色的企业文化。该公司的价值观是:(1)必须尊重每一个人;(2)必须为用户提供尽可能的服务;(3)追求卓越。在过去50年中,公司从未解雇过工人,该公司40万员工也从未发生过罢工,这在西方世界是不多见的。

3. 潜移默化性

企业文化战略制定和实施后,被有意加以引导的企业文化,便会在日常的经营活动中通过各种形式无孔不入地渗透到职工的思想中去,逐步形成企业的共同价值观。优秀的企业文化会在漫长的发展过程中,不断激励广大企业职工,如同无声的命令,潜移默化地促使职工朝同一目标不断前进。

4. 延续性

企业文化战略一旦实施,其影响可能是久远的,特别是企业创始人的价值观、创业精神极大地影响着企业文化。企业创始人所创立的企业文化会绵延发展,并在实践中不断丰富其内容。比如,松下电器公司创造人松下幸之助,提出了"共存共荣"、"适当利润"的经营哲学。这独具特色的企业文化，不断激励着企业职工的意志，不断创造新成绩。1977年，由他的接班人丹羽正治接任该公司的董事长，丹羽正治上任后，依然坚持了松下幸之助的经营哲学，因而使松下电器公司继续在优秀的企业文化中发展壮大。每当公司将要做出重大的决策时，丹羽正治便要考虑在这样的局面中，松下幸之助是如何做决定的。这表明，他在继承松下幸之助创造的松下企业文化方面，是尽职尽能、不遗余力的。

第二节　企业文化战略的选择与实施

一　企业文化战略的指导思想

企业文化的兴起和发展是一种社会现象，有它的客观必然性。探索企业文化战略的理论，对于企业领导人更自觉地建设企业文化有着十分重要的现实意义。具体地说，制定企业文化战略的指导思想有以下几方面。

第一，物质决定精神，精神对物质具有反作用。东西方管理学者和管理人员在多年的研究与实践中体会到，在某些特定场合下，精神比物质、金钱更重要。日本本田技研公司总经理本田宗一郎说："思想比金钱更多地主宰着世界。好的思想可以产生钱，当代人的格言应当是思想比金钱更厉害。"近年来，我国经济体制改革的实践也说明，单靠物质刺激是不会成功的，金钱刺激只会产生短期效果，而建立企业文化才是支撑和凝聚公司整体力量的最终途径。

第二，追求社会价值是人的高层次的需要。随着生产力的发展，工人生活水平提高了，从而人们的物质需要基本得到满足或保障，不再为温饱而奔波。大量事实表明，职工的精神需要和满足是第一位的，物质需求已经不是首要的。职工想得到这样一种满足：工作称职、效率高、受人尊重。美国公众议事日程基金会1993年研究报告指出：今天职工对工作提出10大要求，值得注意的是就业保障、高额薪水和优厚福利不包括在这10大要求之内。这是耐人寻味的。随着我国经济改革的深入，社会生产力的提高，这种变化趋势也将会发生。需求层次的这种变化，促使企业家要跟上时代的变化，适时调整自己的激励手段。

第三，现代企业管理的大趋势说明，今后企业的发展主要取决于员工积极性的充分发挥。现代企业正从传统技术向高技术转化，从以生产为中心向以技术开发为中心转化。因此，人的积极性和智力开发就显得更重要，一个企业的技术开发状况直接关系到企业的兴衰，如何调动人的积极性显得更重要。现代企业产品结构也正发生巨大变化，向企业管理提出了新的挑战。新技术、新学科、新产品不断涌现，不断向更深层次发展，促使企业产品形成新的格局，即由大批量少品种向小批量多品种发展，产品由劳动密集型向知识密集型发展，产品开发由长周期向短周期发展。大批员工被捆绑在流水线上的现象也正被柔性制造系统和计算机集成制造系统所取代。由于信息工程的发达、电子计算机的普遍应用，更多的企业采取弹性工作时间，有的员工甚至在家中上班。这些新特点，促使企业的管理由传统管理向现代管理转变。传统管理就是强调有固定的组织，有界限分明的组织系统，管理方法比较稳定；而现代管理则强调组织的灵活性，要求职工发挥主动精神和灵活性。现代管理强调权力从集中走向分散，在同一企业内部强调权力按管理的需要，分散到各职能部门和管理者中去。美国百事可乐四条成功经验的第一条就是权力下放，即它们强制集中经营、分散管理、管理机构简化，着意发挥基层积极性。这是管理发展的大趋势。

二 企业文化战略目标模式的选择

1. 企业文化战略的目标模式

企业的战略应服从于企业的目标。企业文化战略的目标是创立优秀的企业文化，向社会和员工提供物质和精神两个方面的财富。作为企业软战略的企业文化战略，其具体目标是：

（1）使企业获得良好的经济效益，并为社会和国家作出贡献，这是企业文化战略对企业物质生产方面的贡献目标。索尼公司的企业文化是"提升日本文化和民族地位"、"做先锋者，不追随别人，做不可能的事"、"鼓励个人能力和创造性"。

（2）转变价值观念。造成企业文化缺陷的主要原因是价值观念上的障碍，所以企业文化的调整重点在于价值观念的转变。随着时代的变化和企业内外环境的改变，如果企业仍固守那些陈旧过时的价值观，势必会阻碍企业的发展。因此,要敢于打破旧的束缚生产力发展的价值观念,使企业文化符合社会和企业发展的需要。迪斯尼公司的企业文化是"不要玩世不恭"、"培育和宣传健康的美国价值观"、"创新,梦想和想象"、"保护和控制迪斯尼魅力"。

(3)密切人际关系。企业领导要经常通过吸收员工参与管理,通过民主协商,通过走访职工等形式,增加企业领导与职工的感情交流,并通过对企业精神的宣传教育,把员工的思想行为引导到企业共同的价值观和共同的目标上来,增加企业成员之间的融洽度,创造和谐、民主、互助、合作的内部氛围,从而增强企业的凝聚力。

(4)满足员工多层次的需要。要针对员工的不同心理特点,既要积极帮助他们解决个人、家庭中的实际问题,办好集体福利,建立文化娱乐场所,组织开展健康、丰富多彩的文化娱乐活动,又要注意为职工发挥个人的积极性、创造性提供条件,鼓励职工成才、作贡献。沃尔玛的文化就是"让普通老百姓买到有钱人用的东西"。

(5)提高全体员工的素质。包括政治素质、文化素质、技术水平、道德水平、创业精神和职业道德,挖掘和开发人的潜能。

(6)培育符合时代要求的企业家精神。企业家是企业文化的倡导者和带头人,其行为对职工起着重要的示范作用。因此,企业家要不断学习,提高自身素质,改进领导艺术,学会尊重人、关心人、理解人、团结人,充分信任自己的员工,发挥他们的才干;深入一线,及时发现和解决问题,学会科学决策和民主决策。培育符合时代要求的企业家精神,如开拓精神、从严求实精神、艰苦奋斗精神、拼搏奉献精神等;树立整体观念、市场观念、竞争观念、时间观念、信息观念、效率观念等。

2. 企业文化战略的重点

培养企业职工的主体意识是企业文化战略的立足点,企业精神是企业文化的核心,企业价值观是企业文化的中心内容。其中心是创造良好的环境,凝聚企业职工的向心力,把爱国主义与企业的集体主义有机融合在一起。

(1)唤醒和培养员工的主体意识是企业文化战略的立足点。现代管理的一个重要变化,是从把员工看待成"经济人",唯一的目的是赚钱转变为"社会人",有感情,有自尊心。唯有如此,才能调动员工的积极性,更多地为企业创造价值。日本的企业文化吸收了西方的管理思想，并受中国儒家文化的影响，创造了具有日本特色的以集体主义经营、终身雇佣制、年功序列工资制和企业工会为四大支柱的企业管理制度。美国管理学家曾对此有很好的评论："日本的成功在于职工的主人翁心理，日本的职工体会到除了自己能从公司得到经济利益外，自己和公司是统一的整体。日本的劳资关系相当和谐，主要是因为他们具有团结一心的精神。"由于日本企业文化的这些特点，大大缓和了劳资矛盾，日本是西方世界中除了德国以外罢工损失最低的国家。但是，日本工人的"过劳死"率也是各国最高的。

（2）企业精神是企业文化的核心，要建设具有本企业特色的企业精神。企业精神是通过广大员工的举止言行表现出来的，是具有企业独特个性的共同价值观和行为规范的集中体现，是一个企业在经济活动中形成的优良传统、文化观念、价值标准、道德规范的总称。它能将企业内部各种力量统一于共同的指导思想之下，形成向心力和凝聚力，激励职工把共同理想变为实际行动，是支持企业职工为着企业共同目标进行统一行动的精神因素。因此，也可以称企业精神为企业的灵魂。从日本企业的文化建设看，其成就是举世公认的，每一个企业都有符合本企业特点的精神，简单明了地反映出企业经营中的特色。如丰田汽车公司提出"从干毛巾中拧出水"的企业精神，要求职工经常思考如何在不断降低成本的基础上提高产量。日本松下电器公司提出的企业精神是"所有工业品都应像自来水一样便宜"，后来提炼成有名的"自来水哲学"，其要点是：产品要丰富，价格要低廉，以此要求职工不断奋斗。日立公司的企业精神也称"日立观"，其内容概括为"和、诚及开拓精神"，反映了该公司经营的特色。以上公司通过建设企业精神，塑造了良好的企业形象。而良好的企业形象本身就是企业竞争力的一种表现，它有利于在市场竞争中加强企业的竞争地位和实力。大力向内部和外部宣传企业精神，已成为企业文化战略的一个重要组成部分。

我国企业精神的建设有不少好的传统。如 20 世纪 50 年代的"鞍钢宪法"、"孟泰精神"以及 60 年代的"大庆油田铁人精神"等。而现代企业也积极主动地用企业精神来引导和鼓励职工。如美菱电器集团的口号是"美菱，创造中国人的家庭幸福"。当前，企业领导者要根据本企业特点，带领职工塑造具有本企业特点的企业精神。

（3）企业价值观是企业文化战略的重要组成部分。企业价值观就是企业在长期经营活动中，企业员工对企业生产经营的重大问题的共同价值或共享价值，并以此来规范自己的行动，使自己的个人认识同这个共同认识产生共鸣。每个企业都有自己特有的企业价值观。有了这个企业价值观，就使每个企业成员有了一种使命感，同时也掌握自己的命运，并以此承担责任。也就是说，一旦形成了这种企业价值观，就使每个成员不再是被动地服从，而是主动地参与，主动关心企业的发展，并把自己的命运同企业的命运紧紧联结在一起。

日本松下电器公司在实践中形成了七种精神价值观：工业报国、光明正大、团结一致、奋力向上、礼貌谦让、适应形势、感恩报德。该公司对每一个新近走上工作岗位的年轻职工都进行企业价值观的教育。海尔电冰箱总厂的企业价值观是"无愧于消费者"，把努力生产让消费者满意的产品当作自己的神圣任务。

（4）塑造符合本企业文化特色的典型人物。企业文化的一个内容就是企业英雄，他们把企业精神和企业价值人格化，把抽象、看不见的企业文化现实化。他们的言行体现了企业价值观，他们是企业文化的核心人物，对企业文化的创立与发展，以及企业形象的形成有举足轻重的作用。这是因为：一是企业价值观体系，尤其是本位价值观要被全体职工认同、接受并指导自己的行动，企业英雄作为企业倡导的价值观的率先接受者，在全体职工中可起带头作用；二是企业英雄往往是企业中的普通一员，他们比领导更接近群众，他们不是以自己的地位、权力去征服职工，而是以显著的工作成绩、高尚的思想品德取得职工的信服，在他们身上都有一种特殊的号召力，能起着调节、同化、统一企业职工的思想行为的作用；三是英雄人物有桥梁沟通作用，他们将企业领导设计出的模式，通过自己传达给广大群众。

榜样的力量是无穷的，企业领导者应当重视榜样的力量，在经营管理活动中有意识地培养、树立适合企业文化建设特点的各类典型人物，并力争做到身体力行。国内外许多著名的企业家本身就是职工学习和崇拜的典型人物。

三　企业文化战略的实施

当我们弄清了企业文化战略的地位、作用以及意义之后，很自然地要懂得在企业实际工作中如何有意识地建设企业文化，应当采取哪些行之有效的方法去实践它。

1. 企业文化战略实施的时机问题

一是当企业本身生产经营状况发生重大变化，如企业规模的迅速扩大、企业进入了新行业、制造产品发生了重大变化，或企业的组织结构有重大调整，如企业改制成为股份公司时，都应超前计划和实施企业文化战略，使员工的心理和行为能和企业的变化相适应。二是当大的环境发生根本改变，如计划经济体制转向市场经济体制时，企业所需的各种价值观都必须更新。三是企业经营情况不佳，甚至形势更加恶化，尤其是当企业内出现各自为政、自行其是的局面，企业内部关系紧张，职工不满情绪不断爆发时，企业领导应及时调整原有安排，制定有效战略来影响企业的进程。

2. 企业文化战略的开发构想

企业文化战略的开发构想包括概念开发、结构开发、项目开发、方案开发、资金筹措等。其中概念开发是重点，主要是指企业精神的开发。进行概念开发，就是要用一个图形、一段文字或一种符号来高度概括企业精神，所选概念必须与企业文化成长条件、特征相符合，必须与企业环境相互协调，必须具体可行，内容必须精练、形象生动。

因为企业文化内容十分丰富，开发不可能齐头并进，所以，应选择其中一个项目进行重点开发。同时，还要进行资金筹措，以解决开发中的资金来源问题。

3. 企业文化战略的规划设计

企业文化的开发应当广泛发动企业员工参与，群策群力，集思广益。而企业文化战略的系统规划则应由专门人员严密进行。规划工作包括对整个开发构想进行定性、定量、定时、定位的综合设计，确定和评估重点项目，对各构想实施条件进行综合论证等。通过规划设计，企业文化战略就可纳入有效的发展秩序，做到主次分明、阶段分明、分布合理和切实可行。

4. 企业文化战略的组织实施

（1）完善组织机构。我国企业一般都设有多种具有企业文化战略实施职能的组织和部门。这些机构之间的信息有效沟通，并按总体规划要求实行各组织之间的分工与协作，是保证企业文化战略持续、有效进行的基础。

（2）企业最高主管以及各部门主管躬身实践，以身作则并持之以恒。特别是在实践企业价值观方面，企业领导人应当是企业群体中的模范一员，而不是指挥官，是忠诚的信仰者而不是滔滔不绝的讲道者。

（3）选择和培养企业文化的活动骨干。

（4）创造舆论环境，扩大文化战略的影响面。

（5）强化培训"尊重同仁"、"信任"等是企业义化的重要内容之一。这并不意味着企业文化战略都是建立在自觉自愿的基础之上。企业文化战略的贯彻，也包含着强制的训练或严格控制的过程。企业哲学、企业情操、行业行风、企业礼仪以及其他一些企业文化活动，通过某种强化教育或强化训练可能会更有效地发扬光大。

（6）创造物质条件。包括开辟必要的场所，购置各类设施以及完善各种服务措施。

第十一章　企业国际化经营战略

进入 21 世纪以来，国际经济发展的方向和国际经营环境出现了许多新的变化。随着国际形势的缓和、世界各国经济相互依赖日益加深，世界各国的经济竞争意识都在加强，各国逐步认识到经济实力已成为决定一国国力和国际地位的主要标志，都把提高经济实力作为国家的首要目标。国际经济的发展表明，当今的世界经济是一个相互依赖、相互合作和相互竞争的开放型经济。一个国家要有名气，必须走向世界；一个品牌要有名气，也必须走向世界。当前，企业经营的国际化、跨国化已经成为世界经济发展的一大特点。

第一节　跨国经营及其动机

一　跨国公司的内涵及其特征

对于跨国公司的定义目前学术界有多种解释。1973 年，联合国做出了比较权威的定义，即跨国公司为这样的企业，其拥有或控制的以境外为基地的生产或服务机构，分布在两个或两个以上的国家。这种企业并不一定是股份公司或私人公司，它们也可以是合作社或国家所有的实体。1980 年 5 月，联合国跨国公司中心第六次会议对跨国公司的定义取得了这样三点共识。

（1）跨国公司是指一个工商企业，组成这个公司的实体在两个以上的国家内从事经营业务，而不论其采取何种法律形式来经营，也不论其在哪一类经营部门经营。

（2）这种企业有一个中央决策体系，具有共同的政策，这种政策反映了企业的全球战略目标。

（3）企业各个实体分享资源、信息和分担责任。

跨国公司是生产国际化和资本国际化条件下垄断资本主义高度发展的产物。19世纪末，主要资本主义国家开始出现少数较大的国际垄断组织，如经济比较发达的美国和欧洲一些国家。在两次世界大战期间，跨国公司的数目、规模和海外投资地区都有相当大程度的发展。第二次世界大战后，尤其是20世纪60~70年代，整个世界的政治、经济环境发生了巨大的变化。一方面，由于科学技术的迅速发展，大批新兴工业部门的出现，出现了生产高度社会化与企业经营多样化；另一方面，由于金融资本的急剧膨胀，生产大量过剩，同时各资本主义国家之间争夺市场、原料和投资场所的斗争愈发激烈，使得跨国公司获得空前迅速的发展。

自20世纪70年代以来，跨国公司得到了更迅猛的发展，同时也出现了一些新倾向。它们的产品和劳务价值占世界出口总额的一半以上。跨国公司已是世界经济格局中一支举足轻重的力量。跨国公司出现的新动向，主要表现在对外直接投资方面：一是国外投资活动相当集中，美、英、德、加拿大四国就占国际直接投资总额的40%；二是直接投资的重点转向发达国家，尤其是美国成了外国跨国公司投资的重要场所，但像中国等一些发展比较迅速的发展中国家也吸引了大量外国直接投资；三是苏联、东欧和一些发展中国家及地区由于经济实力达到了一定水平，也开始积极从事对外直接投资，从而打破了西方发达国家在这一领域的垄断地位。

跨国经营与国内经营的根本区别就在于前者是"跨国"经营，它有以下一些特征。

（1）经营决策具有鲜明的"跨国"性质。国与国之间的进出口贸易具有经营的性质，主要因为商品的价值实现和实体运动都是在国与国之间进行的。但跨国经营并不以商品流通是否跨国界为条件，而是以其决策的"跨国"性质为准则。例如，本国企业在国外办厂，以及外国与国内厂商合资办厂都属于跨国经营，因为企业决策的依据不仅仅是国内的情况。

（2）跨国经营必须进行"交叉文化的管理"。企业经营一旦"跨国"，它就会面临与国内经营不尽相同的环境因素，如不同的经济发展程度、不同的政治法律体系、不同的语言文化、不同的习惯和价值观念、不同的地理位置特征和气候特征等。这是不同于国内的非控制因素。虽然在国内这些因素也具有不可控性,但人们比较熟悉它,适应程度较强。跨国经营面临双重甚至多重文化,造成"交叉文化"的环境。交叉文化必然导致需求、竞争、经营惯例和习惯等方面的差异性,要想经营成功就必须进行"交叉文化管理"。

(3) 跨国经营要求采取不同的营销组合。营销学中把产品、价格、分销渠道和促销手段四种影响企业经营的因素的不同搭配称为营销组合,这些因素有多种组合方法,具体采用哪一组最为合适,要结合产品的特点、目标市场的具体情况而定。由于在开展国际营销活动中所面临的经营环境更为复杂,因此所制定的营销组合策略也不相同。

(4) 跨国经营需要进行跨国管理。

二 跨国经营的动机

每一个国家都具有一定的生产经营要素,具备了维持自身生存的起码条件。既然如此,那么世界各国为什么还要开展国际化经营呢?这主要因为跨国经营是一种战略优势,能从中得到极大好处。以美国为例,许多企业在国外拥有巨额资本,从国外获得了高额收入和利润。根据美国福布斯《国际工商之窗》报道,美国最大的外国资本,占它们总资本的40%,其每年国外纯收入(即利润)达290亿美元,占其总收入的83%。而宝来公司占64%,埃克森公司占57%,可口可乐公司占48%,国际商用机器公司占40%等。面对如此巨额的国外利润的诱惑,企业当然要开展国际化经营。实行跨国经营的原因有以下几点。

1. 全球经济的相互依赖性和互补性

全球经济的相互依赖性和互补性,可以用"绝对优势原理"和"相对优势原理"来说明。绝对优势的两个条件是:①该产品是其他国家不能生产的;②它生产该产品的成本比别的国家低。例如,美国生产大型客机的成本比哥伦比亚低,而哥伦比亚生产咖啡的成本比美国低(因为美国缺乏生长咖啡的气候条件)。这就是说,美国在生产大型客机上具有绝对优势,哥伦比亚在生产咖啡上具有绝对优势,如果美国需要咖啡,哥伦比亚需要客机,这两种产品相互交换对两国都有好处。相对优势原理认为,即使有些国家在生产所有产品方面都处于劣势,但其中必有一些产品相对来说劣势最小。有些国家即使所有产品都处于优势，也会有一些产品相对来说优势最大。所以，这两种产品对各自的国家来说都是具有相对优势的产品。如果这些国家各自增加具有相对优势产品的生产，减少相对劣势产品的生产，并就各自的相对优势产品互相进行交换，就能使双方在经济上都得到好处。

在国际化经营活动中，各国企业都有意或无意地遵循了上述两个原理，以自己绝对优势或相对优势的产品与别的国家交换产品。以美国企业为例，85%的望远镜、70%的计算器、50%的收音机和摩托车以及30%的电视机都是中国造。瑞士的食品公司是世界上最大的50家公司之一，它有14.6万多名职工，拥有分布在世界各地的300多家工厂。该公司98%的产品出口，其中41%销售在欧洲市场，19%销往加拿大，19%销往南美，14%销往亚洲，5%销往非洲。

2. 有利于加强企业在市场上的竞争地位

企业积极开展国际化经营，能取得许多在国内无法得到的优势，从而增强了企业在市场上的竞争地位。国际市场潜力巨大，在那里可以大有作为。美国是世界上最大的市场，然而95%的人口和75%的购买力是在美国以外。其他任何一个国家的市场规模与整个世界市场相比，更是微不足道。

3. 有利于在世界范围内提升企业形象

跨国公司通过实施融入世界各国的经营活动，可以提高和改善其在世界范围内的形象。其主要原因是：①在采取非跨国经营、国内生产产品、强调和鼓励向国外出口的年代，出口国往往有被看作"倾销者"的可能，容易招致外国政策的限制以及外国消费者的抵制。当跨国公司实行在国外就地生产和就地销售的办法后，"倾销者"的形象就荡然无存了。②在采取"出口一边倒"的情况下，即使商品的优良性能受到外国消费者的青睐，但企业的总体形象仍不能被人们全面正确地认识。通过跨国公司的生产经营活动，为进一步了解企业创造了条件，为在国际上正确树立并提高企业形象奠定了基础。

4. 跨国经营与企业出口相比具有更多的优势

立足于国内的企业，也有以进出口为主的跨国经营业务，但它们与具有多种跨国经营业务的企业相比，后者比前者具有更多的优势。①跨国经营可以避开关税、配额限制等贸易壁垒。在国际贸易保护主义重新抬头的今天，若以跨国经营的方式，如国外办厂，在当地生产、销售，就能避开贸易壁垒，占领国外市场。②能够充分利用国外的资金、技术、信息和先进的管理经验。在国外办厂，能获得东道国的贷款，利用当地技术资源，能及时搜集到当地的市场信息，学习东道国的管理经验。③可以享受外国政府的优惠待遇。世界上许多国家为了保护本国的民族工业而限制商品进口，但对外国投资、技术转让、合作经营等跨国经营活动，却给予了许多优惠政策。这些优惠政策，进口是无权享受到的，只有采用多种跨国经营才能得到这方面的优惠。

5. 有利于扩大对外贸易，克服贸易保护主义障碍，提高我国企业在国际市场的地位和竞争力

我国传统的对外贸易形式是商品在国内生产，对外交换，依据的是国家优势。在发展企业国际化经营中不仅要发挥国家优势，而且更要强调厂商优势，企业亲自参与国际竞争，充分利用国外资源，利用世界市场，尤其是在海外投资办企业，可直接绕过各种贸易壁垒，扩大自己的经营范围，从而提高企业的国际竞争力，充分发挥企业在国际市场中的作用。如20世纪90年代，上海自行车集团公司在非洲加纳成立了凤凰加纳有限公司，在拉丁美洲也办了两家自行车组装厂，1991年这3家海外企业销售自行车80万辆，占集团自行车总产量的1/3。上海针织品公司在非洲毛里求斯兴办的合资企业，产品全部销往欧洲，不需配额，使我国产品绕过了贸易壁垒，打入了西欧市场。

第二节　跨国经营的环境适应战略与策略

一　适应环境是跨国经营成败的关键

放眼世界，许多国际著名公司从事跨国经营的实践证明：适者生存。许多公司的发展壮大，就是因为善于辨别环境，适应环境；而许多破产倒闭的公司往往是因为对环境变动不进行预测分析，结果形成被动局面而致。这里有以下几个方面的原因。

1. 企业面对的是完全陌生的外部环境

一个刚涉足国际经营的企业，对国外的语言、文化、政治、法律、经济、市场的情况不甚了解。这就有一个适应、了解、熟悉的过程，如果对陌生的环境置若罔闻，贸然采取行动，便犹如盲人骑瞎马，将是十分危险的。

2. 跨国经营必须调整企业的营销组合策略

所谓营销组合策略，就是企业的综合营销方案，即企业针对目标市场的需求、特点，对自己可控制的各种营销因素，进行优化组合和综合运用，使之协调配合，扬长避短，发挥优势，以便更好地实现营销目标。由于企业在国外所面临的外部环境是千差万别的，而企业的营销组合方案又有许多种，因此，选择一个合适的营销组合方案是十分困难的一件事情。

3. 需要有一批适应境外环境的高级经营人员

在境外工作的高级经营人员所要求的条件比在国内高得多，他们不仅应具备经营管理所要求的专业知识和技能，还要精通目标市场所在国的语言，更重要的还要适应当地的风土人情，各种社会关系。有些在国内工作出色的经营管理人员，到国外后成绩平平甚至在当地搞得一团糟。一项研究报告表明，10个在日本工作的管理人员中，有9个显然不如他们原先在国内的岗位上干得那样出色；最高管理层也认为，在日本工作的5个美国管理人员中有4个是失败的。失败的原因主要是环境不适，"水土不服"。

4. 不同国度有不同的管理风格

跨国公司的实践证明，不同国度的管理风格、管理方法有很大的差异性。如日本企业管理人员在管理中注重对"人"的管理，即注意搞好人际关系，平时对员工的工作、生活非常关心，让员工感到自己在整个企业的重要作用，从而树立员工与企业"同甘苦，共患难"的信念。而美国企业的管理人员则在管理中要求员工遵守企业的各种规章制度，以各种规则来约束员工的行为，使员工感到自己处处被监督，从而易产生抵制情绪。这种管理上的差异性有时对企业经营成败有巨大影响。例如美国的母公司派人到日本子公司工作，他仍像在美国国内那样坚持过去的管理风格和方法，无疑会遭到日本员工的抵制，也就不会取得好的经营业绩和管理效果。

跨国经营的实践证明，重视跨国经营的环境是企业成功的前提，忽视环境的分析研究往往以失败告终。近一二十年来,美国企业在国际竞争中连遭败绩,而日本企业则节节胜利,重要的原因之一就是日本企业在适应环境方面比美国人棋高一等。不少美国人不重视国外环境的调研,认为美国的畅销货拿到国外也自然会畅销。美国的金宝牌浓缩罐头汤,在美国十分畅销,在美国同类产品中享有90%的市场份额,但产品投放英国后,经过几年时间也没有得到英国消费者的认可,使金宝公司在几年中损失了3亿美元。后经调查才知道,英国人要求的口味与美国人不一样。环境对跨国经营的作用是不容置疑的,要想使跨国经营获得成功,适应环境应成为一个重要的战略。

二 适应环境的战略与策略

对跨国公司开展国际经营有重大影响的国际环境因素主要包括各国的经济、政治、法律和社会文化等,另外还包括竞争者、供应者、社会公众等,在这里,我们仅就一些主要因素加以论述。

1. 经济环境适应战略与策略

所谓国际市场经济环境,是指国际经营企业所面临的各种经济条件、经济联系及各种经济因素的总和。国际市场经济环境是给企业带来市场机会和环境威胁的主要因素,是企业不可控的变数,它是影响企业经营的众多因素中最直接、最基本的因素。考察国际市场经济环境时,必须考察目标市场的经济环境和世界经济环境。跨国经营需要了解世界经济环境,懂得国际惯例;但重点应了解目标市场国的经济环境,如那里的市场规模和经济特征。为此,必须正确评估经济状况。其主要策略有以下几种。

(1) 市场规模评估策略

目标市场国的市场规模决定于该国人口、购买力和购买欲望。人是市场的主体,有购买欲望和购买能力的人是构成市场的基本因素,这样的人口越多,则市场规模越大。了解人口状况,抓住人口的主要因素,掌握人口规模及其增长率会有助于企业对目标市场的规律作一定的预测。众所周知,很多商品的需求量往往是同人口数量呈正比的,如食品、日用必需品等等。人口的年龄结构和性别结构对产品的销售也有重大影响。许多发达国家人口老龄化现象已十分突出,具体表现为人口中老年人数相对增加以及随之而来的中年人口的增加。美国是世界上少数最长寿的国家之一,60

岁以上的老年人已占 11% 左右，这种迅速演变的人口年龄结构虽对某些产业构成威胁，但对另一些产业却提供了市场机会。人口性别的差异导致对商品的需求有强烈的偏好，例如，在日常消费品的选择中，妇女往往对服饰、化妆品等选择十分讲究，而男士则比较感兴趣于家电商品等。人口密度及其地理分布不仅会使消费结构和消费水平发生重大变化，而且势必影响商业网点和服务方式的变化。

影响市场规模的另一个因素是购买力。一国或地区的购买力是受宏观经济条件制约的，是一些经济因素的函数，它直接或间接地受一国国民生产总值、收入分配、居民实际收入和消费者支出模式的影响。国民生产总值指一国以当年价格（或不变价格）计算的，在一定时期内所生产的最终产品和提供劳力的价值总和，是衡量一个国家经济实力和购买力的重要指标。人均收入可反映一国的国民经济发展水平，并用来衡量和比较一国的消费者的平均购买力。非洲有些国家人均年收入 100～200 美元，吃穿用住的最起码水平都难以维持，对许多商品有需求但无购买力，对这些市场的开拓就相当困难。西方发达国家和某些石油输出国，人均年收入在 20000 美元以上，高档消费品在这些国家就比较畅销。个人可支配收入扣除向政府缴纳的各种个人税（所得税、遗产税、人头税等）及罚款等非税后的余额，亦即个人纳税后收入，它是影响消费者购买力和消费支出的决定性因素，主要用于购买食品、衣服、交房租、车费、娱乐等。除此之外，还包括购买房屋、购买证券、存款等个人储蓄。消费结构是指一个国家或地区消费需求的商品结构，它从一个侧面反映了一个国家或地区的富裕程度。按恩格尔定律，凡收入中食物支出占比例越大则反映越贫，反之则越富。

购买欲望是衡量市场规模的最后一个因素，影响购买欲望的因素包括收入水平、经济发展状况、各种心理因素，以及社会因素。一个国家的社会意识、价值观念对购买欲望影响很大。例如有的国家崇尚节俭，盛行艰苦朴素之风，这对人们的购买欲望有明显的制约作用，有的国家鼓励人们高消费、多消费，这便能刺激经济的有效增长。

（2）重视经济条件的评估策略

一国的经济条件包括自然条件和各种基础设施，这些条件看上去不像市场规模因素那样直接，但它是跨国经营企业生存和发展的基础，所以必须进行评估，为跨国经营决策提供依据。

自然条件是一国或地区天赋的客观物质条件，它主要包括自然资源、地理位置和气候。

自然资源包括土地资源、矿产资源、水资源、农业资源和旅游资源等。跨国经营企业必须了解外国的自然资源状况。如某国对本企业产品需求量大，但缺乏必需的生产资源，那么企业以向其出口为宜；如果某国不仅对产品的需求量大，而且有生产所必需的资源，企业就可以在该国投资建厂，就地生产和销售。

一个国家或地区所处的地理位置、自然条件往往是该国或地区发展经济的客观条件，依据各自的地理结构发展本地区经济是扬长避短的做法。例如，日本是一个多山的国家，山地和丘陵约占全国领土面积的71%，广大的山区森林茂密、资源丰富。但日本地处太平洋地震带上，火山众多，地震频繁，给日本的经济发展带来一定困难，但与火山活动有关的是全国分布着18000多处温泉，其中热泉有90处，因而日本是一个地热资源丰富的国家。日本海岸线曲折，港湾众多，海上运输是日本对外联系的重要手段。

自然气候对国际经营的影响要比自然条件的影响相对小一点，但有时也不可忽视。气候条件决定自然资源种类以及农作物的生长，对经济发展有一定制约作用。例如，非洲农业生产特别是粮食生产，由于受气候影响增长很慢，造成缺粮日益严重。企业从事国际营销时应注意当地的气候条件，如烟叶易受潮发霉，应考虑运往地区的降雨情况；沥青、牛羊油易受热溶化，运往非洲等热带地区必须考虑商品的隔热包装。

基础设施包括能源动力、交通运输、通信和商业金融等设施。目标市场国或地区的基础设施状况是否良好，直接关系到企业跨国经营的效率。如果供电供水不正常，会使生产经常中断；或者交通、电信不正常，信息就难以迅速沟通，所需原料就难以按时运达。另外，商业、金融网点的数量、规模技术装备水平及其工作效率都会对跨国经营造成直接的影响。

2. 政治环境风险对策

从事国际经营的企业要面对的政治环境包括三个方面：一是国际政治环境；二是母国政治环境；三是东道国政治环境。各种政治环境以直接或间接的方式影响跨国经营活动。在这三类政治环境中，都包括一定的机遇和风险，然而东道国的政治环境对跨国经营的企业更为重要，风险也最大。所以，这里我们重点讨论对东道国政治环境所应采取的战略和策略。

(1) 东道国政治风险评估策略

国际企业在国外开展经营活动，都必须在东道国政府的许可之下进行。东道国政局是否稳定，对外国企业经营活动是限制还是鼓励，都会对国际企业从事经营活动产生直接或间接的影响。

政治稳定性：稳定的政局是一国经济正常发展的基本条件，也是国际经营活动能否正常开展的关键因素。影响一国政治稳定性的因素很多，主要有两类因素：一为政策稳定性，二为国内政治冲突。所谓政策稳定性是指某一政策的相对长期性、连续性和可预见性。如果一国政策发生经常性、突发性变化，就说明该国的政治环境不稳定，它就可能造成该国的混乱和经济的不稳，从而导致外国企业在该国市场上的国际经营失败。影响一国政治稳定性的另一类重要因素是一国国内的各类政治冲突，表现为政局动荡（包括政变频繁，政府机构组成经常更换等）、骚乱、内战、暴力阴谋等。政治冲突可能以暴力行为对跨国企业人员造成伤害，使公司的财产蒙受损失，也可能由于政治权力转移或者政府政策的变化，使跨国企业处于十分不利的地位。

东道国政府的经济政策：东道国政府对外来企业从事经营活动，可能采取保护政策，也可能采取限制策略。"二战"以后，各国政府对经济的干预日益加强，国际经营作为一种跨国商务活动，或受到东道国政府的许可、鼓励和支持，或者是被限制、为难和打击。这都取决于政府的经济政策，其态度往往随国内、国际政治、经济形势的变化而变化。东道国对外国企业的态度，主要表现为对外商是否进行政治干预，是否存在差别待遇与控制，如实行征收、国有化、外汇控制、进口限制、市场控制、税收控制、价格控制，或是否让外商享受与本地企业一样的待遇，等等。

政府职能和行为：政府与跨国公司的关系，可能成为双方合作的参与者，也可能受限于法制规定，对企业实施管理职能。政府参与程度越高，跨国企业的力量越弱，因为政策往往垄断了某个行业的生产与经营，使跨国企业无法涉足其间。政府也可能以产品和劳务的买主身份参与经济活动，这对企业的经营活动可能会产生促进的作用。政府也可能以合伙人的身份直接与外商建立合营企业。

东道国与企业母国的关系也是研究东道国国际关系很重要的一个方

面。东道国与企业母国关系正常,对跨国经营企业有利;反之,东道国与企业母国处于对立状态,东道国就可能采取一些敌对政策,对企业造成较大的风险。

另外,东道国与其他国家的关系,对跨国公司也很重要。如果东道国与许多国家处于敌对关系,跨国经营企业在东道国生产的产品,就很难销到东道国敌对的国家。

此外,东道国参加区域性经济组织和国际经济组织的状况,对该国的经贸政策也会发生影响,例如,WTO有关规则规定,缔约国不得擅自增设新的贸易壁垒,而欧盟却实行统一关税、统一货币等。总之,东道国参加的国际经济组织越多,跨国经营企业受到的限制也就越多,政策的灵活性就越少。

(2)减少政治风险的对策

风险评估的目的在于发现风险及其可能产生的影响。在此基础上可拟定出一套减少政治风险的对策。主要对策有:

一是寻求当地合作者:合作者可以是人,也可以是企业。例如,聘请当地人担任管理工作,与当地企业共同投资,创办合营企业等。这样可以利用当地人的各种关系和社会影响力,来疏通关节,扫除障碍,从而减少政治风险。

二是突出技术上的不可替代性:在采用这种战略时,跨国经营企业将产品的研究和开发放在母国进行,在东道国只从事一般的生产活动。跨国经营中有许多深刻的教训,即一旦技术上失去优势,联合就可能解体。保持不可替代技术的独占性,反而能使联合维持下去。

三是保持子公司对母公司的依赖性:跨国经营企业在重要的原材料、零部件、市场等方面依赖本国的母公司,使产品在东道国不至于很快国产化。

四是东道国筹资:许多跨国经营企业都不愿从母国输出大量资金,而是向东道国借贷资金,合资经营,这样也能减少政治风险。

五是使固定资产保持在最低水平上:固定资产投入越多,遇到风险转移资金越困难,所以固定资产投资保持低水平也是减少政治风险的一种办法。

六是搞好公共关系,建立良好的企业形象:通过公共关系树立企业在东道国的良好形象，可以改善当地政府和人民对企业的态度和行为，易于得到他们的理解和支持。这样，企业也能降低在该国遇到的政治风险。

3. 文化环境应变战略与策略

所谓社会文化环境，是指通过社会上各类人的生活观点和态度、习惯和行为表现出来的社会组织、价值观、道德规范以及世代相传的风俗习惯等。社会文化具有强烈的区域性，它是人们在某种特定的社会生活中久而久之形成的，各国的社会文化环境错综复杂，差异巨大，对消费者行为和国际企业开展国际经营的影响更是千差万别，不容忽视。

（1）核心文化和次级文化策略

核心文化是一个社会文化中被全体社会成员公认和共有的基本内容，如重要的价值观、道德观、基本的审美观、基本的风俗习惯等。亚文化是在一个大的社会群体中，在认同核心文化的基础上，各个次级社会群体表现出的不同文化特征，如地区亚文化、民族亚文化、职业亚文化等。核心文化具有持续性和稳定性。次级文化是核心文化派生出来的，它的持续性较差，往往具有多样性。核心文化代表了一个国家、地区的消费主流，掌握了该国该地区的核心文化，就能抓住主要的需求和消费主流。亚文化随时间的推移而变化，时常表现为转瞬即逝的时尚或潮流。亚文化所表现的需求虽然不能代表消费主流，但它毕竟产生了某些特殊的需求，也能为企业提供市场机会。

（2）社会文化的各方面对跨国经营的影响

语言文字上的差异构成国际经营企业的一大障碍。一个成功的国际经营者，不仅要懂得和善于运用别国语言，更要理解这些语言中深层的文化含义。在跨国经营中因语言转换、翻译不当而导致经营失败的例子举不胜举。例如，我国生产的"马戏牌"扑克，汉语拼音字母为"Maxi - Puke"，在使用英语的国家里，这个词被理解为"最大限度地令人作呕"，这必然会对产品的销路带来不利。又如"白象"在我国是吉祥之物，但译成英语为"white elephant"意为"无用而累赘之物"，因此，上海名牌"白象牌"电池出口到英国，销路不畅是很自然的事。对类似这样的问题，解决的办法是回译法：即先由我方翻译人员翻译成外文，再由外方翻译人员从外文翻译成中文，比较两者差异，在此基础上再作修改，力求表达原文的精神和韵味。

企业经营战略概论

一个国家文化教育水平受经济状况的限制,它不仅影响到劳动力的素质,而且影响到消费行为和商品的销售方式。例如,在一个文盲充斥的国家里,较为复杂的农用机械就不易被接受,文化用品的销量与人口之比也会低于教育发达的国家。同时,也会影响到对国际新产品的接受程度,对企业在当地开展市场调查也会造成一些困难。

风俗习惯是人们在长期的生活过程中形成的一种生活习性和行为规范。它具有高度的持续性、强烈的区域性和一定程度的不可替代性,对开展国际经营的企业来说,它可能是一个障碍,也可能是一个机会。当然,随着社会的不断进步,世界各国、各民族之间的交往日益频繁,人们的某些习俗也会发生变化。在市场经济条件下,一项社会习惯或行为的变化,往往会伴随着一个广阔市场的出现,同时也往往会有某个市场衰亡或消失。在大多数情况下,国际经营者最好是避免与当地的风俗习惯直接冲突,首先是应该适应,而不是去改变;只有在条件有所具备的情况下才可大胆引入新文化,主动引导消费观念的变化。

宗教信仰是社会文化的重要组成部分,它对于人们的风俗习惯、生活态度、需求偏好及购物方式等都有巨大的影响,对于国际经营的作用也是不可低估的。

(3) 克服"自我参照准则"策略

一个人的文化是通过后天教育获得的,一旦接受之后就形成了某种习惯的思维模式,这个思维模式是社会成员所共有的,是一股很强的社会力量。正因为如此,人们在看待外国文化现象时,也总是不自觉地把自身的文化作为唯一的参照准则,这种现象被称为"自我参照准则"(Self-reference criterion,简称为 SRC),也是国际经营人员最常遇到的问题。中国和日本商人在接触新客户时,通常不会开门见山地谈生意,而是先拉家常,建立个人感情和信任。但许多西方人不理解,往往以为这是不积极的表示,从而怀疑对方的合作态度。中国人向客人敬烟是很常见的礼貌,但对外国人却往往行不通,因为许多外国人是反对抽烟的,向这类人敬烟是不礼貌的。在埃及,商人们做生意习惯上仅凭口头协议,因为按伊斯兰教,真主要求人们必须遵守自己的诺言,所以他们大多不理解为何西方人做生意要签书面合同,甚至觉得对方的这种要求是对他们人格的侮辱。

美国学者詹姆斯·李提出了所谓"四步骤法",用以克服国际经营中的 SRC 倾向:第一步,先按照本国文化的特点、习俗和规范来确定工作目标和方法;第二步,再根据外国文化的特点、习俗和规范来确定工作目标和方法;第三步,比较第一和第二步的不同,把 SRC 因素孤立出来,研究它的影响;第四步,在没有 SRC 因素的影响下确立工作目标和方法。

第三节 国际市场打入与扩张战略模式选择

一 目标市场的选择

企业要进行国际经营,必须选择有利的国际市场,即选择销售额和收益最大而进入困难最小的地方。大多数中国企业最好选择同中国条件差不多的市场,这些国家的生产条件、产品分配渠道同中国差不多,因此企业产品不需要作很大的改动。另外,选择国际市场,其范围不能太小,因为在进入一个国家之前都要进行市场研究,市场研究费用并不完全随市场的大小成比例地上升,如果选择的市场很小,而市场研究经费却很大,就很不合算。但也不应该一下子就打入潜力最大的市场,因为市场很大,研究费用较多,如果失败,损失就会很大。因此,要进入一个大市场,一定要把风险减少到最小程度,方法之一是在这个国家找一个对市场很了解的合伙人,这样成功的希望较大,风险也较小;方法之二是对这个大市场一个地区一个地区地进入。

按照维农(R. Vernon)的产品生命周期理论,一个国家的对外贸易和投资活动与产品生命周期有着密切的关系。维农以美国为例说明了对外贸易和投资活动的演变情况,他将产品从投入市场开始到被市场淘汰为止的这一段时间分为创新、成熟和标准化三个阶段。在创新阶段,生产和销售主要集中在国内,并开始向经济技术水平接近的国家出口;在成熟阶段,销售转向以国外市场为主,随着发达东道国市场竞争的加剧和贸易保护主义的升级,直接投资逐步替代出口;在标准化阶段,由于加工制造技术的标准化,美国与其他发达国家相比已无优势可言,出口和投资主要转向发展中国家。从我国产业生命周期发展来看,在现代产业中处于模仿创新阶段的产品主要有汽车、微电子、精密机械、精细化工、生物工程等资金、技术密集型产品,这类产品生产和销售大部分集中在国内,少量出口的主要市场是新兴工业化国家(地区)以及某些发达国家,处于成熟阶段的产品主要有电视机、电冰箱、洗衣机、电风扇、自行车、缝纫机、手表和通用机械等劳动、技术密集型产品,这类产品国内市场已经饱和,生产能力已显过剩,需要大力开拓国际市场,但由于这类产品国际竞争非常激烈和贸易保护主义的遏制,需要通过大力发展海外直接投资来转移现有生产能力、扩大国际市场份额,这是我国开展企业国际化经营、进行海外投资的重点,其投资市场主要是与我国经济技术水平接近的其他发展中国家和某些发达国家。处在标准化阶段的产品主要是纺织品和部分轻工产品,这类劳动密集型产品已经大量出口,生产技术已为同一层次的发展中国家所掌握,劳动成本低廉的优势开始逐步丧失,今后的出路除了加速产品的升级换代、扩大对落后的发展中国家出口外,需要通过直接投资转移一部分生产加工能力。在传统产业中,农副土特产品、手工业品等资源劳动密集型产品的需求收入弹性小,对外直接投资受供给条件的制约,主要还应以直接出口为主,但资源采掘业对外投资水平和结构主要取决于一国资源的禀赋品种和储量,我国人均资源短缺,扩大资源采掘业对外直接投资应是企业跨国经营的又一个重点目标。

由此可见,就出口产品结构和技术水平而言,目前我国企业对发展中国家出口商品及投资更具有现实性和可行性。在投资项目选择上,应尽力向发展中国家的资源开发业、加工制造业等资源密集型、劳动密集型产业投资,这样一方面可解决我国某些资源缺乏的问题,另一方面也可避免同实力雄厚的大跨国公司在高技术领域内竞争,以便积蓄力量,逐步向资金密集型和技术密集型的跨国公司和发达国家投资发展。

二　打入国际市场的战略与策略

从事国际经营的企业在准备进入国际市场之前,首先要确定的一个问题是进入哪一个或哪几个国家。为此,企业要对整个国际市场进行细分,在市场细分的基础上,企业根据自身的优劣势和竞争激烈程度,从细分市场中选择一个或几个子市场作为自己的目标市场,并针对目标市场的特点开展经营活动，以期在满足消费者需求的同时，获得最大限度的利润。跨国经营企业打入国际市场的方式一般有三种。

1. 市场集中式战略

所谓市场集中式战略，是指企业仅从若干个子市场选择一个作为本企业的目标市场。从事国际化经营的企业，往往先从其他企业没有注意到或者没能满足的消费者手中打开国际市场，然后通过竞争，不断排挤对手。日本复印设备生产企业在进入美国市场之初，没有与美国复印设备生产大企业如施乐公司等进行正面对抗，而是以满足这些大公司没有注意到的中小客户需求为目标，在美国市场上站稳了脚跟，为以后大举向大公司进攻奠定了基础。

市场集中式战略尤其适合初次进入国际市场的中小型企业使用。由于服务对象明确，对其需求的特点较容易把握，因而企业可以制定出针对性强的宣传、分销和价格对策，及时提供目标顾客所需要的产品，建立起较强的竞争地位。但是市场集中式战略也有其局限性，如风险较大，市场环境的多变性往往会使原本很有吸引力的细分市场变得前景不明。西方经营婴儿用品的企业在出生率不断下降的今天，被迫从事其他产品的经营活动就是证明。

2. 市场差异式战略

所谓市场差异式战略，是指企业根据自身的优劣势以及竞争对手的特点，同时选择两个或两个以上的子市场作为企业的目标市场，并为每个子市场制定不同的产品，分销、促销和定价策略，以求满足不同消费者需求。市场差异式战略扩大了企业目标市场的范围和潜力，为企业成长提供了一个良好的环境。从事国际化经营的企业在国际市场上站稳脚跟后，通常采用此策略以谋求在更广阔的市场范围内得到发展和壮大。日本丰田汽车公司靠微型汽车打入美国市场以后，就转向采用市场差异式战略，又挤进了小型汽车和中型汽车市场。由于同时在三个分市场上经营本企业的产品，致使销售收入成倍上升。另外，对于生产能力过剩的企业来讲，通过运用市场差异式战略，还可以充分发挥企业现有设备和人员的作用，在不增加成本的情况下，提高产量和销售额。

市场差异式战略的优点是：品种多、分布广，一般可吸引更多的消费者，从而扩大销售量，在竞争激烈的情况下，还可提高企业的应变能力。

但由于这种策略的产品品种、渠道、广告宣传等都多样化，从而使生产成本、管理成本、库存成本、促销成本等都相应增加，因此并非所有企业和一切产品都适用。国际上只有少数高度分权化管理的大企业才能实施这一战略。

3. 市场无差异式战略

所谓市场无差异式战略，是指企业不对国际市场进行细分，而是采用单一的营销方案为整个市场服务的战略。如美国桂格麦片公司在市场细分的过程中发现，不同国家的消费者虽然在年龄、性别、收入、民族等方面不同，但他们都有购买味道香美、营养丰富的食品的欲望。据此，他们推出生命牌麦片食品，既受到了注重营养的成年人的欢迎，也受到了儿童的青睐，获得了很大成功。又如，可口可乐公司早期就曾用单一规格的瓶装、单一口味的饮料，在世界许多国家满足不同顾客的需求。

市场无差异式战略的优势是节约费用。因为可以进行大规模、标准化生产，降低了单位成本和库存成本；由于大量运用同一广告，减少了促销费用开支；市场调研费用也可大大减少。但这种策略忽视了各分市场的差异性，在国际市场竞争日益激烈的情况下，这种策略往往会不断失掉自己的原有市场，失去一些可以获利的机会。因此，这种策略只适用于极少数实力雄厚的大企业和某些消费者需要、其需求又无多大差别的产品，如粮食、油类、大宗农副产品和部分日用必需品。新产品处于介绍期，也可采用这种策略。

三 国际市场的扩张战略

从扩张的顺序看，可以有两种战略，一是先向发达国家进军，即国内—发达国家—发展中国家；二是先向发展中国家进军，即国内—发展中国家—发达国家。

第一，先在国内市场建立一定基础，出口产品已在发达国家处于成熟期，生产技术水平也已达国际标准。从而可利用本国劳动力费用低、成本低的优势，采取低价策略先进入发达国家，然后再进入发展中国家。我国的纺织产品等消费品，比较有资源优势，适合采取这种战略。日本的SONY电器就是先打入欧美市场，取得成功后又进军亚洲、南美的发展中国家，从而成为世界知名品牌。

第二，先在国内市场建立一定基础后，再向发展中国家进军，最后才进入发达国家。这对于一些技术水平还落后于发达国家的本国产品是比较适用的。如日本的钢铁、汽车、化工、手表等产品，在 20 世纪 60 年代是先销往东南亚和拉丁美洲一些发展中国家，因为这些国家竞争水平比较低，所以采取低廉的价格，以适应当地居民的购买力，和发达国家相比具有相对优势。这样能较顺利地在发展中国家建立基地，从而也扩大了日本国内生产的规模，使产品成本下降。在发展中国家建立的基地上取得市场经营的经验，为后来打入发达国家市场积累了资本。我国的机械设备等生产资料产品，因为技术水平低，所以销往发展中国家很受欢迎。我国企业要看准这种形势，适时采用该战略。

（一）扩张市场的方式分可分为两种战略。

第一种战略是增加出口产品的数量战略。此种战略出口产品时，一般分间接出口、直接出口和补偿贸易三种形式。

1. **间接出口**

间接出口是企业把自己生产出来的产品卖给国内的出口贸易商或委托国内的代理商，由其负责经营出口业务，使企业的产品进入国际市场。

间接出口的优点是：第一，利用出口贸易商的外销经验和销售渠道使产品进入国际市场，可以弥补企业自己在这方面的不足；第二，采用这种方式进入国际市场的费用最低；第三，公司自己不需要承担产品在国际市场上面临的各种风险；第四，公司有改换进入方式的灵活性。

间接出口的局限是：第一，公司与国际市场不直接接触，几乎无法掌握和控制国际经营活动；第二，缺少国际市场的信息反馈功能；第三，获得的利润较少，大部分利润被中间商拿去了。

间接出口是简单易行的进入国际市场的方式，对于初次进入国际市场的企业比较合适，对于经验丰富的大企业来说，也可以此作为针对那些潜力不大的市场的辅助性进入方式。

2. **直接出口**

直接出口是企业把产品销售给国外的进口商或最终用户。

直接出口的优点是：企业可以自由选择国外市场、反馈信息及时、市场风险有限、灵活性较大，可在较大程度上控制市场。

直接出口的缺点：企业费用开支大，成本高，工作量大，责任较重。

把产品直接销给国外进口商的方式，其成败的关键在于选择国外的经销商。有关经销商的资料可以通过本国的政府部门、驻外使馆、银行或其他客户了解。

3. 补偿贸易

补偿贸易是在信贷基础上买进外国机器设备、生产技术等，用投产后的产品或其他商品去偿还贷款的一种贸易形式。按偿还贷款的方法可分为直接产品补偿、间接产品补偿和部分补偿。补偿贸易是 20 世纪 60 年代末期发展起来的一种国际贸易方式。近十年来发展很快，这种方式对缺乏外汇和外销渠道的发展中国家较为适合。

（二）到国外投资办厂

第二种扩张市场战略是到国外投资办厂。这种战略又分为国外装配、签订许可证协议、合资经营和独资经营四种形式。

1. 国外装配

国外装配是指生产企业在国内生产出某种产品的全部或大部分零件，运到国外组装，完成生产全过程，然后将成品就地售出或再行出口。采取这种策略，可以充分利用外国的设备和劳动力。另外，向国外运送零部件装运方便，占用车船货位小，可以节省运费。再一个优点是向国外运送零部件的关税往往比制成品低，所以这种形式国外厂商都乐于接受。例如，日本"东芝"和"日立"、荷兰的"飞利浦"等许多牌子的家用电器在中国都有组装业务，"三菱"、"丰田"等牌子的汽车在美国都有组装业务。美国可口可乐公司将可口可乐浓缩液运到世界各地，由当地的工厂进行稀释和装瓶。可口可乐公司采用这种特殊的组装方式，只花费了极少的投资，而其收入占公司总收入的一半以上。

2. 签订许可证协议

签订许可证协议是指母国企业同东道国企业签订认可协议，授权东道国企业即被许可方使用母国企业的发明专利、实用新型专利、外观设计专利、商标、服务标记、原产地名称、专有技术来从事生产和销售，并在指定地区销售该产品，然后按照该产品销售额或利润额的一定比例向许可方支付许可费用。许可贸易的做法为很多掌握这种所有权优势的跨国企业采用。如美国主要的香烟制造企业菲力浦·莫里斯公司在欧洲、亚洲的许多国家授权当地企业生产和销售。这种方式在服务性行业表现得更为明显，比如麦当劳、肯德基等快餐企业及惠康等商业企业都纷纷采用这种形式进入海外市场。

采用许可证贸易方式进入国际市场的优点是：可以利用被许可方的厂房、设备按许可条件进行生产，无须进行大量投资；可以避开关税、配额等贸易壁垒，顺利打入东道国市场。但这种方式也有缺点：产品在国外由对方人员组织生产，产品质量难以控制，弄不好会损害企业品牌在国际上的形象；企业在收取许可费方面依赖于国外企业产品销售额的大小，如果对方经营失败，就可能收不到许可费；当许可协议终止后，有可能为母国企业在东道国培养了一个竞争对手。

跨国企业应采取的策略是：认真审查拟定的许可证协议，严格规定产品销售区域，控制产品质量；授权时只提供主要技术，而不是将专有技术和盘托出，这样可以使被许可方保持对许可方技术的依赖性；将特许经营权使用费投资入股，从所有权上进行控制；向第三国出口特许经营产品时，必须以许可方的名义进行商标注册；发展与被许可方的合作伙伴关系，帮助对方解决生产营销中出现的问题，以增强自己对被许可方的吸引力。

3. 合资经营

合资是指企业与国外目标市场国的企业共同投资、共同经营、共担风险、共负盈亏的方式。合资，也是进入国际市场的一种重要方式。合资方式被广泛采用有经济上或政治上的原因。从经济方面来看，企业可能缺乏独资进入国际市场所需要的资金、物权。

4. 独资经营

通过独资方式可以完全将在国外的子公司纳入本企业的国际经营战略之中，使子公司服从本企业的整体利益和安排，独资还有利于投资和经营方法的保密，有利于企业获得全部的经营利润，可以更直接更全面地积累跨国经营的经验，培养跨国经营的人才。因而这种方式往往不是很受东道国政府的欢迎，特别是发展中国家。

独资经营，有两种具体形式。一是创建。创建是指企业在国外目标市场国建立一个新的企业。在国外创建企业，可以按照企业自己的意愿决定经营项目和范围、企业规模和地址，可按照企业自己的条件安置机器设备和培训人员。但创建企业要有一定的经验，所花时间较长，还要增加建立销售网的成本，另外还要考虑高级管理人员的聘用和一般人员培训等问题。二是收购。收购，也称兼并，是指企业通过购买国外现有企业的股权而接管该企业的一种方式，这是目前国际上流行的方式。收购方式有下列特点。第一，进入时间短，使企业能迅速进入国外目标市场。第二，可以利用被收购企业现有的生产设备、技术人员和熟练工人，还可以利用被收购的技术和专利。第三，可节省资金的投入量。收购比创建便宜，主要有三个方面的原因：一是被收购企业的某些资产的现期重置价值被低估；二是低价购买亏损企业，由于亏损企业面临困境，可利用其急于寻找买主或急于收回资金的心理特点低价购得其资产；三是利用股票价格暴跌、收购成本较低之机收购企业。第四，可以利用被收购企业原有的客户和销售渠道打入东道国市场，迅速在东道国市场建立产品信誉，树立品牌形象，以达到较快提高市场份额的目的。然而，收购外国企业也不是一件容易办到的事情。如往往难以寻找到合适的兼并对象，被收购企业的价值评估是很困难的，有些东道国不允许收购本国企业。另外，在法律上还会受到许多限制，如有些国家利用反托拉斯法，对外来资本股权和被收购企业的行业加以种种限制。

第十二章 企业经营战略的组织、实施与控制

在对企业的总体战略和各种分战略进行了详细分析论证后,企业面临的任务就是如何有效地将这些战略根据本企业的实际状况进行贯彻,以达到战略预定的目标。战略实施的第一步,也是关键的一步,就是建立起和战略相适应的组织结构,然后利用这个组织来实施战略,并对实施成果进行评价,以完成经营战略的全部任务。

第一节 战略的组织

要正确有效地实施战略,首先要有适合于所选战略的组织结构,以实现战略的分工与协调。没有一个健全的适合战略要求的组织结构,所选定的战略也就不可能有效地实施。

一 组织结构的基本概念

1. 组织结构的定义

组织结构可以简单地定义为组织中各种劳动分工与协调方式的总和,它规定着组织内各个组成单位和个人的任务,职工的责、权、利和相互关系。

在组织结构的定义中有四项关键的成分:①整个组织的任务与职责在个人间以及部门间的划分;②正式报告关系,包括等级层次和控制宽度的数目;③个人汇成部门、部门汇成整个组织的聚集情形;④在纵向和横向上确保有效沟通、协调和一体化的体系。

上述前三项勾画出了组织的等级层次，界定了组织的垂直责权关系。第四项涉及组织内个人、部门间和层次间的沟通和协调，即它们相互的影响。

2. **组织结构的框架及构成部分**

企业的组织结构是建立在分工基础之上的。在企业内有两种性质不同的分工：纵向分工和横向分工。其中纵向分工形成组织结构的不同层次，进而规定出每个层次的任务、责任、权力。纵向分工可分为四个层次，即高层管理层、中层管理层、基层管理层和作业人员。横向分工形成组织结构在各个不同层次上的不同专业化的岗位和部门，进而规定出不同专业部门和专业岗位的任务、责任和分工，如人事管理、生产管理、财务管理等。

3. **组织结构的联系**

组织的各个层次和专业并不是独立完成组织目标的，必须在分工之间建立联系。联系的本质是控制、协调和沟通。一般存在两种联系。一是横向联系。横向联系用于横向的协调沟通，保证组织内各方面的职工、部门相互了解，行动一致。二是纵向联系。纵向联系用于协调组织的高层和基层的活动。它主要为组织提供沟通和控制，使组织等级的上下之间协调起来。

二　战略与组织结构的关系

1. **企业的组织结构要服从于战略**

企业的组织结构要服从于企业的战略是二者之间的基本关系。企业是一个开放的系统，它的生存和发展，必须消耗环境的资源，又要向环境输出资源，它必须不断改变自己来适应环境的变化，必须在外部环境瞬息万变和不确定情况下控制和调整自己的活动，这一切都是战略的根本问题。当企业确定战略之后，就要分析和确定实施战略所需要的组织结构。要有效地实施一项新的战略，就需要一个新的，或者至少是被改革了的组织结构。美国著名学者钱德勒对 70 家公司的发展历史进行研究，发现各个公司在处理战略与组织的关系上有一个共同的特点，即在企业选择一种新的战略以后，由于管理人员在现行结构中拥有既得利益，或不了解经营管理以外的情况，或对改变结构的必要性缺乏认识，使得现行结构未能立即适应新的战略而发生变化。直到行政管理出现问题，企业效益下降，企业才改变结构，保证战略的实施，企业的获利随之大幅度提高。由此，钱德勒得出一个著名的结论：组织结构服从战略。大量研究表明，战略与组织的密切关系主要表现在以下四个方向：

（1）管理者的战略选择规范着组织结构的形式；

（2）只有组织结构与战略相匹配，企业的目标才能成功地实现；

（3）组织结构对战略存在着反作用，对战略不相适应的组织结构，将会限制、阻碍战略发挥其应有作用；

（4）在实施某一战略时，不同形式的组织结构有着不同的效率。

总之，企业战略决定着组织结构类型的变化，战略与结构的这一基本关系，说明企业不能从现有结构的角度考虑战略，而应根据外部环境的要求制定战略，然后再根据新制定的战略来调整企业原有的组织结构，以适应新的战略。此外，有关企业发展阶段的研究可从另一个角度逐步说明战略与结构的关系。

数量扩大战略阶段。在工业发展的初期，企业的外部环境比较平稳。此时，企业的主要任务是提高劳动生产率，从数量上扩大生产，以获得高额利润。此时企业大多采用的是数量扩大战略，即在一个地区扩大企业的产品或服务的数量，与此相适应，企业的组织结构比较简单，往往只需要设立一个执行单纯生产或销售职能的办公室。

地区扩散战略阶段。随着工业化进一步发展，在一个地区生产或销售已经难以满足企业发展的需要时，则要求将产品或服务扩散到其他的地区，从而产生了地区扩散战略。与此相适应，企业也就形成了总部与部门的组织结构，它们共同管理各地区的经营单位，而这些经营单位分散在各地执行着相同的职能。

纵向一体化战略阶段。在工业增长阶段的后期，企业所承受的竞争压力增强。为了减轻这种压力，企业要求自己拥有一部分原材料供应或产品分销渠道，以降低风险和降低成本。这样就产生了一体化战略。与此相适应，在企业中出现了中心办公机构和多部门的组织结构。而各部门之间有很强的办公或销售的相互依赖性，在生产经营过程中存在着内在联系。

多种经营战略阶段。在工业成熟期，企业为了避免投资或经营的风险，并持续地获得高额利润，往往开发出与原有产品毫无关系的新产品系列，甚至通过控股或兼并的方式，获得这些新产品企业的控制权，以达到进入一个新行业的目的。与此相适应，企业形成了公司本部与事业部相分离的组织结构格局，各事业部之间有时可能不存在业务性等方面的联系。

2. 战略选择和组织变革有时间差

由上面的分析可以看出，战略的转变是由于环境的转变，而战略的转变，又引起对组织结构变革的需要。我们必须注意，尽管战略与组织之间存在着非常强的关系，但并不意味着二者是同步进行的。相对于企业外部环境变化而言，战略与结构作出反应的时间有差别。最先作出反应的是战略，而后组织结构才在战略的推动下对环境的变化作出反应。这样就形成了战略的前导性和结构的滞后性。

战略的前导性是指企业战略的变化快于并早于组织结构。这是因为，企业一旦意识到外部环境和内部条件的变化产生了新的机会与需求时，企业首先要改变战略，以便在新的条件下求得经济效益的增长或保证企业的生存。例如，当社会发展水平越来越高时，对产品的需求趋于高档化，高档化的产品对技术的要求提高。这样企业就必须增加技术职能的人数或提高技术管理人员在组织中的地位。

结构的滞后性是指组织结构的变化常常要慢于战略改变。造成这种状况的原因有两个。一是新旧结构的交替需要有更长的过程，当新的环境出现后，企业首先考虑的是战略，新的战略出来后才能根据新战略的要求来考虑组织结构，这是由战略与组织变革中顺序的客观逻辑关系决定的。一般来说，这种时间差在全部时间差中仅占一小部分。二是旧的组织机构有一定的惯性，管理人员往往会抵制组织结构的变革。企业管理人员对老的组织结构已经熟悉、习惯、运用自如，常常认为它不需变化，这是一种惰性阻力。而当管理人员感到组织结构变动会威胁他们个人的地位、权力和心理的安全感时，他们往往会以各种方式阻挠必要的变革，这是一种既得利益阻力。战略与结构的时差是客观存在的，因此，当开始实施改革时，应考虑组织结构的滞后时间，使其尽快变革，以缩短变革时间。

3. 战略因素对组织结构的影响和要求

战略因素是在战略制定与实施中必须加以考虑的各种因素。这些因素从不同方面对组织结构进行影响。

（1）战略目标对组织结构的影响和要求。战略目标是战略的重要组成部分，是通过战略决策决定的。而组织结构则是企业实现战略目标的先决条件。组织结构不符合要求，就会使企业的注意力集中在不恰当的问题上，加剧企业内职工之间的分歧，造成内部摩擦，降低组织效率，根本不可能加强企业的力量和取得符合目标要求的成果。例如在市场导向的环境下，企业目标应是扩大销售额，增加销售利润。但如果对销售部门人员配置不足，则会造成目标难以实现，又会引起其他部门对销售部门的意见，销售部门也抱怨自己人手不足或生产技术质量差或设计水平低等因素，将责任推给其他部门。此时，企业领导应及时加强销售部门的力量。因此，组织结构应从战略目标出发，符合战略目标实现的要求。切忌不顾目标的要求，把所谓"理想的"或"普遍适用"组织结构强加于一个活生生的企业。从上例可以看到，任何战略目标都有一个侧重点，而这个侧重点是必须由某一部门所完成的。因此，这个部门就成为关键部门，应在战略组织设计时，重点进行考虑。

（2）战略环境对组织结构的影响和要求。环境是战略制定的基本依据。战略随着环境的变化而变化，而且，战略也是企业对自己所处环境的一种选择，组织结构又是战略实施的一种保证，在环境、战略、结构三者的关系中，环境决定战略，战略又决定结构，有什么样的环境就要有什么样的战略，有什么样的战略，又要有什么样的结构。

企业的战略环境有稳定程度和复杂程度的区别，稳定程度越低，企业面临的环境就越险恶，风险也就越大。为了保证将风险降低到最低程度，就必须根据环境的稳定程度，来设计各种与此相适应的结构，应考虑有关结构的各种状态。

第一，组织结构的复杂性。当环境的复杂程度提高，组织的内部复杂性也会随之提高。这是因为环境复杂了，企业应该处理的与外部环境直接相关的事务大量增加，需设置更多的职位和部门。例如，跨国公司向海外投资，就必须考虑投资对象所在地的政治、经济、法律、文化、地理等大量因素，就需要增加有关专家和相应的机构，相应的，组织结构的复杂性就增强了。另外，处于复杂环境中的企业，为了缓冲环境的影响，就必须适应环境的不确定性，保证技术生产核心尽可能高效率运转而不受外部变化因素的影响。例如建立公共关系部来和周围社区居民建立良好关系，来减少生产过程中可能产生的对周围环境的影响。

第二，组织结构的分工与综合程度。当战略环境复杂时，组织内的各部门必须高度专业化，以有效应对外部各种因素，如设立技术情报科来收集快速发展的科技信息。处于高度不确定环境以及内部分工的加强，增加了很多协调工作，带来了协调的困难，但是也增强了协调职能。为了搞好这种增强的协调，就要配备更多的管理人员来执行部门间合作的"综合"任务。

第三，组织结构的灵活程度。这种灵活程度主要取决于外部环境的变化速度，当变化速度慢时，战略决策的可预见程度提高，战略本身的变化速度也可降低，对组织变革的要求也降低，稳定就成为主旋律，此时的组织结构要求以稳定为主。其特点是：职责界限分明，工作程序精确，权责关系固定，组织等级制度严密。当环境变化极快时，就要建立一种能够缩短决策时间的组织机构，其特点是：工作程度不太正规，强调适应性，更多地实行参与制，权责关系不太固定。如战争中"将在外，君命有所不受"，其原因是战争中的环境变化十分迅速，远离战争的国王难以判断战争态势，其命令可能赶不上战争进程的速度，就只好放权给将军，由他自己决定应该采取何种行动。

（3）企业规模对组织结构的影响和要求。企业规模大小对组织结构有着最为直接的影响，企业规模对组织结构的影响主要表现在四个方面。

第一，规范化程度。大企业仍要靠详细、严格的规章制度进行管理和控制，而中小企业对规范化要求较低。

第二，分权程度。大型企业命令链较长，人员和部门较多，全部决策如若都由最高决策层作出，必然负担较重，一般较多分权。而中小企业则可较多地由最高决策层进行决策，无须多分权。

第三，复杂性。大型企业因为有较多的业务部门所以组织结构复杂。同时，在一定员工的情况下，为了避免控制幅度过宽，需要增加管理层次。而中小企业则没有这样复杂。

第四，从人员结构上说，大型企业管理人员在全体人员中的比例较低，而中小企业则有较高的比例。

（4）技术对组织结构的影响和要求。采用什么技术是企业战略决策的重要内容，而技术的复杂程度和特征又对组织结构产生较大影响。例如，石油开采公司的特征是分散管理，这是因为每口油井可以单独生产，不存在较强的协调关系。而石油化学工业则必须实行连续管理，这是因为整个生产过程各阶段必须连续进行，各环节在时间和数量上环环相连，不能出现任何脱节，因而必须由总厂进行全面控制。一般来说，技术复杂程度越高，技术人员和管理人员在总员工中占的比重就越高。

三 组织结构类型的选择

战略的一个重要特性就是适应性。它强调企业组织要运用自己占有的资源和可能占有的资源去适应企业组织外部环境和内部条件所发生的相互变化。这种适应是一种复杂的动态和调整过程，要求企业在加强内部管理的同时，不断调整适应环境的有效组织结构。在选择的过程中，企业可以考虑以下四种类型。

1. 防御型战略组织

防御型组织主要是要追求一种稳定的环境，试图通过解决开创性问题来达到自己的稳定性。从防御型组织的角度来看，所谓开创性问题就是要创造一个稳定的经营领域，占领一部分产品市场，即生产有限的一些产品，占领整个潜在市场的一小部分。在这个有限的市场中，防御型组织常采用竞争性定价或高质量产品等经济手段来阻止竞争对手进入它们的领域，保持自己的稳定。

一旦这种狭小的产品与市场选定以后，防御型组织就要运用大量的资源解决自身的工程技术问题，尽可能有效地生产与销售产品或提供服务。一般来说，该组织要创造出一种具有高度成本效率的核心技术。防御型组织要开辟的是一种可以预见的经久不衰的市场，因此，技术效率是组织成功的关键。有的防御型组织通过纵向整合来提高技术效率，即将从原材料供应到最终产品的销售的整个过程合并到一个组织系统里来。

在行政管理上，要保证组织严格地控制效率。为解决这一问题，防御型组织常常采取"机械式"结构机制。这种机制是由生产与成本控制专家形成高层管理，注重成本和其他效率问题的集约式计划，广泛分工的职能结构，集中控制，正式沟通等。这些内容有利于产生并保持高效率，最终形成明显的稳定性。

防御型组织适合于较为稳定的行业，但是也有潜在的危险，不可能对市场环境作出重大的改变。

2. 开拓型战略组织

开拓型组织与防御型组织不同，追求一种更为动态的环境，将其能力表现在探索和发现新产品的市场的机会上。在开拓型组织里，开创性问题是寻求和开发产品与市场机会。这就要求开拓型组织在寻求新机会的过程中必须具有一种从整体上把握环境变化的能力。

为了正确地服务于变化着的市场，开拓型组织要求它的技术和行政管理具有很大的灵活性。在工程技术问题上，开拓型组织不是局限在现有的技术能力上，它根据现在和将来的产品结构确定技术能力。因此，开拓型组织的全部工程技术问题就是如何避免长期陷于单一的技术过程，常常通过开发机械化程度很低和例外性的多种技术和标准技术来解决这一问题。

在行政管理方面，开拓型组织奉行的基本原则是灵活性，即在大量分散的单位和目标之间，调度和协调资源，不采取集中的计划和控制全部生产的方式。为了实行总体的协调工作，这类组织的结构应采取"有机的"机制。这种机制包括由市场、研究开发方面的专家组成的高层管理，注重产出结果的粗放式计划，分散式控制以及横向和纵向的沟通。开拓型组织在不断求变当中可以减少环境动荡的影响，但它要冒利润较低与资源分散的风险。在工程技术问题上，该组织由于存在多种技术，很难发挥总体的效应。同样，在行政管理上有时也会出现不能有效地使用，甚至错误地使用组织的人力、物力和财力的问题。总之，开拓型组织缺乏效率性，很难获得最大利润。

3. 分析型战略组织

从以上的论述可以看出，防御型组织与开拓型组织分别处于一个战略调整序列的两个极端。而分析型组织处于中间，可以说是开拓型组织与防御型组织的结合体。这种组织总是对各种战略进行理智的选择，试图以最小的风险、最大的机会获取利润。

分析型组织在定义开创性问题时，综合了上述两种组织的特点，即在寻求新的产品和市场机会的同时，保持传统的产品和市场。分析型组织解决开创性问题的方法也带有前两种组织的特点。这类组织只有在新市场被证明具有生命力时，才开始在该市场上活动。就是说，分析型组织的市场转变是通过模仿开拓型组织已开发成功的产品或市场完成的。同时，该组织又保留防御型组织的特征，依靠一批相当稳定的产品和市场保证其收入的主要部分。因此，成功的分析型组织必须紧随领先的开拓型组织，同时又在自己稳定的产品和市场中保持良好的生产效率。

在工程技术问题上，分析型组织的两重性也表现得比较突出。这种组织需要在保持技术的灵活性与稳定性之间进行平衡。要达到这种平衡，该组织需要将生产活动分成两部分，形成一个双重的技术核心。分析型组织技术稳定部分与防御型组织的技术极为类似。为了达到良好的成本效益，该组织按职能组织起来，使技术达到高度的标准化、例行化和机械化。技术的灵活部分，则类似于开拓型组织的工程技术问题。在实践中，分析型组织的双重技术核心主要是由具有一定权力的应用研究小组来解决。在新产品方面，这个小组可以找到利用现有技术能力解决问题的方法，不需要像开拓型组织那样要花费大量的费用进行研究开发。

在行政管理方面，分析型组织也带有防御型组织和开拓型组织的两重特点。一般来说，分析型组织在行政管理方面的主要任务是如何区分组织结构的各个方面，以适应既稳定又变动的经营业务，使两种经营业务达到平衡。这个问题可以由分析型组织的矩阵结构解决。这种矩阵结构在市场和生产的各职能部门之间制定集约式计划，而在新产品应用研究小组和产品经理之间制定粗放式的计划。同时，矩阵结构在职能部门中实行集权控制机制，而对产品开发小组使用分权控制方法。

分析型战略组织并不是完美无缺的。由于其经营业务具有两重性，该组织不得不建立一个双重的技术中心，同时还要管理各种计划系统、控制系统和奖惩系统。这种稳定性与灵活性并存的状态，在一定程度上限制了组织的应变能力。如果分析型组织不能保持战略与结构关系的必要平衡，它最大的危险就是既无效能又无效率。

4. 反应型战略组织

上述三种类型的组织尽管各自的形式不同，但在适应外部环境上都具有主动灵活的特点。从两个极端来看，防御型组织在其现有的经营范围内，不断追求更高效率，而开拓型组织则不断探索环境的变化，寻求新的机会。随着时间的推移，这些组织对外部环境的反应会形成一定的稳定一致的模式。

反应型组织在对其外部环境的反应上采取一种动荡不定的调整模式，缺少在变化的环境中随机应变的机制。它往往会对环境变化和不确定性作出不适当的反应，随后又会执行不力，对以后的经营行动犹豫不决。结果，反应型组织永远处于不稳定的状态。因此，反应型战略在战略中是一种下策。只有在上述三种战略都无法运用时，企业才可以考虑使用这种方法。

一个企业组织之所以成为反应型组织，主要有三个原因。

（1）决策层没有明文描述企业战略。这是指企业中只有某个负责人掌握企业的战略。在他领导下，企业会有很好的发展。一旦负责人由于某种原因离开这个企业，企业便会陷入一种战略空白的状态。此时，如果企业的各个经营单位都卓有成效，它们会为各自的特殊市场和产品利益发生争执。在这种争执的情况下，新选出来的负责人不可能提出一种统一的企业战略，也不可能形成果断一致的行动。

（2）管理层次中没有形成可适用于现有战略的组织结构。在实践中，战略要与具体的经营决策、技术和行政管理决策统一起来。否则，战略只是一句空话，不能成为行动的指南。例如，如果企业考虑进一步发展某一经营领域，但被指定完成这一任务的事业部采用的是职能结构，又与其他事业部分享成批生产的技术，在这种情况下，该事业部很难对市场机会作出迅速反应。这个例子说明，这个企业的组织结构没有适应战略的要求。

（3）只注重保持现有的战略与结构的关系而忽视了外部环境条件的变化。有的企业在某些市场取得了领先地位，逐渐地采用防御战略。为了降低成本、提高效率，该企业将生产经营业务精减成少数几类产品，并将经营业务整合。但是，当企业的市场饱和以后，大多数产品利润已经减少时，这家企业如果还固守防御型战略结构，不愿作出重大的调整，必然在经营上遭到失败。

总之，一个企业组织如果不是存在于经营垄断或被高度操纵的行业里，就不应采取反应型组织形态。即使采取了这种战略，也要逐步地过渡到防御型、开拓型或分析型战略组织形态。

第二节　战略的实施

企业战略实施是贯彻已制定的战略所必须从事的活动，包括建立相应的组织机构、制定战略行动和项目计划、筹措资金、建立战略实施的监控和评审系统、管理日常的组织活动和控制战略的有效性。其中组织结构的建立已经讨论，本节主要讨论实施的原则及模式。

一　战略实施的基本原则

第一，要制定详细的实施计划。根据企业战略所规定的各项目标，制定出较为详细的战略项目和行动计划、资金资源的筹措计划、市场开拓计划等，以便有重点地推行企业战略。

第二，对战略方案要进行层层分解。首先要进行空间分解，即把战略方案的内容按职能部门进行分解，再由职能部门分解给分厂或车间，再分解给工段、班组和个人，形成一个层次分明、环环相连的责任体系。其次要进行时间上的分解，即把战略方案的长期目标分解为各个短期目标，再把短期目标分解为更短的目标。

第三，改变人们的行为。适应企业战略目标的要求，改变企业内各方面人员的传统行为，建立起适合新战略所需要的行为规则、工作方法、价值观念和风险意识。

第四，合理地确定负责人选。对于不同性质的战略要选择不同的人来负责，例如稳健型战略和开拓型战略所选择的领导人就应不同。并且要根据责任的大小，完成任务的好坏，及时地予以合适的奖励和惩罚。

5. 正确地分配资源。资源总是有限的，应投向关键环节。

二　战略实施的模式

在上述分析的基础上，企业管理人员在实施企业战略时，基本有五种模式可供选择。

1. **指挥型**

在这种模式里，企业管理人员运用严密的逻辑分析方法，重点考虑战略制定问题。高层管理人员或者自己制定战略，或者指示战略计划人员去决定企业所要采取的战略行动。当企业管理人员采用指挥型模式时，一般采用份额增长矩阵和行业与竞争分析作为分析手段。一旦企业制定出满意的战略，高层管理人员便让下层管理人员去执行战略，而自己并不介入战略实施的问题。

这种模式有个明显的缺陷，即它不利于调动企业职工的积极性。职工会因此感到自己在战略制定上没有发言权,处于一种被动执行的状态。不过,在稳定行业里的小型企业能够有效地运用这种模式。在原有战略或常规战略发生变化时,企业实施战略时不需要有较大的变化,实施的结果也就比较明显。

2. 变革型

与指挥型模式相反,在变革型模式中企业高层管理人员重点研究如何在企业内实施战略。他的任务是为有效地实施战略而设计适当的行政管理系统。为此,高层管理人员本人或在其他各方面的帮助下,进行一系列变革,如建立新的组织结构、新的信息系统,兼并或合并经营范围,以增加战略成功的机会。

变革型模式多是从企业行为角度出发考虑战略实施问题,可以实施较为困难的战略。但是,这种模式也有它的局限性,只能使用于稳定行业中的小型企业。如果企业环境变化过快,企业来不及改变自己内部的状况,这种模式便发挥不出作用。同时,这种模式也是自上而下地实施战略,同样也不利于调动职工的积极性。

3. 合作型

在这种模式里,负责制定战略的高层管理人员启发其他的管理人员运用头脑风暴法去考虑战略制定与实施的问题。管理人员仍可以充分发表自己的意见,提出各种不同的方案。这时,高层管理人员的角色是一个协调员,确保其他管理人员所提出的所有好的想法都能够得到充分的讨论和研究。例如,通用汽车公司组织过"经营小组",小组的成员由不同职能部门的管理人员构成。这个小组的任务就是对可能出现的战略问题提出自己的看法。

合作型模式可以克服指挥型和变革型两个模式的不足之处。这是因为高层管理人员在做决策时,可以直接听取来自基层的管理人员的意见,并将他们的意见加以综合分析,以保证决策时所使用的信息的准确性。在这个基础上,企业可以提高战略实施的有效性。

在实践中,对合作型的模式也有不同的看法。首先,在这种模式下决定的战略实施方案会过于四平八稳,缺乏由个人或计划人员提出的方案中所具有的那种创造性。其次,在战略实施方案的讨论过程中,可能会由于某些职能部门善于表述自己的意见,而导致战略实施方案带有一定的倾向性。再次，战略实施方案的讨论时间可能会过长，以致错过了企业面对的战略机会，不能对正在变化的环境迅速作出反应。最后，有的批评意见认为这种模式仍是由较高层的管理人员保持着集中式的控制，不会听到企业里所有的意见。因此这很难讲是真正的集体决策。

4. 文化型

文化型模式扩大了合作型模式的范围，将企业基层的职工也包括进来。在这种模式里，负责战略制定与实施的高层管理人员首先提出自己对企业使命的看法，然后鼓励企业职工根据企业使命去设计自己的工作活动。在这里，高层管理人员的角色就是指引总的方向，而在战略执行上则放手让每个人做出自己的决策。

在这个模式里，战略实施的方法很多。有的企业采取类似日本企业的社训，有的利用厂歌，也有的通过规章制度和其他影响职工行为的方式来进行。所有这些方法最终要使管理人员和职工有共同的道德规范和价值观念。

由上述可以看出，文化型模式打破了战略制定和实施中存在的只想不做与只做不想之间的障碍，每一个企业都或多或少地涉及战略的制定与实施。这是前三个模式中所没有的特点。但是，这种模式也有它的局限性。它要求企业里的职工有较好的素质，受过较好的教育，否则很难使企业战略获得成功。同时，企业文化一旦形成自己的特色，又很难接受外界的新生事物。

5. 增长型

在这种模式里，为了使企业获得更好的增长，企业高层管理人员鼓励中下层管理人员制定与实施自己的战略。这种模式与其他模式的区别之处在于它不是自上而下地灌输企业战略，而是自下而上地提出战略。这种战略集中了来自实践第一线的管理人员的经验与智慧，而高层管理人员只是在这种战略中做出自己的判断，并不将自己的意见强加给下级。在搞多种经营的大型企业里，这种模式比较适用。因为在这些企业里，高层管理人员面对众多的事业部，不可能真正了解每个事业部所面临的战略问题和作业问题，不如放权给各事业部，以保证成功地实施战略。

这种模式的优点是给中层管理人员一定的自主权，鼓励他们制定有效的战略并使他们有机会按照自己的计划实施战略。同时，由于中下层管理人员和职工有更直接面对战略的机会，可以及时地把握时机，自行调节并顺利执行战略。因此，这种模式适合于变化较大的行业中的大型联合企业。

这五种战略实施模式的发展与管理的实践是分不开的。在企业界认为管理需要拥有绝对权威的情况下，指挥型模式是必要的。为了有效地实施战略，在需要调整企业的组织结构时，便出现了变革型模式。合作型、文化型、增长型三种模式出现较晚。从这三种模式的思路中可以看出，战略实施与战略最初制定时一样，充满了各种问题。在实施的过程中，企业管理人员要调动各种积极因素，才能使战略获得成功。从原则上讲，每一种模式只适应一种特定的环境和条件。实际上，在战略实施过程中，这些模式往往交叉或混合使用。

第三节　战略的控制

一　战略控制的必要性

战略控制是将预定的战略或标准，同经过信息反馈回来的战略执行成果进行比较，判断偏差的程度，然后采取行动进行纠正的活动。产生偏差的原因很多，主要有三方面的原因。

第一，制订企业战略的内外部环境发生了新的变化。如在外部环境中出现了新的机会或遇到意想不到的情况，企业内部资源条件产生了意想不到的变化，使原定企业战略与新的环境条件不相配合。

第二，企业战略本身有重大缺陷或比较笼统，在实施过程中难以贯彻，企业战略需要修正、补充和完善。

第三，在战略实施过程中，受企业内部某些主客观因素变化的影响，偏离了战略计划预期的目标。如某些企业领导采取了错误的措施，致使战略实施结果与战略计划目标产生偏差等。

具体来说，战略发生偏差的原因大致有：目标不现实或定得太高难以实现，或定得太低很容易超过；为实现企业目标而选择的战略有错误；执行战略的组织结构错误；人员玩忽职守或不称职；缺乏激励，如干多干少一个样，干好干坏一个样；组织内部缺乏信息沟通；环境压力等。

战略控制是一个活动过程，由三个方面的活动所组成：根据企业战略目标要求制定战略评价标准；对战略执行前、执行中和执行后信息反馈的实际成绩加以分析比较；针对偏差采取纠偏行动。这三个方面活动有机结合在一起，构成整个战略控制过程。

企业战略控制是企业系统中战略层活动的控制，不同于管理层、作业层的控制。战略控制有如下特点。

第一，开放性，即战略层的活动处于企业与外部环境的衔接处，那么，在控制时，不仅要考虑内部条件的变化，更要考虑外部环境的变化。

第二，战略控制的标准依据是企业的总体目标，这是因为战略是追随企业总目标的一个方面，当战略规划目标接近企业总体目标时，才能起到控制标准的作用。

第三，战略控制对战略行为的正确性可以依靠对企业绩效比较主观的评价来衡量，很难用一个短期见效的定量成果来衡量。

第四，战略控制是企业组织的上层对战略实施过程的总体控制。

第五，战略控制的功能是既要保持战略规划的稳定性，又要允许其变化。它使企业系统维持一种动态的平衡，使企业系统具有足够的稳定性，以能承受周期性的冲击，逐步实现相关的目标，同时，又主张变化，但这种变化必须是可接受的和符合期望的。

具体地讲，战略控制的地位与作用表现在如下几方面。

第一，战略控制是战略管理中的重要环节，它保证战略的有效实施。如果说战略决策是决定做哪些事而不做另外一些事，那么，战略控制的好坏则直接影响被决定做的事的效果好坏与效率高低。仅决定做哪些事而不做哪些事并不等于那些事已经做成，更不等于所做成的事具有好效果与高效率。往往有这么一种情况，即同样一件事，甲做不好而乙能做好，区别不在于这事该不该做，而在于如何做。战略控制虽然处于执行地位，但对战略管理十分重要。

第二，战略控制的能力与效率如何是战略决策的一个重要制约因素，它决定企业战略能力的大小。

第三，战略控制为战略决策提供重要的反馈，对于提高战略决策的适应性与水平具有重要作用。

第四,通过战略控制可以促进文化等战略基础的建设,为战略决策奠定良好的基础。

二 战略控制的基本要素

1. 评价标准

评价标准是工作成果的规范,是从一个完整的战略计划中所选出的,对工作成果进行计量的一些关键点,它用来确定是否达到战略目标和怎样达到战略目标。战略目标以及较低层次的组织目标、个人目标或计划都是评价标准。战略控制的评价标准一般包括定性标准和定量标准。

(1) 定性标准。有关国外理论用以下六条标准来对已选定的战略进行评价。

第一,战略在内部具有统一性。战略内部的各部分内容,必须互相衔接、配套与同步,形成一个统一体。

第二,战略与环境的一致性。由于企业所处的环境经常变化,企业管理工作者必须定期地检测战略目标与现存环境的一致性,以及企业内部条件、外部环境与战略目标之间相对平衡的程度。

第三,战略中存在的风险性。战略付诸执行后,由于环境变化,可能要求对实施的战略追加投资,这对战略执行是一个风险。经常评估战略风险大小,对执行战略是至关重要的。

第四,战略中的时间性。战略是一种长期行为,在制定战略时需要有充分的时间,在执行过程中,也需要有充分的时间。要尽量避免剧烈而频繁的战略改变和人事变动,否则是极其危险的。

第五,战略与资源的配套性。对多数企业来说,最重要的资源是资金、技术装备以及具备优良素质的管理人员和作业人员。在战略执行过程中要随时控制这些资源的保证情况。

第六,战略的客观可行性。战略是建立在对未来长期预测的基础上的,但由于制定战略人员的素质有高有低,控制信息的手段有好有坏,因而可行性就有大有小。一个好的战略可行性程度较高,而一个不好的战略的可行性程度就低。

(2) 在定量评价标准方面,可以用下列项目制定定量的评价标准:工业总产值，商品产值，销售增长率，市场占有率，利润、资金利税率，劳动生产率，投资收益，股票价格、股息支出、每股平均收益等。

企业战略的各项定量标准，应与同行业的有关资料相比，特别是要与竞争对手的有关资料进行比较，还要与国外的同行业领先者的资料对比，才能确定。

战略控制中的不确定因素较多，导致定性标准较多，但定性标准要尽可能量化。

2. 工作成绩评价

即把实际活动成效与评价标准进行比较，找出实际活动成效与评价标准的差距及其产生的原因。这是发现战略实施过程中是否存在问题和存在什么问题，以及为什么存在这些问题的重要过程。要做好这项工作，需要选择正确的控制系统和方法，并应在适当的时间、地点来进行评价，这里的关键是管理信息系统的建立，并运用科学的控制方法和控制系统。

（1）管理信息系统是向有关决策者及时提供信息，并帮助决策者对这些信息进行分析的系统。一个良好的管理信息系统会大大加强战略控制。大多数管理信息系统都是以电子计算机为工具的。决定管理信息系统是否良好的五个关键因素是：

第一，所设计和运行的信息系统必须能保证战略控制者的需要得到满足。

第二，系统的设计和运行通过系统分析人员和管理人员的互相紧密合作，保证战略信息得到及时的反馈。

第三，对现有的信息系统进行周密细致的考察，为设计信息系统奠定良好的基础。

第四，信息管理系统的设计必须具有灵活性，以便对系统进行必要的改换和扩容。

第五，系统输入的数据必须准确。输出的信息必须适合战略管理者的需要，不宜太少，太少的信息使决策者进行决策和控制时所需的信息不足，太多又会干扰决策者的判断。

（2）控制方式和控制系统的选择。影响选择控制方式的主要因素有：

第一，控制要求的高低是指把控制的内容和重点放在具有战略意义的重要行为或运行上。因为它们对整个企业的效益有较大影响。应该特别选用对某些关键问题有效的控制方式。对强调技术战略的企业来说，技术部门即为关键控制对象。

第二，控制量是指对控制对象所规定的控制内容的精细程度。包括项目的多少、项目规定的具体程度以及时间间隔的要求等。例如对销售额的目标定出1亿元，那么在具体执行时，可将这个目标的允许变动范围定为9500万元~1.1亿元之间。控制量大小要合适。太大便失去了控制意义，太小会使得执行人员左右为难，放不开手脚。

第三，控制成本，即控制支出的费用应小于控制所带来的收益，否则控制也没有意义。这在实际工作中比较难办，难点在于主管人员很难了解哪个控制系统是值得的，以及它所花的费用是多少。这说明了控制必须着重于关键问题以避免全面控制带来的高成本。

管理者在进行控制方式选择时，要权衡上述三方面的程度和利弊。最根本的是要使控制系统真正有助于实现企业的战略目标。不能为控制而控制，或认为控制越严越细越好，其结果可能会适得其反，越发不得控制，甚至掉进"控制陷阱"。

3. 纠正偏差

经过衡量成效这一过程，可发现实际结果与目标之间存在三种情况。第一种情况是超过目标和标准，这是正偏差，在没有作特定要求的情况下，出现正偏差是一种好的结果。但如果实际成效比目标大得多，也说明目标制定得不科学。第二种情况是实际成效与目标正好相等，没有偏差，这也是好的结果。第三种情况是实际成果低于目标，出现负偏差，这是不好的结果，应及时采取措施纠偏。纠正的措施有的是改变战略实施的活动、行为，有的是改变战略的目标、措施和计划。

三　战略控制的方式

1. 事前控制

在实施战略之前，要设计好正确有效的战略计划。该计划要得到企业高层领导人的批准后才能执行，他所批准的内容往往就成为考核经营活动绩效的控制标准，这种控制多用于重大问题的控制，如任命重要的人员、重大合同的签订、购置重大设备等。

2. 事后控制

这种控制方式往往是在企业经营活动之后,才把战略活动的结果与控制标准相比较。这种控制方式工作的重点是要明确战略控制的程序和标准,把日常的控制工作交由职能部门人员去做,即在战略计划部分实施后,将实施结果与原计划标准相比较,由企业职能部门及各事业部定期地将战略实施结果向高层领导报告,由领导者决定是否要采取修正措施。

3. 随时控制

随时控制即过程控制。企业高层领导者要控制企业战略实施中关键性的过程或全过程,随时采取控制措施,纠正实施中产生的偏差,引导企业沿着战略的方向进行经营,这种控制方式主要是对关键性的战略措施进行随时控制。

4. 开关控制

开关控制,即在活动过程中按照预先标准来检查工作,确定工作是否应该继续进行下去,如不合标准,则停止某项工作。

应当指出,以上四种控制方式所起的作用不同,因此在企业中是同时被采用的。

参考文献

1. Murphy: *Job Performance and productivity*; K. R. Murphy and F. E. Seal: Psychology in Organizations, Hillsdale, NJ: Erlbaum, 1990.
2. Campbell: *A theory of performance*; N. Schmitt, W. C. Borman and Associates: *Personnel Selection in Organizations*, San Francisco, CA: Jossey – Bass, 1993.
3. Porter M.: *From Competitive Advantage to Corporate Strategy*, Harvard Business Review, 1987. May/June.
4. Amy Snyder, William H Egeling: *Targeting a Company's Real Core Competencies*, Journal of Business Strategy, 1992, 13 (6).
5. Leonard Barton D.: *Core Capabilities and Core Rigidities*: a Paradox in Managing New Product Development. Strategic Management Journal, 1992 (13).
6. Patel P, K Pavitt: *The Technological Competencies of the World's Largest Firms*: Complex and Path – dependent, But not Much Variety. Research Policy, 1997 (26).
7. Erramilli M. K.: *Entry Mode Choice in Service Industries*, International Marketing Review, 1990, 7 (5).
8. Christine Gibbs Springer: *Keys to Strategy implementation Insights on Strategic Management*, 2005, Sep.
9. Christine A. Hemingway and Patrick: *Managers' Personal Values as Drivers of Corporate Social Resposobility*, Journal of Business Ethics. 2004.
10. Michael E. Porter, Victor Millar: *How Information Gives You Competitive Advantage*. Harvard Business Review, 1985 July – August.
11. John C. Henderson, N. *Venkatraman*: Strategic Alignment: Leveraging Informa-

tion Technology for Transforming Organizations, *IBM System Journal*, 1999.

12. 吉姆·柯林斯：《基业长青》，中信出版社，2003。
13. 彼得·德鲁克：《管理的实践》，机械工业出版社，2006。
14. ·W. 钱·金，勒尼·莫博涅：《蓝海战略》，吉宓译，中信出版社，2005。
15. 阿尔弗雷德·钱德勒：《战略和结构》，云南人民出版社，2002。
16. 迈克尔·波特著，乔晓东等译：《竞争战略》，中国财经出版社，1989。
17. 阿比斯·F. 阿克哈法吉著，张春萍、解淑青译：《战略管理》，经济管理出版社，2005。
18. 约翰·A. 皮尔斯二世、小理查德·B. 鲁滨逊著，王丹、高玉环译：《战略管理：制定、实施和控制》，中国人民大学出版社，2005。
19. 迈克尔·波特著，陈小悦译：《竞争优势》，华夏出版社，1997。
20. 加斯·塞隆纳等著，王迎军、汪建新译：《战略管理》，机械工业出版社，2004。
21. 大卫·J. 科利斯，辛西娅·A. 蒙哥马利著，王永贵、杨永恒译：《公司战略：企业的资源与范围》，东北财经大学出版社，2000。
22. C. W. L. 希尔、G. R. 琼斯：《战略管理》，中国市场出版社，2005。
23. 彼得·德鲁克：《创新与企业家精神》，机械工业出版社，2007。
24. 斯蒂芬·P. 罗宾斯：《管理学》，中国人民大学出版社，2004。
25. 乔治. 斯托克、菲利浦·埃文斯、劳伦斯·E. 舒尔曼：《能力的竞争：公司战略的新规则》，《哈佛商业评论》，1992（3/4）。
26. 吴彬、顾天辉：《现代企业战略管理》，首都经济贸易出版社，2004。
27. 周三多：《孙子兵法与经营战略》，复旦大学出版社，1995。
28. 徐二明：《企业战略管理》，中国经济出版社，1998。
29. 刘英骥：《企业战略管理教程》，经济管理出版社，2006。
30. 王伟等：《管理创新》，中国对外经济贸易出版社，2002。
31. 王方华：《企业战略管理》，复旦大学出版社，2006。
32. 薛渊博、张军峰：《现代企业经营战略》，西南财经大学出版社，1999。
33. 吴振寰：《企业经营战略》，上海交通大学出版社，1990年12月。
34. 刘兴国：《现代企业经营战略》，企业管理出版社，1987年11月。
35. 徐国华：《现代企业管理》，中国经济出版社，1993年1月。

图书在版编目(CIP)数据

企业经营战略概论：理论与实践/张军峰著.—北京：社会科学文献出版社，2013.9
（河南大学经济学学术文库）
ISBN 978-7-5097-4395-9

Ⅰ.①企⋯　Ⅱ.①张⋯　Ⅲ.①企业战略-研究　Ⅳ.①F272

中国版本图书馆 CIP 数据核字（2013）第 050402 号

·河南大学经济学学术文库·

企业经营战略概论
—— 理论与实践

著　者 / 张军峰

出 版 人 / 谢寿光
出 版 者 / 社会科学文献出版社
地　　址 / 北京市西城区北三环中路甲 29 号院 3 号楼华龙大厦
邮政编码 / 100029

责任部门 / 经济与管理出版中心（010）59367226	责任编辑 / 陶　璇
电子信箱 / caijingbu@ssap.cn	责任校对 / 秦　晶
项目统筹 / 恽　薇　蔡莎莎	责任印制 / 岳　阳

经　　销 / 社会科学文献出版社市场营销中心（010）59367081　59367089
读者服务 / 读者服务中心（010）59367028

印　　装 / 北京鹏润伟业印刷有限公司
开　　本 / 787mm×1092mm　1/16　　印　张 / 17
版　　次 / 2013 年 9 月第 1 版　　　　字　数 / 281 千字
印　　次 / 2013 年 9 月第 1 次印刷
书　　号 / ISBN 978-7-5097-4395-9
定　　价 / 59.00 元

本书如有破损、缺页、装订错误，请与本社读者服务中心联系更换
▲ 版权所有　翻印必究